춤과 뉴미디어
: 과거, 현재, 미래를 말하다

Dance and New Media : Past, Present & Future

춤과 뉴미디어
: 과거, 현재, 미래를 말하다
Dance and New Media : Past, Present & Future

발행일 2018년 02월 20일 **발행인** 오덕성 **지은이** 댄스&미디어연구소 편
펴낸곳 궁미디어(충남대학교출판문화원) **주소** 대전광역시 유성구 대학로 99
전화 042-821-6045 **홈페이지** http://www.cnupress.co.kr **E-mail** cnupress@cnu.ac.kr

ISBN 978-89-7599-653-5 93680
정가 15,000원

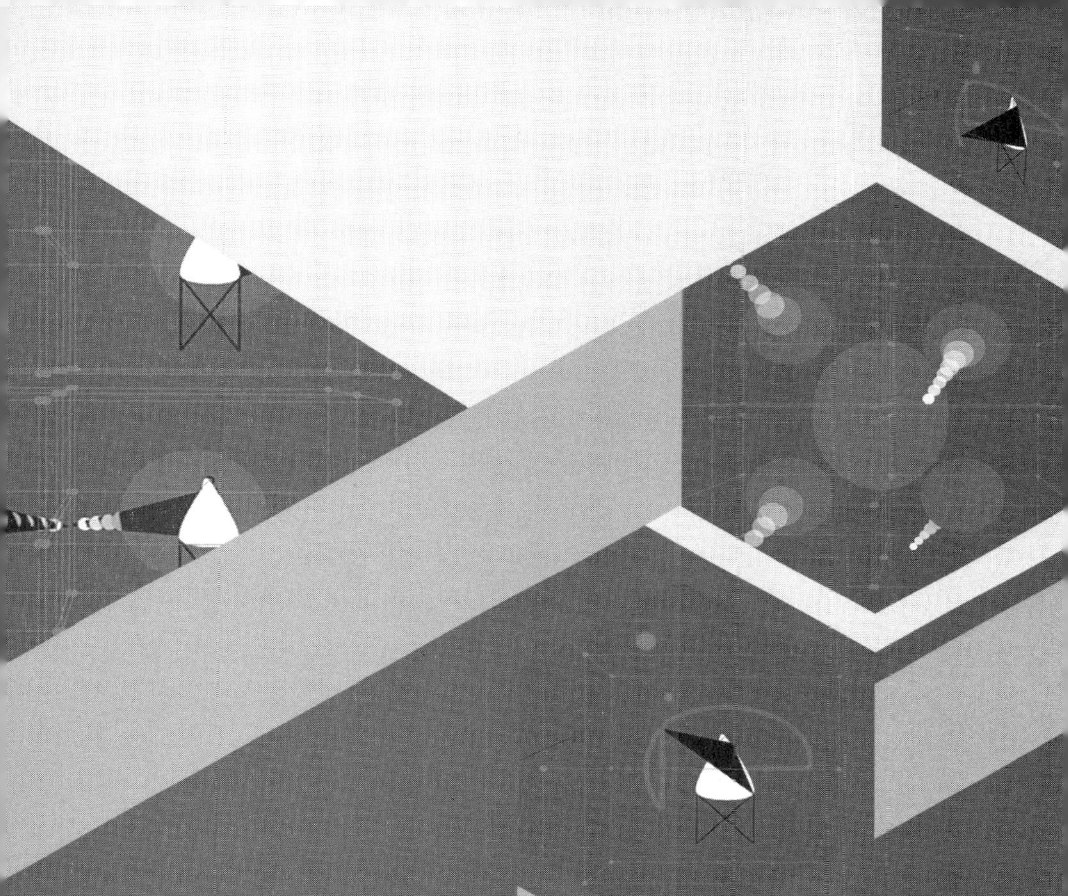

댄스&미디어연구소 편

춤과 뉴미디어
: 과거, 현재, 미래를 말하다

Dance and New Media : Past, Present & Future

궁미디어 GUNGMEDIA

뉴미디어 시대 춤의 최전선 탐색

『춤과 뉴미디어: 과거, 현재, 미래를 말하다』는 뉴미디어 시대 춤 현상을 관찰, 진단하고, 춤의 미래를 전망한다.

본서는 뉴미디어 시대 기술과 만나는 춤의 최전선을 탐색한다. 이는 뉴미디어와 오늘의 춤 현장이 이룬 접점에 다가가는 시도이며, 그 접점에서 일어나는 현상과 징후를 확대하여 드러내는 일이다. 뉴미디어 시대 기술과 춤의 수렴이 구성하는 춤 자체는 물론 이에 재정렬하는 무용학의 방법과 사회저변의 춤담론, 일상의 춤 향유방식까지 춤의 안팎에서 이 현상을 포착해낸다. 제4차 산업혁명 시대를 예고하는 가운데 우리 안에 들어온 뉴디디어는 춤과 춤의 생산 및 소비 주체를, 그리고 이들 사이의 작용과 상호작용의 맥락을 상상 너머로 이끌고 있다. 우리가 목도하는 미디어 환경의 변화가 오늘의 무용에 무엇을 남기고, 내일의 무용을 어디로 이끌 것인지 관찰과 진단, 전망이 필요했다. 본서 12편의 글은 이러한 필요성에 공감하고, 실천한 무용학의 현재적 궤적이다.

뉴미디어의 보급과 확산이 초래한 전면적인 사회변화 앞에 춤의 변화는 전면적일 수밖에 없다. 기술변화에 다소 무감했던 국내 무용학계도, 전에 없이 영향력이 커진 동시대 기술 변화에 무감으로 일관하기 어려워졌다. 오늘의 춤과 춤 현상을 추동하는 압도적 위력의 본원이 기술과 연결되어 있음을 부인할 수 없기 때문이다. 무용공연의 제작 현장도 마찬가지이다. 아니 더 절박한 상황에 대면하고 있다. 기술이 제공하는 현란한 시청각적 자극에 일상으로 노출되는 관객을 상정한다면 '무대 위의 스펙터클'을 사고해온 춤은 이제 다른 가능성을 사고해야 할지도 모른다. 더 이상 기성품으로 유통되는 기술의 사후적(?) 사용에 만족하기 어렵기 때문이다.

그간 국내 무용학계의 뉴미디어 관련 논의는 간헐적으로 이뤄져왔으나 본서처럼 본격적으로 다루지는 않았다. 그런 점에서 기술변화에 대면한 동시대 춤현상을 다룬 국내 최초의 무용학술서임을 자부하게 된다. 본서에 참여한 필자들은 무용학 내외부에서 독자적인 연구지점을 마련해온 연구자들로 오늘의 춤을 관찰했다. 이들은 각자가 점해온 연구지점으로부터 이 현상을 향해 연구의 촉수를 확장했다. '뉴미디어 시대의 춤'이라는 하나의 주제어를 이정표 삼고, 제각각의 연구대상과 방법을 한정해 공동의 작업에 참여 및 실천했다. 그런데 이 공동작업의 결과는 기대 이상이었다. 효율적인 역할분담을 계획했던 듯 뉴미디어 시대 무용과 무용학이 당면한 변화와 그 특징으로서의 전면적 상황을 곧잘 드러냈기 때문이다. 10인 필진의 12가지 시도들을 하나로 모아 묶으니 뉴미디어 시대 춤의 과거와 현재, 미래를 균형감과 부피감 있게 다룬 다학제적인 성과물이 되었다. 무용학도들에게 그간 풍문으로 접하던 뉴미디어 시대 춤 현상과의 시의적인 접촉을 제공하기에 모자람이 없다 자평한다. 무용학 연구의 길목에 서성이는 이들에게 뉴미디어 시대 국내 무용학의 다양한 대응과 입장을 일견하는데 도움이 되기를 바란다. 이어 이 주제에 대한 무용학계의 관심과 논의가 본격화되기를 두 손 모은다.

『춤과 뉴미디어: 과거, 현재, 미래를 말하다』는 뉴미디어 시대 춤에 대한 논의를 무용교육, 무용예술, 무용학, 대중문화 등 다양한 지점에서 접근하고, 체계적으로 소개한다. 댄스&미디어연구소 구성원으로 만나 모인 10인의 무용학 연구자들이 이 작업에 참여했다. 이들은 무용학의 각 지점에서 각기 연구

관심과 방법을 동원했다. 그렇게 무용학의 광범위한 주제와 관점을 포함하게 되었다. 본서는 동시대 기술변화에 따른 무용예술 내부의 변화와 이에 대면한 무용학의 대응을 현미경과 망원경으로, 간혹 색을 넣은 오목렌즈와 볼록렌즈로 들여다 본 셈이다.

뉴미디어의 보급 확산에 따른 댄스리터러시 교육의 변화, 컴퓨터 프로그래밍과 모이스트미디어, 로봇, 사이버테크, 인공지능 등 디지털 기술의 도입 현상에 따른 무용공연과 무용미학의 변화에 대한 관찰, 빅데이터 기반 무용지식의 축적과 분석으로 기대감을 키우는 무용학의 발전 전망, 영화와 TV와 같은 구매체의 춤담론 생산에 미치는 영향, SNS 기반 미디어 활용 확산이 대중춤 향유양상에 준 변화까지 광범위하다. 무용교육과 무용학 자체, 무용공연 제작과 무용예술, 사회담론 생산과 춤의 향유문화에 이르기까지 다양한 지점에서 춤과 뉴미디어의 현재적 접목현상을 묘사하고, 그 함의를 분석하며, 변화를 톺아본다.

『춤과 뉴미디어: 과거, 현재, 미래를 말하다』는 '뉴미디어 시대 무용학', '뉴미디어 시대 댄스 퍼포먼스', '뉴미디어 시대 춤과 대중문화' 등 3부 12편의 글로 구성된다. 각 부에는 관련 주제를 다룬 3-6편의 글을 배치했다. II부 '뉴미디어 시대의 댄스 퍼포먼스' 장이 6편으로 구성되어 상대적 비중이 높은 편이다. 이는 무용학의 관심이 무용예술 자체의 변화에 보다 많은 축을 드리우고 있음을 시사한다.

I부 뉴미디어 시대의 무용학은 뉴미디어 활용이 가장 활발한 분야의 하나인 무용교육과 관련하여 멀티미디어 댄스리터러시 교육을 진단하고, 이어지는 글에서는 빅데이터 기술의 도입으로 무용학 정보의 효율적 처리를 선보이며 무용학방법론의 진전을 전망한다. 또한 공연무대에 선 로봇과 사이보그 공연자의 존재에 대면한 무용철학은 포스트휴머니즘의 이론적 논의로 반응한다.

신상미는 1장에서 멀티미디어 댄스리터러시를 뉴미디어 시대 무용교육의 대안적 목표로 제시한다. 그는 뉴미디어를 활용한 춤 기록과 아카이브 및 댄스 리터러시 교육을 위해 영상인류학의 이론과 실제를 적용하고 문화기술지적 영화사례를 분석하여 그 교육적 의미를 탐색한다. 뉴미디어의 활용으로 다양한 문화현장을 탐구하고 춤의 지식을 확장할 교육방법을 제안하고 있다.

2장에서 이정민은 빅데이터 기반 연구를 통해 무용학의 연구지평을 확장하는 무용학 지식정보의 의미 관계를 분석한다. 1958년부터 2016년까지 축적된 국내 무용학 자료 20,776건의 텍스트를 대상으로 무용학의 핵심 지식 정보와 정보 간의 의미 관계를 도출했다. 그는 텍스트 마이닝 분석, 의미망 구축에 따른 연결 중심성 분석을 진행했다. 무용학 지식 구조는 끊임없이 변화하고 예술적 · 교육적 가치 추구와 생활 속 무용 경험 및 참여로 연구 영역이 다양하게 확장되고 있음을 확인하고 있다.

3장에서 한석진은 가상현실과 로봇, 사이보그적 공연자의 존재론적 본질을 설명하는 이론적, 비판적 토대로서 포스트휴머니즘을 제시한다. 무용과 연극, 퍼포먼스 연구는 체현된 존재를 공연의 선행조건으로서 보는 경향을 지닌다. 하지만 퍼포먼스 담론에서 비체현된 존재의 등장은 신체적 존재/부재, 실황성/매개성, 실재성/가상성과 같은 휴머니즘적 구분을 와해시키면서 논쟁을 불러일으켰다. 그는 인간 공연자의 가상적, 사이보그적 몸이 인간성과 신체성이 결여된 것으로 보는 인간중심주의적 추정을 반박한다. 더불어 인간 의식과 물리적 존재가 인공 지능과 가상 존재로 대체될지도 모른다는 자유휴머니즘의 우려를 불식시키고자 비판적 태도로서 포스트휴머니즘을 제안한다.

II부 뉴미디어 시대 댄스 퍼포먼스는 무용예술의 현장에 도입된 새로운 미디어기술이 무용이라는 예술장르에 어떤 변화를 주는지를 관찰하고 전망한다. 소설과 영화 등 기존 매체와 미디어퍼포먼스의 접점을 확대해 다의적 해석 가능성을 열어 보이고, 가상공간으로 들어간 움직임과 인간 감성의 관계를 다루고, 디지털 퍼포먼스 속 포스트휴먼의 몸을 관찰하며, 미래예술패러다임으로서 모이스트미디어와 무용의 관계를 전망해낸다. 또한 프로젝션맵핑 활용이 제안하는 새로운 무용공연 가능성을 검토하고, 윌리엄 포사이드의 디지털작품 사례를 통해 무용과 인공지능의 융합예술을 소개한다.

4장에서 김주희와 김현정은 한국의 미디어퍼포먼스 〈마담 프리덤〉(2013)의 여성 등장인물의 의미를 탐색한다. 원작소설과 영화 속 여성주인공의 성격을 분석하고, 춤과 미디어의 개별 역할이 무엇인지, 안무가가 원작 〈자유부인〉을 활용한 방식을 탐색했다. 미디어작업이 모호한 해석, 그리고 특이성과 보편성의 전략적 재구성을 보여준다고 분석한다. 소설과 영화, 미디어퍼포먼스의 복잡한 관계를 추적함으로써 다양한 해석의 생산 가능성과 그 방식을 제공한다.

5장에서 김혜란은 움직임의 추상화에 집중한다. 그는 기하학적 조형요소들을 활용한 영상제작을 위해 특정한 규칙, 곧 라반(Rudolf von Laban)의 공간 정의와 에포트 이론을 차용하여 고안된 알고리즘을 적용한다. 라반의 움직임 분석(LMA)에서 움직임의 질적 표현에 기여하는 내적 동기를 객관적이고 기하학적인 데이터로 설명하고, 이를 다시 컴퓨터그래픽스의 수치적 데이터와 연결함으로써 움직임의 미세한 차이를 만드는 실험들을 소개한다.

6장에서 태혜신은 미래예술패러다임으로서 모이스트 미디어(moist media)의 가능성을 탐색한다. 모이스트 미디어가 뇌인지과학과 융합되어 가상현실을 넘어선 증강현실의 예술형태로 발전하고 있다고 관찰한다. 예술의 개인화와 인간의 신체감각, 정서, 인지, 사고 등 정신활동이 예술매체로 활용되는 가운데 무용예술의 미래를 전망한다.

7장에서 한석진은 디지털 퍼포먼스에서 재현된 포스트휴먼 몸의 형태와 그 속에 내재된 몸에 대한 개념을 탐구한다. 이를 위해 모리스 메를로 퐁티(Maurice Merleau-Ponty)와 그의 계승자들의 철학을 이론적 근거로 삼아 디지털 퍼포먼스의 사례연구로서 호주 무용단 청키무브(Chunky Move)의 〈모탈엔진(Mortal Engine)〉(2008)를 분석하였다. 작품 속 가상의 존재가 무용수의 체화된 경험에서 있어서 어떠한 의미를 지니며 이때 물리적 몸과 어떠한 관계를 형성하는지 살펴본다.

8장에서 허가영은 전통적인 방식의 공연에 첨단 미디어 기법인 '프로젝션 맵핑'을 활용한 공연이 점차 늘어나고 있음에 주목하고, 이를 무용공연 및 융복합공연에 활용한 사례들을 관찰했다. 그는 프로젝션 맵핑의 개념을 소개하고, 최근 국내 공연사례 분석을 통해 프로젝션 맵핑 활용 방안을 제안했다. 무용과 프로젝션 맵핑의 만남이 침체된 무용공연시장에 활기를 줄 것으로 기대한다.

9장에서 신상미는 윌리엄 포사이드(William Forsythe)의 〈재생된 하나의 평면에 대한 동기 오브제〉(2009)를 라반 움직임 이론을 통해 분석하였다. 이 작품에서 창조된 〈더 댄스〉, 〈움직임 재료 색인〉, 〈정렬주석〉, 〈신호 주석〉, 〈신호 악보〉 등의 파생 동기 오브제는 포사이드의 움직임 테마에서 보이는 움직임의 특질과 상호 친화적임을 발견하고, 작품의 예술적, 학제적, 실용적 의미와 가치를 논의하였다. 포스트 휴먼 시대의 무용예술에 대한 상상력을 고취하면서 새 시대의 창조와 소통 능력 함양을 기대한다.

III부 뉴미디어 시대 춤과 대중문화는 뉴미디어 환경의 변화가 사회일반의 춤 담론 형성과 춤의 향유방식에 미치는 영향을 다룬다. 뉴미디어 기술의 도입이 중국영화와 TV 드라마가 춤을 다루는 방식과 기술에 변화를 주고, 이는 관객 또는 시청자가 형성하는 춤이미지와 춤 담론에 영향을 줌을 살펴본다. 또한 대중춤동호회의 춤 향유양상도 소통과 아카이빙 측면에서 변화를 맞는 것으로 관찰한다.

10장에서 김주희는 장예모(Zhang Yimou)감독의 영화〈트라이어드(1995)〉, 〈연인(2004)〉, 〈5일의 마중(2014)〉을 중심으로 춤이 영화 안에서 어떤 역할을 하는지 관찰한다. 이를 바탕으로 각 사회의 문화와 인식을 미시적으로 이해하고자 했다. 영화라는 매체 안에서의 춤, 영화감독이 바라보는 춤, 영화 이야기 속의 춤추는 몸에 대해 논의한다.

11장에서 유화정은 전통춤의 이미지를 생산하는 데 일조하는 미디어 담론에 대해 살핀다. 총 8편의 TV 역사드라마에 노출된 전통춤 장면과 관련 인터넷 기사를 분석하여, 특정 미디어가 전통춤을 전유할 때 나타나는 담론 생산의 과정 및 결과를 알아본다. 또 전통춤이 드라마와 인터넷의 날개를 달고 대중의 관념으로 흡수될 때 수반되는 문제점이 무엇인지 논한다.

12장에서 윤지현은 매체환경의 변화가 대중춤문화에 미치는 영향을 관찰했다. 그는 사교춤동호회 활동의 사회적 소통과 아카이빙 효과를 추적한다. 사회적 소통 측면에서 소규모 지역동호회 중심에서 전국단위 오프라인 행사가 증가하는 등의 범위확장을, 아카이빙 측면에서는 동호회의 인터넷 카페 활동 참여는 동호회 행사와 각종 자료를 기록, 축적함에 따라 학술연구와 이론적 논의를 가능하게 함을 확인한다.

『춤과 뉴미디어: 과거, 현재, 미래를 말하다』는 무용 분야의 뉴미디어 활용 현황과 현장 사례를 중심으로 무용학 연구의 최신 성과와 경향을 보여준다. 본서는 개념과 이론적 논의로 구성된 학술서에서 나아가 뉴디디어와 춤이 만나는 무용현장에 대한 관찰과 분석을 비중 있게 담아내려 했다. 학술적이면서도 동시에 급변하는 무용을 시의적으로 다룬 무용현장 보고서의 성격을 놓치지 않았다는 점이 특징이다. 이는 전문 학술로서의 제한된 독자층, 곧 무용 분야 연구자의 학술적 필요를 충족하는데 그치지 않고 보다 광범위한 독자층의 관심을 촉구하고, 지적 수요를 확장하게 할 것이다. 뉴미디어 시대 미디어 환경의 변화와 영향은 전면적인 사회현상으로서 예술로서의 무용과 학문분야로서 무용학만의 관심이 아니기 때문이다. 이에 전문학술서로서 무용학 강의 및 연구 등 학술현장에서의 활용을 제고함은 물론이고, 뉴미디어 활용과 대중의 춤 향유 및 수용에 대한 사회일반의 관심을 촉발하고 충족할 교양서로서 읽히고자 한다.

필자들의 뜻을 모아

댄스&미디어연구소 부소장 윤지현 씀

I부

뉴미디어 시대의 무용학

1장

멀티미디어 댄스 리터러시 개발의 영상인류학적 접근

– 문화기술지적 무용영화 분석을 중심으로[1]

신상미

1. 서론

멀티미디어 댄스 리터러시는 전자기술의 발달에 따라 발명된 새로운 전달매체를 통해서 춤을 읽고, 쓰고, 분석하고, 해석 및 평가하는 일련의 춤 이해력이라 할 수 있다. 이를 가능케 하는 소통매체는 인터넷, 온라인 신문, 블로그, 페이스 북, SNS, 인터렉티브 웹 환경 등 멀티미디어로서 여기서 유통되는 춤은 대부분 사진이나 영상 등 시각 자료를 통해서 빠른 시간 안에 혹은 실시간으로 불특정 다수의 사람들에게 전달되며 즉각적인 상호작용이 이루어지는 특징이 있다. 한편, 전자 기술의 발달에 따라 나타나는 미디어의 변화는 다

1 이 글은 이화여자대학교 무용학연구소 제1회 국내학술심포지엄에서 구두발표한 논문이며, 2017년 『대한무용학회논문집』 75(2)에 게재한 것을 수정, 보완한 것이다.

양한 기기, 소프트웨어, 온라인 서비스의 활용을 부추겼다. 페이스북이나 블로그와 같은 SNS 활동, 사이버캠퍼스와 MOOC와 같은 온라인상에서의 수업 진행, 최신 장비를 이용해 교수의 강의를 동시간에 촬영 기록하는 영상시스템의 사용, 발표의 전달력을 높이는 PPT나 프레지의 사용 등이 그 예가 된다. 이러한 상황에서 멀티미디어 시대의 댄스 리터러시 개발도 그 변화의 물결을 피할 수 없게 되었다.

한편, 1960년대 전자 기술의 발달에 따라 문화인류학의 한 분야로 생겨난 영상인류학(Visual Anthropology)은 인간이 창조한 시각매체 전체를 포괄하는 시각인류학으로 눈으로 볼 수 있는 춤, 그림, 사진, 영상 등을 연구 대상으로 하며, 연구의 결과물은 문화기술지적 영화(Ethnographic Film)로 제작된다. 김영훈에 의하면, 문화기술지적 영화는 "사람들(ethno)+기록(graphe)+영화(film)로 구성된 사람들에 대한 영상 기록"[2]으로 사람에 대한 기록영화(documentary film)를 말한다. 여기서 중요한 것은 인류학자가 연구대상의 현장에 들어가 오랜 기간 연구하고 영화제작자로서 문화기술지적 영화를 만드는 것이다. 그 결과물은 인간의 문화를 기록하고 보존하는 아카이브 기능뿐만 아니라 그것을 읽고 해석하면서 과거와 현재의 문화를 이해할 수 있는 리터러시의 교육적 기능과 새로운 문화콘텐츠 창조를 위한 기초자료로서의 기능 및 컴퓨터상에서 실시간 네트워크로 자유롭게 소통할 수 있는 중요한 시각 매체로서의 기능을 한다. 따라서 오늘날 요구되는 멀티미디어 댄스 리터러시 개발의 영상인류학적 접근은 매우 유용하다하겠다.

그러나 현실적으로 제4차 산업혁명으로 멀티미디어의 활용이 최고조에 이른 현 상황에서 무용영상이나 시각매체가 이른바 정체불명의 콘텐츠나 유해성을 가진 콘텐츠로 사이버 공간의 많은 부분을 차지하고 있고, 내용적으로도 완성도 있는 무용영상콘텐츠를 찾기 어려운 환경에서 멀티미디어 댄스 리

2 김영훈(1997). 영상인류학: 민족지 영화란 무엇인가.『현상과 인식』. 20(4). p. 50.

터러시 개발은 사각지대에 서있다고 할 수 있다. 이에 따라 최근 무용학 분야에서는 댄스 리터러시 개발과 테크놀로지에 대한 연구가 다각도로 진행되어 왔다.[3] 이들 연구는 미디어의 기술적 활용성이나 댄스 리터러시 교육에 대한 개념적 논의 및 교육방법 연구가 주를 이루고 있고 수업을 위한 시각매체의 활용성을 다루고 있다. 그럼에도 불구하고 영상인류학적으로 멀티미디어와 춤이 상호관계 속에서 춤에 대한 고급 정보를 창출하는 문화기술지적 무용영화의 특징 분석을 시도하고 이를 통해 춤을 이해하고 원활한 소통능력 개발을 제안한 연구는 없다.

본 장에서는 멀티미디어와 댄스 리터러시의 개념과 영상인류학의 핵심이라 할 수 있는 현장조사를 통해 작성된 문화기술지적 무용영화의 유용성을 파악하고, 영상인류학적 접근으로 멀티미디어 환경에 적용할 수 있는 문화기술지적 무용영화, 즉 무용기록영화[4]의 특징을 분석 · 논의함으로써 멀티미디어 댄스 리터러시 개발 방안을 제시했다.

3 디지털 환경에서 매체를 통한 춤교육 방법 및 교과과정 연구(황인주, 2006; 김운미, 이미희, 2010), 무용민족지법에서의 시각매체 활용에 대한 연구(정옥희, 2008), 미디어와 댄스 리터러시 연구(김유진, 2011; 문영, 2012), 디지털 댄스 리터러시의 교육인류학적 패러다임 연구(신상미, 2015)

4 분석대상은 문화기술지적 무용영화, 즉 무용기록영화로서 공연이 이루어진 현장에 대한 연구라는 전제를 고려해서 다음과 같이 선정했다. 문화 연구의 〈신성한 홀스맨: 아이티의 살아 있는 신들〉, 움직임과 문화 분포 연구의 〈춤과 인간의 역사〉, 구술 및 증언을 통해 안무가의 일대기를 기록한 3D 영화 〈피나〉, 연구 현장에서 촬영한 안무 생산 방식과 무용수의 즉흥무용을 컴퓨터에 기록하여 인터렉티브 방식으로 타 분야 특유의 콘텐츠를 개발한 〈재생된 하나의 평면에 대한 동기 오브제〉, 현장에서 촬영한 무용가의 안무를 수집해 웹사이트 아카이브 플랫폼에서 미국무용의 역사를 읽고 분석할 수 있는 〈제이콥스 필로우 인터렉티브〉로 한정했다. 분석 기준은 영화의 주제, 내용, 실행장소 및 방법, 청각적 요소, 미디어의 제공 형태 등이다.

2. 멀티미디어 댄스 리터러시와 영상인류학

1) 멀티미디어 댄스 리터러시의 개념 및 유용성

마샬 맥루한(Herbert Marshall McLuhan)이 그의 책에서 '미디어는 메시지다(the medium is the message)', 미디어는 인간의 확장(the extensions of man)이라고 말했듯이 현대 사회에 있어 미디어는 인간 간의 상호관계를 통해서 사회문화적으로 유연하게 행동 할 수 있는 매개체가 되고 있다. 미디어란 인간 간 소통을 위한 정보전달 매체로서 과거에는 인간의 움직임을 포함해서 우편, 전보, 전신, 신문, 잡지 등이었다. 이는 전자기술의 발전에 따라 한 방향 소통 매체로서 통신, 텔레비전, 전자우편 등으로 진화했고 최근에는 제4차 산업혁명으로 발전된 새로운 기술과 결합하여 쌍방향 소통이 가능한 온라인 신문, 블로그, 위키피디아, 비디오 게임, DVD, 소셜 미디어, 웹 사이트, 인터넷, 등 뉴미디어(New Media)의 정보전달 매체가 상용화되면서 인간이 사는 사회 전체를 통괄 및 제어하고 있다.

본 장에서 사용하는 주요어인 멀티미디어는 다중(multi)과 매체(Media)의 합성어로서 최근 새롭게 등장한 뉴미디어를 포함해서 움직임, 음성, 문자, 사진, 영상, 디지털 미디어 등 과거부터 현재까지의 다양한 미디어가 통합된 광의의 개념이며, 컴퓨터를 이용해 디지털 통신망과 결합되어 문자 이외 음성이나 움직임, 그림이나 이미지 등으로 입력되고 전달되는 정보를 인식하고 표현하면서 디지털 상태에서 자유로운 소통이 가능한 복합 기능을 수행하는 매체로서의 개념이다. 이는 컴퓨터를 매개로 하여 즉각적이고 선택적으로, 탑-다운(top-down) 방식과 다운-업(down-up) 방식이 통합된 비선형적 방법으로 사람 간 대화형식의 상호작용을 유도하고 소통의 양을 무한적으로 증가시키고 있으며, 이를 통해 사회적 거리를 줄이고 지구촌에서 생성되는 문화의 세계화에 큰 영향을 주는 기술로 활용되고 있다. 이에 따라 현 시대에는 멀티미디어를 사용하는 능력과 거기서 전달하는 정보나 메시지를 읽고 쓰고 해석 및 평가하면서 개인의 지식을 확장할 수 있는 능력이 매우 중요해졌다. 즉 멀티미디어 리터러시를 적극적으로 활용해야하는 소통환경이 되었다. 이는 일차적으로 움직임언어, 구두언어, 문자언어, 영상언어, 디지털언어와 그에 따른 소통 기술을 효율적으로 통합할 수 있는 능력의 확장을 요구한다.

한편, 많은 사람들은 인간의 몸짓과 자세로 이루어진 춤을 아날로그 시대에 사용된 소통매체로 평가하고 있다. 그러나 오늘날에도 춤은 미디어의 하나로서 인간의 시각, 청각, 촉각, 미각, 후각 등 다중 감각을 체험적으로 경험할 수 있게 하는 강력한 소통매체임을 부정하기 어렵다. 알버트 메라비안(Albert Mehrabian)은 여러 사람이 비공식적으로 모인 곳에서 전체의 소통 중 단 7%만이 말이었고, 38%는 억양 내지 어조로, 55%는 어조와 함께 몸 움직임으로 의사를 표시했음을 발견했다. 또한 그는 평균적으로 타인에게서 얻는 정보의 40% 정도가 몸 움직임으로부터 해독되므로 다른 사람들의 몸 움직임을 인식하는 능력 개발이 매우 가치 있다고 주장했다.[5] 이는 몸움직임의 연속으로 이루어지는 춤이 문화정보를 전달하는 소통매체로서 매우 중요하다는 것을 방증하는 것이자 한 시대에 통용되고 있는 전자 기술을 사용함으로써 사회적으로 인식할 수 있는 의미를 만드는 일련의 문화적 능력이라 할 수 있다.[6] 따라서 현대의 소통 환경에 들어맞는 비전으로 몸짓언어로서의 춤을 가시화하는 사이버 공간과 네트워크의 결합 능력을 함양하는 것은 멀티미디어 댄스 리터러시 개발을 위한 방안으로 매우 고무적이라 할 수 있을 것이다.

종합하면, 멀티미디어 시대의 댄스 리터러시 개발은 현대의 문화와 기술적 상황, 즉 현실공간뿐만 아니라 이를 대체하고 있는 가상공간 등 모든 상황에

5 Lamb. W. & Watson, E.(1979).『몸코드』. 신상미, 전유오역, 궁미디어. 2017. p.241.

6 Lemke, J. L.(1997). Metamedia literacy: Transforming meanings and media. In D. Reinking, M. McKennna, L. Labbo, & R. D. Kieffer (Eds.), *Literacy for the 21st Century: Technological Transformation in a Post-typographic World*. Hillsdale, NJ: Erlbaum.

서 대화가 가능한 소통수단을 이용해서 “인간이 창조한 춤텍스트와 콘텍스트에 암호화 되어 있는 상징적 코드를 읽고, 기록하고, 분석하고, 해석하고, 비판적이고 사회문화적으로 평가하면서 개개인의 독창성과 창의성 및 사회성을 상호친화적으로 발휘할 수 있는 능력을 함양하는 것,”[7]으로 표현 할 수 있을 것이다. 더 나아가서는 멀티미디어의 활용과 함께 문화 언어, 예술 언어, 춤 언어, 움직임 언어, 몸언어 등 춤의 구성요소를 효과적으로 전달할 수 있는 무용문화콘텐츠의 연구와 개발에 기여할 것이다.

2) 영상인류학과 문화기술지적 무용영화

최근 우리 사회의 현상으로 듣는 문화에서 보는 문화로의 감각적 전이는 인간이 갖고 있는 다양한 감각기관의 작용을 일깨우는데 크게 기여했다. 이는 시각매체를 통해서 느낄 수 있는 감각이 ‘인간의 확장’을 이끈다는 데에서 비롯된다. 특히 몸과 움직임을 사용해서 관능과 지성을 담아내는 춤은 사진이나 그림처럼 멈춰 있는 것과는 달리 일련의 시퀀스를 가진 움직임의 흐름이자 몸짓과 자세의 통합[8]으로 인간의 다중 감각을 자극하기 때문에 영상 제작의 의미는 더더욱 커지고 있다.

그러나 이를 생산하거나 수용하는 입장에서 춤의 텍스트로서 몸, 움직임, 춤 그리고 콘텍스트로서 예술적 · 역사적 · 문화적 내용 등을 이해하기 위해서는 현장에서 행하는 움직임을 가장 원초적이고 자연스러운 측면에서 관찰하고 분석하면서 해석할 수 있는 능력과 멀티미디어의 소통방식의 활용에 대한 방법론적 측면이 매우 중요한 이슈가 된다. 따라서 본 장에서는 멀티미디어 댄스 리터러시를 함양하기 위한 방법으로 영상인류학적 접근을 시도했다.

---

7 신상미(2015). 디지털 댄스 리터러시의 교육인류학적 패러다임.『우리춤과 과학기술』 28. p. 33.

8 Lamb. W. & Watson, E.(1979).『몸코드』신상미, 전유오역, 궁미디어. 2017.

그 이유는 멀티미디어의 정보를 효율적으로 선별하는 능력을 키우는 학습도구적 패러다임과 멀티미디어가 재현하는 현실을 비판적으로 해독하는 능력에 초점을 맞추는 표상 패러다임을 제공하기 때문이다.[9]

템플대학교(Temple University) 교수인 루비[10]에 의하면, 영상인류학은 눈으로 보이는 시각적 세계에 대한 연구로서 '시각체계와 시각문화에 관한 연구'[11]이며, 춤, 그림, 사진, 영상, 영화 등 시각매체를 이용해 인간의 행동을 기록하고 조사한다. 여기서는 인류학적 접근을 통해서 인간행동을 영상으로 기록할 뿐만 아니라 특정 지역의 문화코드가 새겨진 시각적 표상(visual representation)을 다룬다. 다시 말하면, 영상인류학의 영역은 회화, 사진, 영화, 건축, 무용, 공간구조 등 시각적 소통에 관련된 모든 분야가 포함된다. 또한 영상인류학의 관심은 인간의 행위를 기록 · 묘사 · 분석 · 해석하기 위해 시각적 미디어형식의 이미지를 만드는 것이며, 특히 인간의 몸을 사용하는 춤이나 몸짓을 이해하기 위한 공간지각(proxemics) 및 활동(kinetics)과 같은 문화의 시각매체에 관심을 갖는다. 이와 더불어 이미지의 기록화 작업, 디지털 기반의 통합자료 아카이빙 및 플랫폼 구축, 영상자료의 활용 능력 및 지속적 관리와 자료의 보존 및 보충 등에 관심을 둔다.[12]

이와 같은 영상인류학의 영역과 관심에 따른 연구과정에서는 특정한 지역문화의 현장연구가 매우 중요하다. 현장연구는 인류학자들이 연구대상의 현장에 들어가 1년 정도 머물면서 그 지역의 문화를 눈으로 직접보고 느끼면서 상호 신뢰와 이해 및 공감대로 정의되는 라포를 형성한 현지인과의 면담 및 현장의 참여관찰을 수행하는 실지조사다. 이를 통해 광범위한 자료를 수집하

9 안정임(2002). 디지털 커뮤니케이션과 미디어 리터러시: 의미와 연구 방향 모색. 『교육정보미디어연구』, 8(3). pp.11~12.

10 Ruby, J.(1996). "Visual Anthropology". In *Encyclopedia of Cultural Anthropology*, D. Levinson & M. Ember (eds), New York: Henry Holt and Company, vol. 4, pp.1345-1351.

11 Morphy, H. & Banks, M.(1997). Introduction In Morphy, H. & Banks, M. (eds), *Rethinking Visual Anthropology*. New Haven and London: Yale University Press, p.1.

12 김영훈(2000), 전통문화의 시각원리 연구: 영상인류학적 모색. 『민족과 문화』. 제9집. pp. 370~384.

고 분석해서 연구주제를 결정하고 연구방법을 체계화한다. 최종적으로는 현지인과 접촉함으로써 연구결과를 확인한다.

무용과 관련된 영상인류학적 연구 결과는 현실의 삶에 뿌리내린 춤문화의 텍스트로서 폭넓은 해석과 평가 및 시대적 요청에 부응할 수 있는 "역동적 의사소통 모델"[13]로서 문화기술지적 무용영화로 제작된다. 이는 현장에서 행하는 춤을 직접 보고 경험하고 기록하고 분석하면서 해석과 평가를 통해서 만들어지기 때문에 연구 대상의 문화코드를 심도 있게 들여다보는 과정에서 댄스 리터러시를 함양할 수 있는 기회를 갖게 된다.

따라서 이와 같은 과정에서 창조되는 문화기술지적 무용영화의 분석과 해석 및 평가는 현장 체험의 결과를 설명하는 생산자인 연구자나 제작자 측면, 멀티미디어를 통해 이를 접하는 수용자로서 학생이나 일반인의 측면에서 멀티미디어 댄스 리터러시를 함양하는 교육적 유용성을 가져다 줄 수 있다. 구체적으로 생산자의 측면에서는 첫째, 현장조사를 통해서 미시적인 안무기록은 물론 거시적인 공연기록을 제공하므로 큰 틀에서 춤문화를 읽을 수 있게 한다. 둘째, 문자로는 시각화 할 수 없는 연속적 움직임, 즉 춤을 영상미디어로 가시화함으로써 춤의 구조와 형식 및 의미를 쉽게 파악할 수 있게 한다. 셋째, 춤 움직임의 기록 기회를 부여하는 영상교재로 활용할 수 있게 한다. 넷째, 춤의 움직임 스타일과 분석에 필요한 비교문화적 연구의 도구를 제공할 수 있게 한다.[14] 다섯째, 제작된 영화가 표현하는 메시지를 통해서 인간의 감정이입 등 일차적인 감각에 직접적으로 호소하므로 보는 이의 관심을 쉽게 끌어낼 수 있게 한다. 수용자의 측면에서는 첫째, 허구적이지만 현장에서 구현되는 춤의 현실을 체험하면서 보는 이에게 삶의 현장으로서의 일상을 보여

---

13 Hanna, J. L.(1979). Movement Towards Understanding Humans through the Anthropological Study of Dance. *Current Anthropology*. 20. 2. pp. 313~338.

14 Royce, A. P.(1980). *The Anthropology of Dance*. Indiana University Press. Bloomington and London. pp. 53~54.

주고 되돌아보게 하면서 비판적으로 인간의 삶에 중요하고 의미 있는 것을 포착할 수 있게 한다. 둘째, 멀티미디어를 이용해 영화에 대한 이해와 지적인 소통을 활성화하므로 전지구화 되어가는 시대에 다양한 문화권의 가치관과 생활방식에 대한 객관적 정보를 취하면서 세계화 시대를 살아가는 방법을 배우고, 민족 간, 문화 간의 상호 이해와 공존을 경험할 수 있게 한다.[15]

3. 문화기술지적 무용영화 특징 분석

문화기술지적 무용영화의 시작은 영사기의 발명으로 최초의 영화가 제작된 1890년대로 거슬러 올라간다. 미국에서는 에디슨(Thomas Edison) 연구소에서 딕슨(William Dickson)이 35mm의 키네토스코프 형식을 시험하기 위해서 카르멘시타(Carmencita)의 쇼트 필름 댄스(1894)와 안나벨 모어(Annabelle Moore)의 〈나비춤(Butterfly Dance)〉(1894)을 촬영했고, 유럽에서는 뤼미에르 형제(Auguste Lumière & Louis Lumière)가 시네마토그래프로 풀러(Loie Fuller)가 창작한 〈뱀춤(Danse Serpentine)〉(1895)을 촬영했다. 문화기술지적 연구로서 현장조사를 통해 인간의 문화를 기록하기 위한 수단으로 영사기가 활용되면서 인류학자들은 〈버팔로춤(Buffalo Dance)〉(1894), 북미 인디언 나바호족의 〈예이베차이춤(Yeibechai Dance)〉(1906), 〈호피족의 뱀춤(Hopi Snake Dance)〉(1912) 등을 제작하기 시작했다. 이후 보아스(Franz Boas)가 찍은 〈과키우틀춤(Kwakiutl dances)〉(1951)과 미드(Margaret Mead)의 〈발리의 황홀경과 춤(Trance and Dance in Bali)〉(1952) 등이 제작됐다.[16]

본 장에서는 1940년대 본격적으로 영상기술이 발전함에 따라 무용가가 카

15 정영근(2003)., 디지털문화시대의 영화와 교육.『교육인류학연구』. 6(2). pp. 205~221.

16 Sydner, A. F., 1998. Ethnographic Studies. In *International Encyclopedia of Dance*. Vol. II Oxford: Oxford University Press.pp. 600~603); 신상미(2014). 무용영화의 연대기적 흐름 및 특징 연구.『우리춤과 과학기술』. 27. pp. 53~56.

메라 작업에 직접 뛰어든 시기를 기점으로 현재에 이르기까지 현장조사나 무대공연 현장 및 연구 현장의 춤이나 춤작업을 대상으로 영화화 되어 멀티미디어 상에 게시된 문화기술지적 무용영화의 특징을 분석했다.

1) 마야 데렌의 〈신성한 홀스맨: 아이티의 살아 있는 신들〉

마야 데렌(Maya Deren)은 안무가, 무용가, 극작가 겸 시인으로 1940년대 실험영화의 출현을 이끈 영화계의 선구자이자 영화제작자로서 〈카메라를 위한 안무에 대한 연구(A Study in Choreography for Camera)〉(1945), 〈오후의 올가미(Meshes of the Afternoon)〉(1943), 〈밤의 눈(The Very Eye of Night)〉(1958) 등 많은 영화를 제작한 인물이다. 데렌은 콜롬비아대학교에서 인류학을 전공하고 현대무용가이자 안무가로서 인간의 춤을 연구한 던햄(Kethrine Dunham)의 노스웨스턴대학교의 석사학위 논문 "아이티의 춤(The Dances of Haiti)"을 편집하면서 문화기술지적 연구에 매력을 느꼈고, 던햄의 비즈니스 매니저로서 아이티 현장의 춤과 음악을 기록영화로 제작했다.[17]

아이티는 1804년 프랑스령에서 독립한 나라로 북아메리카 동남쪽에 위치한 카리브해 히스파니올라(Hispaniola) 섬의 서쪽에 자리하고 있는 공화국으로 이 섬의 동쪽에는 도미니카 공화국이 국경을 같이 하고 있으며, 쿠바의 동남쪽에 위치한 섬으로 아프리카계 민족이 95%로 대다수이지만 흑인과 백인 혼혈 및 백인과 섞여 있다.

부두교의 성지인 아이티의 춤과 음악에 심취한 데렌은 아이티의 깊은 전통과 종교 문화에 관해 『신성한 홀스맨: 아이티의 살아 있는 신들(Divine Horsemen: The Living Gods of Haiti)』을 집필하면서 가졌던 자신의 지식과 경험을 토대로 종교

17 Schwartz, N. B.(1998). Choreography for the Camera. In *International Encyclopedia of Dance*. Vol. II. Oxford: Oxford University Press. pp. 603~612.

의식 현장에서 이루어지는 아이티 부두교의 빙의 의식, 변신 춤, 연극, 게임, 특히 민족 음악과 의식 등 아이티의 삶과 춤을 참여 · 관찰하면서 50분 정도의 문화기술지적 무용영화, 〈신성한 홀스맨: 아이티의 살아 있는 신들〉을 제작했다. 이 영화는 데렌 원작, 체렐 이토(Cherel Ito)와 테이지 이토(Teiji Ito)의 각본으로 그녀 자신이 촬영했다. 이 영화의 내용은 1947년부터 1951년까지 아이티 주술사들의 종교의식을 담았으며 대부분 아이티의 종교의식에서 행해지는 춤 장면과 움직이는 몸의 이미지로 구성되어 있다. 특히 종교 의식에서의 춤은 부두교인들의 삶에서 중요한 부분으로 사회적 활동이기도 하고 북소리에 맞춘 춤과 노래를 통한 종교적 경험이기도 하다.

예컨대, 성지의 중앙에 십자를 그리는데, 이는 부두교인이 서로 소통할 수 있는 중요한 공간을 상징한다. 여기에 "포토 미탄(Poto Mitan)"으로 불리는 기둥을 세우면 이곳을 통해 신이 들어온다고 믿는다. 아이티인들은 이 기둥을 둘러싸고 "로아(Loa)", 즉 신을 칭송하는 모든 종류의 의례적 움직임으로 춤을 추게 된다. 춤의 형태는 주로 아프리카인들의 영향을 받은 춤스타일과 유럽의 콘트라댄스, 코드릴, 월츠, 폴카를 변형해 춤을 추는 경우가 많다.[18] 움직임은 다리를 약간 구부렸다 펴는 동작이 반복되면서 윗몸을 오른쪽, 왼쪽으로 회전 시키는 동작, 녹아내리는 듯한 가슴과 허리의 물결치기, 트위스트와 같은 엉덩이 춤, 바닥을 이용한 발춤 등으로 이루어지며, 유럽인들의 춤을 변형한 솔로, 듀엣, 그룹댄스로 추면서 신에 대한 예절이나 존경을 표하고 입신에서 비롯된 몽롱한 상태에서의 춤을 추는 경우도 있다. 청각적 요소는 영화의 내용을 설명하는 내레이션과 아프리카계 북소리와 유럽 계열의 음악이 혼종된 아이티의 음악 그리고 노래와 움직이면서 만들어내는 삶의 소리가 있어서 이 지역의 문화 패턴과 춤의 특성을 쉽게 읽을 수 있다.

이 영화는 아이티의 춤과 종교의식에 관한 기록영화로서 보스톤대학교의

18 https://en.wikipedia.org/wiki/Culture_of_Haiti#Music_and_dance

하워드 가트리브 아카이브 연구센터(Howard Gotlieb Archival Research Center)[19]의 영화 아카이브 선집(Anthology Film Archives)에 '마야 데렌 컬렉션'으로 소장되어 있으며, 동영상은 https://www.youtube.com/watch?v=7BaKwREgKUs에서 볼 수 있다. 아이티의 현장조사 연구 결과로 완성된 이 영화는 많은 인류학자들과 무용학자들이 다양한 지역의 춤문화를 연구할 수 있는 선례를 만들었던 작품이다.

2) 앨런 로맥스의 〈춤과 인간의 역사〉

앨런 로맥스(Alan Lomax)는 민족음악학자로서 전통음악 기록의 선구자다. 그는 최고의 녹음기술로 최고의 클레식 음악과 대중음악을 들을 수 있게 했다. 그의 음악연구에 대한 철학은 '연주스타일이 문화와 깊숙이 연관되어 있다', '기록영화는 인류에 대한 정보를 담은 가장 뛰어난 저장고다'라는 말에서 읽을 수 있다. 그는 음악측정표(Cantometrics)를 개발해 수없이 많은 민족의 음악과 곡들을 평가할 수 있는 체계를 만들었으며, 콜롬비아대학교와 국가정신연구소에서 지원을 받아 움직임 분석 전문가인 바르테니에프(Irmgard Bartenieff)와 폴리(Forrestive Pauley)의 협력으로 세계 속의 다양한 민족의 춤을 수집했고, 비디오로 제작된 문화기술지적 무용영화를 분석하기 위해 안무측정표(Choreometrics)를 창안했다.

안무측정표는 춤의 독특한 특질들의 상대적 빈도나 중요성을 나타내는 코딩시트에 필름자료를 기록하고 문화권, 몸의 자세, 몸의 부분, 움직임 궤적의 차원 등 움직임의 성향을 1~7점 척도의 눈금에 표시하게 되어 있다. 코딩시트와 거기에 사용된 약자의 설명은 춤이나 춤복합체의 구조적 특질을 기록하는데 유용한 분석도구로서 이를 적용한 통계분석을 통해서 생활환경과 사회조

19 https://en.wikipedia.org/wiki/Divine_Horsemen:_The_Living_Gods_of_Haiti

직의 패턴, 공연 스타일의 패턴 간에 존재하는 일련의 상관성을 밝힌다.[20] 또한 몸 부위의 사용 척도를 해석하고 전 세계에서 추고 있는 춤 움직임 스타일의 유사점을 추적한다. 이 안무측정표는 평가 표본으로서 비교문화적 연구를 위해 사용되었는데, 이때 각 지역의 춤을 비교 · 분석하여 그 결과를 내레이션으로 설명하는 형식으로 〈춤과 인간의 역사(Dance and Human History)〉(1976)를 제작했다.

이 영화의 내용과 실행방법은 오대양육대주의 무용기록영화를 수집하고 촬영한 문화기술지적 영화를 컴퓨터 프로그램을 이용해 안무측정 조사를 하고 그 결과에 따라 각 지역의 독특한 움직임의 특성을 밝힌다. 이후 비교문화 연구를 통해 춤에서의 메시지 전달이 한 사회의 심장부를 드러내며, 춤의 역할에 대한 이해를 이끌어낸다고 밝힌다. 이는 암호화된 몸언어를 해독함으로써 인간문화의 역사가 우리에게 무엇을 말해주는가를 파악하기 위해 한 문화와 사회구조 안에서 아주 규칙적으로 행해지는 춤움직임의 특징을 측정 및 정의한다. 구체적으로는 라반(Rudolf Von Laban)이 창안한 에포트-셰이프 이론과 춤의 기하학적 특성 그리고 문화별로 특이한 몸움직임의 경로나 스타일 등 신체태도(body attitude)를 분석 측정한다.

예컨대, 몸의 자세와 몸짓을 기하학적 관점으로 볼 때, 자세는 한 단위(one unit) 또는 다 단위(multi unit) 자세의 특징으로 분류하고 몸짓은 팔다리 동작 스타일의 특징과 같은 신체태도를 분석한다. 꼿꼿한 자세로 몸을 한 단위로 사용하면서 팔을 위아래로 움직이는 직접적이고 일직선적인 팔동작 스타일은 1차원적 흔적형태(linear trace form)로 보고, 이와는 대조적으로 몸의 자세가 한 단위로 단호하고 팔을 수직면, 수평면, 시상면적으로 사용하면서 곡선을 그리는 간접적인 동작 스타일은 2차원적 흔적형태(curve trace form)로 본다. 또한 몸

20 Royce, A. P.(1980). *The Anthropology of Dance*. Indiana University Press. Bloomington and London. pp. 53~63.

을 빠른 속도로 뒤틀면서 흔드는 아프리카나 남아시아의 엉덩이춤과 같이 몸의 다 단위 사용을 동반하고 내리베기(Slash)나 비틀기(Wring)를 행할 때 보이는 나선형의 팔동작 스타일은 3차원적 흔적형태(spiral trace form)로 본다. 청각적 요소는 각 지역의 전통 음악이나 노래, 삶의 소리와 내레이션을 수반한다.

이렇게 행동적 관점에서 측정된 전 세계의 각 지역에서 생산되는 춤의 특질과 문화적 패턴은 신체태도 지도(map of the body attitude)를 통해 구현된다. 이 지도에서 위아래 일직선은 1차원적 흔적형태의 춤이 지배적인 지역이고, 물결선은 2차원적 흔적형태의 춤이 지배적이며, 원으로 그려진 지역은 3차원적 흔적형태의 춤이 지배적이다.

종합하면, 로맥스는 안무측정 결과를 통해 문화적 패턴의 차이를 보이는 다양한 민족의 춤을 비교적으로 접근할 수 있는 많은 영상자료를 수집했고, 현장에서 기록된 춤움직임을 관찰하고 분석하는 방법론을 창안했다. 그리고 이 춤들의 문화적 패턴과 춤스타일 간에 존재하는 상관성을 통계적으로 평가해 이를 해석한 결과를 세계의 지도상에 지역별 춤의 특성으로 표시했다. 이처럼 체계적인 연구 결과를 바탕으로 제작된 문화기술지적 무용영화는 예술과 문화를 기록하고 분석 및 해석할 수 있는 평가 표본으로서 그리고 비교문화 연구 사례로서 그 가치를 보여주고 있다. 그럼에도 불구하고 비숍(John Bishop)의 연구에서는 안무측정표의 사용이 양적으로 춤을 연구하는 구조주의 인류학자의 편에서는 무리한 해석과 추정된 결과로 나타나고 있으며, 질적으로 춤을 연구하는 해석학자의 편에서는 예술의 마력을 컴퓨터 분석으로 지워버렸다는 이유로 비판받았다고 지적했다.[21] 이 영화는 https://www.youtube.com/watch?v=MOsZhZIQ-6Q에서 볼 수 있다.

21 Mitoma, J., Zimmer, E., Stieber, A. D.(2002). 『미디어 시대의 춤: 현장에서 들려주는 이야기』. 김수인, 김현정, 정옥희, 한석진 역(2016). 궁미디어. p. 225.

3) 빔 벤더스의 〈피나〉

영화 〈피나(Pina)〉(2011)는 3D 영화로서 빔 벤더스(Wim Wenders) 감독이 피나 바우쉬(Pina Bausch)의 무용단 단원의 구술과 증언으로 그녀의 춤과 철학 및 작품세계를 묘사한 방송 다큐멘터리 형식의 문화기술지적 무용영화이다. 이 영화의 주인공인 바우쉬는 한 국가나 민족의 독특한 문화 현장을 감각적으로 느끼고 경험했던 문화기술지적 내용을 춤을 통해 표현하는 포스트현대무용가로서 그녀의 작품은 공연장과 영화를 통해 관객과의 소통을 추구한다. 그녀는 탄츠테어터의 연극성과 몸성을 바탕으로 예술적 총체극을 창조한 인물로서 무용과 예술의 새로운 역사를 창조한 인물이다. 벤더스는 독일의 영화감독이자 사진작가, 극작가로 인간의 삶과 존재에 대한 성찰을 통해 3D 영화의 새로운 장을 열었다. 제61회 베를린 국제 영화제(61st Berlin International Film Festival)에 출품된 3D 영화 〈피나〉와 〈제목 없는 3D 건축 다큐멘터리(Untitled 3-D Architecture Documentary)〉 등이 그가 감독한 현대영화다.

그의 작품 〈피나〉는 필름을 영사기로 평면 스크린에 투사해 2차원적 가상현실로 보았던 이전의 영화들과는 달리 3차원의 역동적이고 입체적인 무용영화를 볼 수 있다. 이는 뉴미디어 시대에 개발된 3D 안경을 착용해서 가상을 볼 수 있는 영화지만 실제 현실에 존재하는 3차원의 공간에서 이루어지는, 마치 극장의 공연 무대 현장에 있다고 착각할 정도로 무용수의 호흡과 근육의 떨림 하나하나를 볼 수 있게 한다. 벤더스가 바우쉬의 작품을 무대 현장에서 처음 접했을 때, 그는 한 시대의 문화 현장을 찾아 그곳의 문화적 색깔을 몸짓과 움직임으로 풀어내면서 진한 감동과 문화적 충격을 주는 아름다운 바우쉬의 춤 세계를 영상 스크린에 담고자 했다. 그러나 현장 공연의 특성상 3차원의 역동적인 공간을 제대로 기록할 수 있는 영화 기법을 찾지 못했고, 미래를 기약했다. 바우쉬의 갑작스런 죽음으로 그녀와 약속했던 영화의 제작계획이 무산되었다.

이후 벤더스는 바우쉬가 창단한 탄츠테에어터 부퍼탈(Tanztheater Wuppertal) 단원의 요청으로 바우쉬의 무용예술을 다큐멘터리 형식의 〈피나〉로 영화화 했다. 이 영화의 내용은 바우쉬의 삶과 무용관을 기억하는 무용수들의 경험에서 나오는 진솔한 구술과 작품에 대한 내레이션을 통해 한 사람 한 사람 자신이 탄츠테아터에서 그녀와 함께 호흡을 하며 일궈 낸 다양한 춤의 형태를 실제로 보여 준다. 무용수들은 바우쉬의 교육법, 안무법, 무용 인생의 조언자, 미묘한 관찰력과 창작력 등을 이야기하며, 자신들이 그녀의 안무 개념을 어떻게 받아들였고 그것을 어떻게 발전시켜 새로운 창작을 했는지 몸 언어와 구술을 통해 설명한다. 〈봄의 제전(Le Sacre du Printemps)〉과 〈카페 뮐러(Cafe Muller)〉 그리고 〈콘탁트호프(Kontakthof)〉와 〈보름달(Vollmond)〉 등에서 바우쉬가 표출하는 추상적이고 즉흥적인 춤들은 일상의 사건을 이야기하는 극적 요소, 멜로디가 있는 이야기, 자연을 배경으로 한 무대 장치와 독특한 의상, 여러 나라의 문화적 정체성 표현, 동시대의 상황, 전위성, 무용수와 다양한 예술의 상호작용 등이 콜라주 기법과 총체적인 무용극으로 가시화되었다.

예컨대, 러시아의 신화를 바탕으로 창작된 〈봄의 제전〉을 공연하는 영화 속의 춤은 3차원 으로 들여다 볼 수 있는 공간 안에서 얼굴 근육의 세밀한 움직임과 무대 공간에서 펼쳐지는 무용수의 내적충동이 공간상에 형태화된 연속적인 움직임으로 확장된다. 가상공간이지만 3차원의 현실적 감각을 느낄 수 있도록 제작되었고 작품 속의 인물들은 무용수이자 연기자로서 구술자이자 안무가로서의 역할을 생동감 있게 그려내고 있다. 또한 청각적 효과를 더하기 위해 내레이션, 다양한 음악, 목소리, 증언, 구술, 삶의 소리 등을 주제에 맞게 선별해 바우쉬의 춤에 대한 철학과 작품세계를 충분히 이해할 수 있도록 이끌어 갔다.

벤더스는 무대의 현장감과 입체감을 나타낼 수 있는 3D 영상기법으로 2차원의 평면으로 보아왔던 이전 영화 속의 몸과 몸짓의 가상성이 마치 3차원의 공간에서 실제로 작품을 보는 것과 같이 확장되어 보이도록 영화를 제작 및 실행했다. 3D 영화 〈피나〉는 오감을 자극하는 관능과 그것을 사고를 통해 이해하는 지성으로 피나 바우쉬의 철학과 작품 세계를 감각적으로 보여주면서 춤의 공감각적인 확장을 유도하고 있다.[22] 이 영화는 비디오와 DVD 형식으로 발매되어 TV, 극장, 컴퓨터를 통해 볼 수 있고, https://www.youtube.com/watch?v=Ys5xfdn5rlo에서도 영상을 볼 수 있다.

4) 윌리엄 포사이드의 〈재생된 하나의 평면에 대한 동기 오브제〉

윌리엄 포사이드(William Forsythe)는 기하학에 기반을 둔 라반의 공간조화 이론을 적용하여 무용 현장에서 무용수와 움직임, 시각적 청각적 미디어 등 멀티미디어가 상호작용하면서 창조되는 메타 모더니즘의 안무예술을 선도한 인물이다. 그의 실험적 작품은 〈태초의 빛(Urlight)〉, 〈갈릴레오의 꿈(Dream of Galileo)〉, 〈사건(Event)〉, 〈오르페우스(Orpheus)〉 등과 같은 실험적 작품을 쏟아냈으며, 〈안녕이라고 말해 줘(Say Bye Bye)〉, 〈보행(Gange)〉, 〈가공물(Artifact)〉 등으로 공상과 환상, 무의식과 꿈의 세계에서 신체와 공간을 탐색하는 코레오그라픽 오브제(Choreographic Object)의 개념을 적용한다. 그의 작품 중 대부분이 트위스트로 이루어지는 몸의 움직임을 모티프로 금속성 음악, 비디오나 텔레비전, 사이버 영상, 컴퓨터기록, 타분야와의 협업 및 인터렉티브 예술 등 21세기의 춤예술을 창조했다.

"무용은 그 자체의 움직임으로 묘사된다", "안무에서는 스텝보다는 구성이 중요하다", "안무는 육체와 육체, 육체와 환경 간의 관계 속에서 틀을 짜는 것으로 마음으로 느끼고 테마를 이해해야 구성이 가능하다"는 그의 안무철학은 인터렉티브 댄스 CD-ROMs를 만들었고, 영상에 기반을 둔 예술작업(screen-based visualization)을 통해서 〈재생된 하나의 평면에 대한 동기 오브제(Synchronous

22 신상미(2013). 『인간은 왜 춤을 추는가』. 서울: 이화여자대학교출판부. pp. 441~448.

Objects for One Flat Thing, Reproduced)〉를 실험했다.

이 작품은 오하이오주립대학교의 첨단 예술 디자인 컴퓨팅 센터(Adavanced Computing Center for Arts and Design, ACCAD)의 팔라지(Maria Palazzi)교수, 오하이오주립대학교 무용과의 쇼우(Norah Zuniga Shaw)와의 합작으로 컴퓨터 웹 환경에서 무용수가 연구소 현장에서 공연하는 움직임을 비디오, 디지털, 애니메이션, 그래픽, 건축 등 다양한 미디어들과 연결 및 상호작용하면서 타예술과의 협업을 통해 새로운 융합예술을 창조한 뉴미디어 문화기술지적 예술이다. 웹 환경에 제공된 협업 내용을 보면, 포사이드는 총 25개의 움직임 주제들과 즉흥동작을 구성해 무용수들이 서로 신호를 주고받으면서 3차원의 공간을 선적, 면적, 입체적 형상으로 역동적인 움직임 장면을 만들어낸다. 그 결과 공간과 시간의 조화로 연결되는 무한대의 움직임은 컴퓨터상에 코드로 기록되고 〈그림 1〉 왼쪽과 같은 형태로 시각화된다. 음악, 디자인, 컴퓨터 공학, 지리학, 통계학, 건축학 등 각기 다른 분야는 춤의 컴퓨터 기록을 기반으로 그들만의 독특한 특징적 코드와 융합해 개별적으로 상호작용하면서 〈그림 1〉의 오른쪽과 같이 사이버 공간 상에 움직이는 추상화나 건축자료 및 모션 그래픽의 새로운 결과물을 창조해낸다.[23]

예컨대, 무용수가 움직이는 흔적들을 컴퓨터상에서 다양한 굵기의 색과 선으로 그린 다음 무용수의 움직임을 제거하면 포물선, 직선, 원, 각진 선 등으로 각양각색의 움직이는 추상화로 변화한다. 이를 입체적으로 변경하면 또 다른 느낌의 그래픽 추상화가 만들어진다. 이에 더한 청각적 효과는 포사이드의 목소리와 말, 금속성 음악, 무용수의 숨소리나 물체 부딪치는 소리 등으로 움직임의 그래픽과 함께 시간적 공간감을 느끼게 한다.

이는 연구실 현장에서 이루어지는 그의 작품 속 움직임과 춤을 컴퓨터상에

23 김재리(2011). 루돌프 라반(Rudolf Laban)의 '움직임 공간' 특성에 근거한 안무학적 분석모형 개발. 이화여자대학교 대학원 무용과 박사학위 논문. pp. 130~135; https://www.youtube.com/watch?v=v2RE tWg6-bo

기록하는 것은 물론 이를 분석하고 해석하면서 타예술에 영감을 주는 인터렉티브 시스템을 구축한다. 이와 같은 움직임의 컴퓨터 기록과 상호작용을 통해 4차원의 공간을 창조하면서 미래에 전개될 융합연구의 사례를 그린다. 공연장에서 일어나는 즉흥적 사건과 연구현장에서 일어나는 문화의 융합은 인간에서 물체로, 물체에서 물체로 전달되어 나타나는 디자인을 문화기술지적 무용영화로 만들어 서로 소통할 수 있는 웹환경을 통해 수용자와의 소통을 가능하게 만든다. 이는 뉴미디어 시대의 멀티미디어로서 예술의 새로운 장을 열었을 뿐만 아니라 미래 학문의 융합적 접근을 가능케 하는 사례로서 타예술과의 소통을 통한 댄스 리터러시 개발에 그 가치와 의미를 지닌다. 오하이오주립대학교에서 제공되는 영상은 웹사이트 http:// synchronousobjects.osu.edu에서 볼 수 있다.

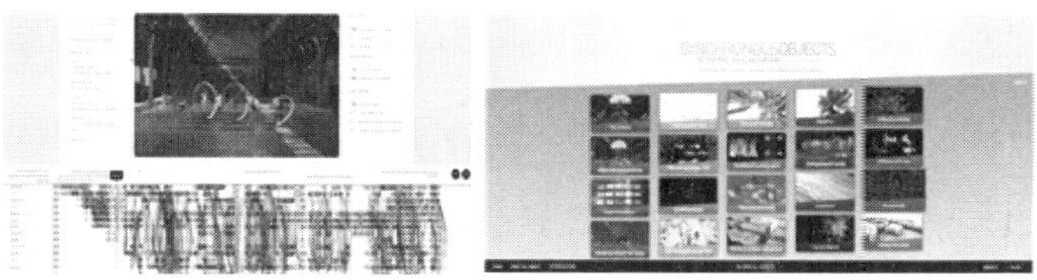

그림 1. 25개의 움직임 주제들과 즉흥동작 기록 및 학제적 상호작용
출처 http://synchronousobjects.osu.edu에서 캡처

5) 제이콥스 필로우 댄스 인터렉티브

제이콥스 필로우(Jacob's Pillow)는 미국에서 가장 오래된 댄스 페스티발로서 테드 숀(Ted Shawn)에 의해 시작되었다. 숀은 미국 현대무용의 아버지로서 데니스(Ruth Saint Dennis)와 함께 데니숀 스쿨(Denishawn School)을 창설해 미국 현대무용의 전설로 알려진 그레이엄(Martha Graham)과 험프리(Doris Humphrey) 등을 배출한 인물이다. 1930년 여름 숀은 방학을 이용해 유명무용가들을 대학 공간으로 초청해 많은 예술가나 학생이 참여하고 즐길 수 있는 공연과 워크숍 등 댄

스 페스티벌을 개최했다. 여기서 처음 시작한 춤의 장르는 발레, 현대무용, 민족무용이었으나 1979년 톰슨(Liz Thompson)이 사무총장이 되면서 세 파트의 새로운 프로그램을 개발했다. 무용단체의 참가, 신진 안무가의 참여, 그리고 야외 플랫폼에서의 다양한 공연들로 이루어진 프로그램에는 재즈 및 발레 모듈도 더해졌다. 뒤를 이어 1990년 경영감독 밀러(Samuel A. Miller)가 부임한 이후에는 관람객 센터(Visitor's Center)를 만들어 즉흥무용이 포함된 무용을 공연했고, 춤을 보존하는 일과 춤을 더욱 발전시키는 일을 진행했다. 이 페스티벌에는 매해 수천 명이 참여하고, 50개 이상의 무용단과 200편 이상의 공연과 토론, 이벤트, 다양한 커뮤니티 프로그램이 진행되었다. 1995년 크릭스맨(Sali Ann Kriegsman)이 사무총장으로 임명 받은 후 국립미국무용보존계획(National Initiative to Preserve American Dance)에서 지원금을 받아 대중들에게 제이콥스 필로우의 모든 프로그램에 접근 가능하도록 제이콥스 필로우 댄스 인터랙티브(Jacob's Pillow Dance Interactive)를 공개했다.[24]

제이콥스 필로우 댄스 인터랙티브에는 1930년대부터 2017년 현재까지 제이콥스 필로우에서 공연된 무용작품을 기록 및 제작한 영화, 비디오, 프로그램, 사진 등이 시대별, 장르별, 예술가별, 재생목록별로 기록 및 보관되어 있고 인터렉티브 미디어 전송체계가 갖추어져 있어서 http://danceinteractive.jacobspillow.org/ 인터넷 주소로 들어가면 쉽게 볼 수 있다. 예컨대, 홈페이지 메뉴로 들어가 1930년대 숀이 창단한 남성무용단의 공연을 클릭하면 〈그림 2〉와 같이 실제 페스티발 공연 현장에서 촬영된 피날레 공연작품을 영상으로 볼 수 있다. 영상 옆에는 이 단체의 공연 연혁과 작품명 및 사용된 음악이 기록되어 있어서 1930년대의 댄스 리터러시 함양에 큰 도움이 된다. 또한 최근에 공연된 무용작품을 보면서 포스트 현대의 춤을 읽고 분석하면서 다양한

24 Cunningham, K.(1998). Jacob's Pillow. In *International Encyclopedia of Dance*. Vol. Ⅲ. 571-572. Oxford: Oxford University Press. pp. 571~572.

해석을 할 수 있는 기회를 가질 수 있다. 이 웹 환경에 수집되어 있는 문화기술지적 무용영화는 제이콥스 필로우 댄스 페스티발이 진행되는 현장에서 촬영한 내용이 탑재되어 있어서 온라인을 통해 인터렉티브하면서 미국의 풍부한 무용역사를 다양한 장소에서 즐기고 경험할 수 있다.

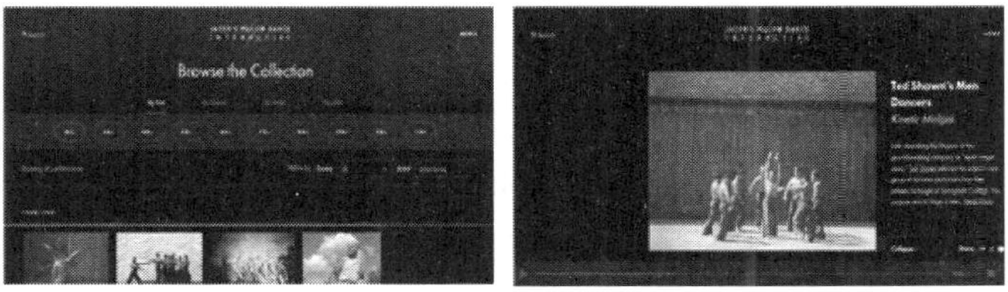

그림 2. 제이콥스 필로우 웹사이트
출처 http://danceinteractive.jacobspillow.org/에서 캡처

이상에서 분석한 문화기술지적 무용영화의 특징을 요약하면 다음 〈표 1〉과 같다.

표 1. 문화기술지적 무용영화의 특징

영화명	주제	내용	실행장소와 방법	청각적 요소	미디어 제공형태
〈신성한 호스맨: 아이티의 살아 있는 신들〉	아이티 문화연구	종교의식 춤 장면과 움직이는 몸의 이미지	북아메리카 동남쪽 아이티섬 현장조사, 참여관찰 및 기록	아이티 음악과 노래 삶의 소리 내레이션	웹사이트 동영상
〈춤과 인간의 역사〉	전 세계 문화별 움직임 특성 연구	지역에 따른 춤 지도	오대양 육대주 전지역의 춤비디오 촬영 현장, 수집, 기록, 아카이빙, 분석, 해석 및 평가 표본	다양한 나라의 전통음악과 노래 삶의 소리 내레이션	웹사이트 동영상

〈피나〉	파나 바우쉬 춤과 철학 연구	파나 바우쉬의 무용철학과 작품세계	공연 현장, 무용단원 춤작품 기록 및 공연, 관객과의 소통	작품 음악 내레이션	영화관, TV, DVD
〈재생된 하나의 평면에 대한 동기 오브제〉	무용과 타예술 융합 인터렉티브 예술 연구	25개의 몸움직임 주제와 즉흥동작 공연 및 타예술과의 인터렉티브 결과물	오하이오 주립대학교 첨단 예술 디자인 컴퓨팅 센터, 컴퓨터 기록, 공연, 비디오, 애니메이션, 그래픽, 건축, 인터렉티브 시스템 타 분야와의 소통 및 협업	포사이드 목소리 금속성 음악 내레이션 물체 부딪치는 소리	인터렉티브 웹 환경 웹사이트 동영상
제이콥스 필로우 인터렉티브	미국 제이콥스 필로우 무용 역사 연구	무용영화, 비디오, 프로그램, 사진 아카이브	다양한 지역의 페스티벌 장소, 무용기록, 아카이빙, 멀티미디어에 의한 소통	무용작품 음악	인터렉티브 웹 환경 웹사이트 동영상

위의 분석 결과 영상인류학적 접근의 문화기술지적 무용영화는 춤 문화를 이해하기 위한 문화콘텐츠로서 생산자에게는 현장을 중심으로 수용자에게는 가상공간을 중심으로 댄스 리터러시를 함양하게 한다. 생산자의 입장에서는 연구의 주제가 선정되면 춤이 일어나는 공간, 즉 현지에서 자료를 수집하고 경험적으로 참여·관찰과 인터뷰를 수행하면서 한 문화의 독특한 문화유형을 찾거나 안무가나 무용가의 공연특성을 발견한다. 그리고 분석, 해석, 평가의 과정을 거쳐 문화기술지적 무용영화를 제작한다. 이 영화는 영상인류학의 실제에 근거해 현장연구를 통해 창조하는 문화콘텐츠가 된다. 이 때 활용되는 영상기술은 전자기술의 발달 상황에 따라 사회문화적 조건에 따라 멀티미디어의 활용 양상이 달라진다. 또한 수용자의 입장에서는 생산자의 현장 경

험과 연구를 통해 고급 정보가 담긴 문화기술지적 무용영화를 컴퓨터 등 멀티미디어를 이용해 수집하고 그 주제와 내용을 분석하고 상대적인 시각에서 문화의 독특성을 평가함으로써 세계 곳곳에서 다양한 모습으로 전개되는 인간의 삶이나 춤에 대한 이해력을 함양하게 된다.

따라서 문화기술지적 무용영화를 통해 함양할 수 있는 댄스 리터러시는 멀티미디어 상에서 시각적으로 보이는 춤을 읽고 기록하며 아카이빙 할 수 있는 능력 개발과, 살아 있는 현장에서 춤을 분석할 수 있는 능력 개발, 그리고 고급 정보가 보관된 문화기술지적 무용영화 및 새로운 시각 미디어를 창조하는 능력 개발과 연결된다. 문화기술지적 무용영화를 통한 댄스리터러시의 개발은 춤을 통해 소통하고 춤을 해석하고 평가하는 안목 및 지식확장의 가능성을 열어줄 것이다.

4. 결론

인간은 일생을 살아가면서 삼위일체인 몸, 마음, 정신으로 듣고 보고 만지고 냄새를 맡고 맛을 느끼고 생각하면서 세상을 이해한다. 그러나 전자 기술의 발달과 이에 따른 멀티미디어의 출현은 인공적이고 가상적인 환경에서 사람 간 소통을 일반화하고 있으며 점차 인간의 본질적 능력을 변형시키고 있다. 이런 상황에서 인간의 몸으로 정서와 인지 능력을 함양할 수 있는 멀티미디어 댄스 리터러시 개발은 시급한 과제로 부상하고 있다.

본 장에서는 우리의 삶을 대변하는 춤을 읽고 쓰고, 분석과 해석으로 이해할 수 있는 댄스 리터러시 개발을 위해 시대의 흐름과 변화에 따라 필요한 춤에 대한 이해력과 지식확장을 위해서 현장조사를 통한 춤문화 연구와 멀티미디어 영상기술의 활용이 융합된 영상인류학적 접근이 매우 유용한 것으로 보고, 영상인류학의 꽃인 문화기술지적 무용영화의 특징을 분석했다.

분석 결과, 영화의 주제는 문화연구, 다양한 지역의 움직임 특성연구, 무용가의 일대기 연구, 무용과 타예술과의 융합 및 인터렉티브 연구, 한 국가의 춤 역사 연구 등이다. 영화의 내용은 춤 장면과 움직이는 몸의 이미지 기록, 지역의 움직임 분석에 따른 춤 지도 생산, 무용가의 무용철학과 작품세계 해석, 몸 움직임 주제와 즉흥동작 공연을 통한 인터렉티브 소통, 무용영화와 비디오, 프로그램과 사진 등의 기록과 아카이빙 등이다. 영화의 실행 방법에 있어서는 한 지역의 현장조사에서의 참여 · 관찰 및 기록, 다양한 지역의 춤비디오 수집과 촬영에 기반 한 아카이브 분석과 해석 및 평가의 표본 제시, 영화 촬영 현장에서 무용단원의 인터뷰와 몸짓 기억을 통해 안무가의 작품을 기록하고 공연하면서 관객과의 소통 방식 제시, 공연 현장에서 춤움직임 구조와 특질의 컴퓨터 기록과 비디오 제작 및 애니메이션과 그래픽 등으로 인터렉티브 시스템을 시험하고 타 분야와의 소통과 협업 시도, 무용기록과 아카이빙을 통해 보존 및 관리된 자료에 접근할 수 있는 소통법 제시 등이다. 영화의 청각적 요소는 삶의 소리, 내레이션, 작품 음악, 목소리, 금속성 음악, 무용작품 음악 등을 사용했고 미디어 제공 형태는 웹사이트 동영상, DVD, 인터렉티브 웹 환경 등으로 접근해서 관찰, 기록, 분석, 해석, 평가할 수 있는 멀티미디어 시스템을 활용했다.

위에 나타난 특징들은 실제 현장조사를 통해 문화기술지적 무용영화를 제작할 수 있는 생산자와 멀티미디어를 통해 이를 접하는 수용자에게 다음과 같은 댄스 리터러시의 개발 가능성을 제안한다.

생산자의 측면에서는 실제 현장에서 연구를 수행하는 동안 현지인, 무용가, 안무가와의 인터뷰, 참여 · 관찰을 통해서 춤의 구조와 특질 및 문화적 배경을 파악하고 문화적으로 암호화된 춤의 텍스트와 콘텍스트를 해독한다. 즉, 문화기술지적 무용영화를 제작하는 과정에서 댄스 리터러시를 함양한다. 수용자의 측면에서는 멀티미디어를 활용해 현장연구를 통해 생산된 문화기술지적 무용영화를 가상공간상의 인터넷, 블로그, SNS, 인터렉티브 웹사이트 등을 통해서 듣고, 보고, 느끼고 이해하면서 댄스 리터러시를 함양한다. 이를 통해 생산자와 수용자는 현장연구로 얻어지는 춤에 대한 이해과정을 경험하면서 춤의 역사와 문화에 대한 지식을 확장하게 된다. 또한 영상기록과 아카이브 및 인터렉티브 웹 환경과 같은 멀티미디어의 소통 방법을 수용하고 과정 중심의 문화기술지로서 무용영화의 이해 방법을 터득한다.

이는 영상·영화 기술과 컴퓨터를 포함한 최신 기술도구를 이용해 무용영화 메시지에 접근할 수 있는 능력과 사회문화적인 측면에서 무용영화의 메시지를 분석하는 능력을 함양하는 것이며, 춤의 가치를 골라내는 적극적 생산자로서 무용영화의 메시지를 해석 및 평가하는 능력은 물론 표현과 이해를 의미하는 메시지로 소통할 수 있는 능력을 함양하는 것이 될 것이다. 또한 미래의 멀티미디어 무용문화콘텐츠를 창조할 수 있는 능력도 갖추게 될 것이다. 이를 통해서 춤 현장에서의 발견과 경험, 실천에 기반한 지식 유도, 통합적 사고와 시대에 어울리는 문화적 기술로서 멀티미디어 소통을 실현할 수 있을 것이다.

결론적으로 멀티미디어 댄스 리터러시 개발은 영상인류학의 뿌리인 현장연구를 통해 춤에 대한 실제적 지식을 터득하고 영상인류학의 꽃이라 할 수 있는 문화기술지적 무용영화를 창조하는 실천적 과정과 멀티미디어의 신기술에 대한 다각적 접근을 통해 이루어질 것이다. 그럼에도 불구하고 생산자의 입장에서는 현장연구에서의 사람 관련 기록이나 촬영의 실행가능성과 소통 방법 등 지적 재산권과 저작권 문제가 지적될 수 있어서 이에 대한 주의가 필요하다. 수용자의 입장에서는 영상기록 속의 춤을 간접적으로 경험하기 때문에 실제 현장에서 춤을 다중 감각으로 읽고 춤의 카타르시스를 느끼는 과정에서 얻을 수 있는 댄스 리터러시를 간과할 수 있다. 이를 위해서는 생산자와 수용자 간 상호 소통과 수용자가 현장을 실천적으로 경험할 수 있는 시스템 개발이 필요할 것이다.

본 장의 의의는 인간을 중심으로 연구한 콘텐츠 구축과 첨단 문화콘텐츠의 플랫폼 구축의 기반을 마련하는 것이며, 댄스 리터러시 개발을 위한 영상인류학적 접근의 무용영상콘텐츠의 창조는 생산자나 수용자 모두 직접적으로 혹은 간접적으로 현장 체험을 통한 감성효과로 춤에 대한 질적인 이해력을 향상시키고 소통의 환경변화를 받아들이는 균형적인 자세와 유해 콘텐츠 선별의 문화적 안전망을 제공하는 것이다.

2장

무용학 지식 정보의 의미 관계 분석

- 1958~2016년 국내 무용학 연구 자료를 중심으로[1]

이정민

1. 서론

본 연구는 1958년부터 2016년까지 축적된 무용학 자료 20,776건을 집대성하여 무용학의 핵심 지식 정보와 정보간의 의미 관계를 도출해내는 것을 목적으로 한다. 연구의 시작은 무용 혹은 춤이라는 것이 지식의 관점에서 어떠한 의미를 지니는 가에 대한 궁금증, 그리고 그 의미를 새로운 관점으로 풀어보기 위한 학문적 관심에서 비롯되었다. 1958년 무용 분야의 최초 학위논문[2]이 발표된 이래, 무용학이라는 테두리 속에서 쌓아온 수많은 지식이 궁극적

1 이 글은 2017년 성균관대학교 박사학위 논문의 일부를 수정·보완 집필하여, 같은 해 6월『한국예술연구』제16호에 게재된 논문이다.

2 유인희(1958). 한국신무용사. 이화여자대학교 대학원 체육학과 석사학위논문; 홍정희(1958). 교육무용에 관한 소고. 이화여자대학교 대학원 체육학과 석사학위논문.

으로 어디로 향하고 있는지, 어떠한 가치를 중시하는지 종합적으로 구조화하는 연구는 무용의 학문적 정립과 발전에 있어 필수적이라 할 수 있다.

텍스트 마이닝(Text Mining)은 대규모로 축적된 디지털 데이터(Big Data)에서 유용한 정보를 추출하는 방법으로, 문자로 구성된 텍스트 데이터에서 특정 정보간의 관계나 패턴을 발견하는 연구에 주로 적용되고 있다. 일례로, 최근 2015~ 2017년의 텍스트 마이닝 관련 연구는 학위논문이 208건, 학술지 논문이 272건[3]으로 나타났다. 연구 분야는 사람의 가치관 및 감성 연구, 문화 연구, 정책 연구, 기업 및 상품 이미지 분석, 주가 분석, 교통 및 관광산업 분석, 유전자 분석, 스포츠 경기 분석, 지적 구조 분석, 연구 동향 분석, 사전 구축에 이르기까지 매우 다양하게 이루어지고 있었다.[4]

그러나 무용학에 있어 텍스트 마이닝 연구는 이제 출발 단계에 있다고 할 수 있다. 무용학에서 지금까지 텍스트 마이닝을 적용한 연구는 황동열 · 문신정 · 황고은(2016)의 「무용 연구의 빅데이터를 활용한 사회연결망 분석」, 이정민 · 전은자 · 채정민(2016)의 「텍스트 마이닝을 기반으로 한 무용학 자료의 빅데이터 분석」, 이정민(2017)의 「무용학의 지적 구조 분석 연구」로 단 3건에 불과했다.[5] 문자 언어로 무용의 의미를 구체화하고자 한 본 연구는 무용학의 체계적인 정리와 발전에 기여함과 더불어 무용학에 적용 가능한 텍스트 마이닝의 방법론을 명확하게 제시하는 데 의의가 있을 것이다.

---

3 학술연구정보서비스(RISS)의 소장 자료 기준 (접속일: 2017년 5월 22일)

4 문화예술 및 체육 분야에 있어 근래의 텍스트 마이닝 연구는 다음과 같다.
김선아·이삼형·김종우·김시정·김동성(2015). 융복합 교육을 위한 미술과-국어과 교육과정 분석 연구: 텍스트 마이닝 기법을 중심으로. 『미술교육논총』제 29권1호; 김선아·박진희·이현정·정유진(2016). 텍스트 마이닝 기법을 활용한 다문화 미술교육 연구 동향 분석 연구. 『다문화교육연구』제 9권2호; 김유영(2016). 영화 리뷰와 흥행의 연관성 분석을 위한 텍스트 마이닝 감성분석 연구. 연세대학교 대학원 석사학위논문; 박지영(2015). 싱크로나이즈드 스위밍 경기의 미학적 탐색. 한국체육대학교 대학원 박사학위논문; 이정학·이재문·김욱기·김형근(2017). 빅데이터 텍스트 마이닝 분석을 통한 수영복 인식에 관한 연구. 『체육과학연구』제 28권1호.

5 지적 구조 분석이 어려운 까닭은 첫째, 무용학 자료가 단시간 내에 사람의 손으로 분석할 수 있는 양적 한계를 넘어섰기 때문이다. 둘째, 장기간에 걸쳐 문헌 수집을 하였다 하더라도 다량의 텍스트 내에서 유의미한 정보를 추출하는 정보기술을 접하고 연구방법론을 마련하는데 어려움이 있다. 텍스트 마이닝 연구를 활성화를 위해서는 적극적인 학제간 교류와 융합 연구가 필수적이다.

연구에 앞서 무용학 정보란, 무용이라는 특정 주제에 대한 다양한 형상을 내면화하는 행위이자 과정으로써, 무용학의 지적 구조화를 위한 유형적 표상으로 정의하였다. 그리고 무용학 지식이란, 무용이라는 특정한 주제를 중심으로 한 연구 활동을 통해 장기간에 걸쳐 획득된 전문적, 이론적 정보의 집합체로 정의하였다.

2. 연구 방법

1) 연구 문제 및 대상

본 연구의 대상은 학술연구정보서비스(RISS)의 데이터베이스에 소장되어 있는 무용학 관련 자료로서, 논문의 제목 · 초록 · 본문에 속해있는 텍스트 데이터를 원문 PDF 형태로 수집하였다. 수집 범위는 1958년 유인희와 홍정희의 석사학위논문을 기점으로 2016년까지의 석 · 박사학위논문, 학술지논문, 정부 보고서 등[6]으로 다양한 문서 유형을 모두 수집하였고, 그 중 데이터 검수를 통해 무용 분야와 관련성이 높은 20,776건의 연구 자료를 분석 대상으로 선정하였다.

연구 문제는 다음과 같다. 첫째, 무용학 지식 정보 간의 관계를 도출할 수 있는가? 둘째, 무용학에서 중요하게 인식되고 있는 지식 정보는 변화하였는가? 셋째, 무용학 지식으로서 무용, 춤, 댄스의 의미 구조는 동일한가?

본 연구자는 텍스트 마이닝을 통한 의미망(Semantic Network) 구축이 지식 정보간의 관계를 파악하는데 유용할 것으로 판단하였다. 의미망은 지적 정보들을 관리하고 서로의 관계를 연결해주는 시각화 도구로서, 개념 사이의 의

6 연구 단계별 원활한 진행을 위해 무용학 텍스트 데이터 수집 시기를 2016년 4월로 제한하였다.

미 관계를 점과 선으로 연결하여 지식의 구조를 나타내는 지식 표현의 한 형태이다.[7]

텍스트 분석에 있어, 지식 정보의 변화 유무를 살펴보기 위해 시기별로 의미망을 구현할 것이다. 시기 분류는 연도 주기와 논문의 증감 추이를 고려하여 총 6기(1958~1988년, 1989~1996년, 1997~2001년, 2002~2006년, 2007~2011년, 2012~ 2016년)로 구분하였다. 또한 무용, 춤, 댄스가 무용학에 있어 어떠한 개념간의 관계로 구조화되어 있는지 각각의 의미망을 구현하여 살펴볼 것이다.

2) 연구 절차 및 방법

(1) 텍스트 데이터 수집 및 처리

텍스트 마이닝 분석을 위해 문헌을 수집하고, 데이터 마이닝에 필요한 형태로 가공하여 저장하였다. 수집된 PDF 원문에서 텍스트를 추출하기 위해 다음의 2가지 방식을 적용하였다.

첫째, 텍스트 추출이 허용된 PDF 원문을 대상으로 PDFtoTEXT 프로그램인 Xpdf[8]를 사용하였다. 둘째, 텍스트 추출이 제한된 원문을 대상으로 ImageMagick[9]을 사용하여 이미지 파일로 변환한 뒤, Tesseract[10]을 사용하여 이미지 내의 텍스트를 추출했다.

(2) 지식 정보 추출

가공된 텍스트를 문장 단위별 형태소[11]로 구분하여 품사 정보를 태깅(tagging)

---

7 김우주(2015). 『네트워크 중심성 이론』, 카오스북. p.9; 최재화(2009). 『지식경영: 이론과 실제』. 비앤엠북스. p.140.

8 PDFtoText 프로그램. http://www.foolabs.com/xpdf

9 ImageMagick 프로그램. http://www.imagemagick.org

10 Tesseract 프로그램. https://github.com/tesseract-ocr/tesseract

11 형태소란 언어의 최소 분절 단위를 뜻한다.

하는 형태소 분석 과정을 진행하였다. 이때 자연어 처리를 위해 트위터에서 만든 오픈 소스 한국어 처리기인 twitter-korean-text[12]를 사용하여 개체명, 키워드를 추출하였다.

연구 자료 20,776건의 텍스트 데이터에 대한 형태소 분석 결과는 〈표 1〉과 같이 나타났다. 본 연구에서는 명사, 고유명사, 형용사, 동사의 품사 단어 가운데 빈도수가 100이상으로 높게 나타난 형태소를 검토하여 무용학 핵심 정보로서 유의미한 3,173개의 단어를 선별하였다.

표 1. 20,776건의 문헌 제목·초록·본문에 대한 형태소 분석 결과

	명사	고유명사	형용사	동사	부사
최상위 단어	무용	중국	같은	하다	함께
최상 빈도수	375,651	11,121	95,178	2,139,613	28,897
전체 단어수	210,104	1,184,379	508	884	938

(3) 의미망 구축 및 중심성 분석

본 연구에서 구축한 의미망은 무용학에 있어 유의미한 지식 정보로 선정한 3,173개 키워드 사이의 관계를 시각적으로 표현해준다. 즉, 하나의 문장에 서로 다른 두 개의 키워드가 존재하면, 각각의 노드(node, 그래프 상의 점)가 하나의 링크에 의해 연결된다.

의미망에 나타나는 노드들은 영향력이 크거나 작은 개체들로 얽혀있다. 이때 중심성(Centrality)은 특정 정보가 네트워크에서 얼마나 중심에 있는지, 즉 얼마나 중요한 정보인지를 측정하는 도구이다.[13] 중심성 지표의 종류는 연결 중심성(Degree Centrality), 근접 중심성(Closeness Centrality), 매개 중심성(Betweenness

12 트위터 한국어 처리기. https://github.com/twitter/twitter-korean-text

13 김우주. 『네트워크 중심성 이론』. p.7.

Centrality) 등이 있다. 각각의 정의와 해석 방법은 〈표 2〉와 같다.[14]

표 2. 중심성 분석의 정의와 해석 기준

	연결 중심성	근접 중심성	매개 중심성
정의	노드가 가진 '연결의 수'	노드간의 '최단 경로 길이'	노드간의 '중개 역할'
측정	해당 노드가 주변 노드와 얼마나 많은 연결을 가지고 있는가를 측정. 노드의 중요도를 나타내는 기본적인 지표	해당 노드가 주변 노드로 연결되는 최단 경로상의 위치 정도를 측정	해당 노드가 자체적으로 연결될 수 없는 상이한 두 개의 노드를 매개시켜주는 정도를 측정
해석	노드에 연결된 링크의 수를 계산. 중심성 값이 크면, 노드는 네트워크에서 핵심적 역할을 담당하고, 영향력이 높음	노드의 연결거리를 합한 값이 적을수록 해당 노드의 근접 중심성이 높아짐. 중심성 값이 크면, 노드는 네트워크에서 접근성과 전달성이 좋음	서로 다른 노드를 매개하는 수를 반영. 중심성 값이 크면, 큰 군집들을 연결해주는 교류의 역할을 담당하고, 정보 교류의 통제력이 높음

본 연구에서는 중심성 측정을 위해 Network X[15]의 수식을 사용하였고, 노드간 연결 비율은 1:4로 설정하였다. 그리고 시각적으로 표현되는 노드는 100개, 링크는 400개로 제한하여 주요한 관계성만을 도출하고자 했다. 그리고 특정 개념과 관련된 정보가 얼마나 빈번하게 나타나느냐에 따라 노드의 크기가 크게 혹은 작게 보이도록 설정하였다. 무용학 지식 의미망 구축에 적용한 연결 중심성의 수식은 다음과 같다.

$$\text{연결 중심성} = \frac{d_i}{n-1}$$

n : 네트워트의 전체 노드 수
di : 노드 i의 연결 중심성

14 중심성 분석의 정의와 공식, 해석 기준은 다음의 자료를 참조하였다.
고재창(2014). 키워드 네트워크 분석을 통한 기술경영연구 동향 분석. 성균관대학교 대학원 박사학위논문. p.37; 김동래(2016). 키워드 네트워크 분석을 통한 경영학 연구의 지식구조 분석. 경일대학교 대학원 박사학위논문. p4~7; 김우주. 『네트워크 중심성 이론』. p.16~25; 이수상(2012). 『네크워크 분석 방법론』. 논형. p.255~268.

15 'Centrality'. http://networkx.readthedocs.io/en/networkx-1.11/reference/algorithms.html

3. 무용학 지식 정보 간 의미망 시각화

무용학 지식 정보 간 의미망은 두 가지 유형으로 시각화하였다. 첫째, 최상위 빈도 단어인 무용에 대한 시기별 의미망을 구축하였다. 이는 시간의 흐름에 따라 무용학 지식으로서 중요하게 인식되는 의미 관계에 변화가 있는지 파악하기 위함이다. 둘째, 1958~2016년의 무용학 자료를 종합하여 무용, 춤, 댄스의 의미망으로 구축하였다. 이는 무용학 지식으로서 혼용되는 무용, 춤, 댄스의 개념 인식에 어떠한 차이가 있는지 파악하기 위한 목적을 지닌다.

1) 시기별 무용학 지식 정보 간 의미망 시각화

1기부터 3기까지 공통적으로 무용, 춤, 예술, 표현, 교육, 신체, 작품, 창작 등이 무용학 지식으로서 영향력이 높게 나타났다. 1기의 중심성 분석 결과, 무용학의 범주를 정의하는 데 있어 핵심적 정보는 '무용, 춤, 예술, 표현, 교육, 한국, 동작, 현대, 발레, 작품'으로 나타났다. 구체적으로 살펴보면, 예술적 측면에서는 표현, 작품, 창작, 감정, 사상이, 교육적 측면에서는 지도, 학습, 학생이, 신체적 측면에서는 동작, 춤사위, 움직임, 운동이 무용에 있어 영향력이 높은 정보로 확인되었다. 무용 유형으로는 발레, 현대무용, 한국무용 순으로, 관련 예술분야로는 음악과 의상 순으로 중요도가 나타났다.

2기의 중심성 분석 결과, 무용학의 범주를 정의하는 데 있어 핵심적 정보는 '무용, 예술, 표현, 교육, 춤, 한국, 현대, 작품, 발레, 새롭다'로 나타났다. 구체적으로 살펴보면, 표현, 작품, 새로움, 창작, 안무가, 무대, 창조 등 예술적 측면이 무용에 있어 영향력이 높은 정보로 확인되었다. 무용 유형으로는 발레, 한국무용, 현대무용 순으로 중요도가 나타났다. 특히 1기와 다르게 춤사위가 주요 지식 정보의 범주에서 사라지고, 새로움의 가치, 문화사회적 가치에 대한 관심이 높아졌음을 알 수 있었다.

3기의 중심성 분석 결과, 무용학의 범주를 정의하는 데 있어 핵심적 정보는 '무용, 예술, 춤, 한국, 교육, 신체, 표현, 현대, 문화, 사회'로 나타났다. 구체적으로 살펴보면, 무용수, 공연, 창작, 새로움, 다양함 등의 예술적 측면이 무용에 있어 영향력이 높은 정보로 확인되었다. 무용 유형으로는 한국무용, 발레, 현대무용 순으로 중요도가 나타났다. 특히 문화사회적 요소가 무용학의 주요 가치로 부상하고 신체에 대한 관심이 높아졌음을 알 수 있었다. 1-2기에 주요 지식 정보로 나타났던 민속은 의미망에서 중요도가 드러나지 않았다. 1기부터 3기까지의 연결 중심성 측정값은 〈표 3〉과 같다.

표 3. 무용학 지식 정보의 연결 중심성 분석(1-3기)

1기(1958-1988)		2기(1989-1996)		3기(1997-2001)	
키워드	중심성	키워드	중심성	키워드	중심성
무용	0.7677	무용	0.9899	무용	0.9697
춤	0.5051	연구	0.5354	연구	0.6162
연구	0.4545	예술	0.4343	예술	0.4141
예술	0.4444	표현	0.404	춤	0.3333
표현	0.3535	교육	0.3333	한국	0.2929
교육	0.2727	춤	0.3131	교육	0.2929
많다	0.2525	한국	0.2929	신체	0.2424
한국	0.2525	현대	0.2222	표현	0.202
동작	0.2323	작품	0.1616	현대	0.1616
현대	0.1818	발레	0.1616	분석	0.1616
발레	0.1616	새롭다	0.1616	문화	0.1616
작품	0.1616	움직임	0.1616	사회	0.1515
분석	0.1515	창작	0.1515	무용수	0.1515
창작	0.1515	신체	0.1313	동작	0.1414
지도	0.1414	분석	0.1313	작품	0.1313
신체	0.1313	문화	0.1313	대학교	0.1313
형식	0.1313	사회	0.1212	영향	0.1212
새롭다	0.1212	동작	0.1212	공연	0.1212

춤사위	0.1111	안무	0.101	한국무용	0.1111
학습	0.1111	많다	0.101	발레	0.1111
사회	0.1111	한국무용	0.0909	창작	0.101
목적	0.101	세계	0.0909	새롭다	0.101
학생	0.101	무용수	0.0909	많다	0.101
움직임	0.0909	공연	0.0909	서울	0.0909
관계	0.0808	서울	0.0909	활동	0.0909
감정	0.0808	인식	0.0808	인식	0.0808
운동	0.0808	형태	0.0808	움직임	0.0808
세계	0.0808	의상	0.0808	형태	0.0808
영향	0.0808	무대	0.0808	특성	0.0707
활동	0.0808	활동	0.0808	희다	0.0707
중요하다	0.0808	목적	0.0808	관계	0.0707
문화	0.0808	가치	0.0707	다양하다	0.0707
무용교육	0.0707	창조	0.0707	전공	0.0707
사상	0.0707	현대무용	0.0707	현대무용	0.0707
비교	0.0707	영향	0.0707	의상	0.0707
서울	0.0707	운동	0.0606	여자	0.0606
음악	0.0707	대학교	0.0606	체육	0.0606
여자	0.0606	특성	0.0606	무대	0.0606
형태	0.0606	형식	0.0606	대학원	0.0606
무용수	0.0606	이론	0.0505	목적	0.0606
이론	0.0606	중요하다	0.0505	안무	0.0606
현대무용	0.0606	개인	0.0505	운동	0.0505
의상	0.0606	관계	0.0505	프로그램	0.0505
대학교	0.0606	민속	0.0505	무용교육	0.0505
무대	0.0505	다양하다	0.0505	세계	0.0505
교사	0.0505	미적	0.0404	비교	0.0505
다양하다	0.0505	전공	0.0404	중요하다	0.0505
한국무용	0.0505	무용학	0.0404	창조	0.0404
민속	0.0505	희다	0.0404	능력	0.0404
공연	0.0505	체육	0.0404	학습	0.0404

4기부터 6기까지의 의미망에서는 무용, 교육, 예술, 춤, 신체, 문화, 사회, 활동 등이 무용학 지식으로서 공통적으로 영향력이 높게 나타났다. 4기의 중심성 분석 결과, 무용학의 범주를 정의하는 데 있어 핵심적 정보는 '무용, 교육, 예술, 춤, 한국, 신체, 표현, 문화, 사회, 활동'으로 나타났다. 구체적으로 살펴보면, 대학교, 전공, 학생, 학회, 무용교육 등의 교육적 측면이 부각되었고, 다양성이 새로움보다 중요한 가치를 지니게 되었음을 알 수 있었다.

5기의 중심성 분석 결과, 무용학의 범주를 정의하는 데 있어 핵심적 정보는 '무용, 교육, 예술, 춤, 한국, 신체, 표현, 문화, 사회, 활동'으로 나타났다. 특히 사회, 문화, 관계, 학생, 참여, 프로그램, 생활, 개발, 정서, 만족 등이 무용에 있어 영향력이 높은 정보로 확인되었다. 이에 무용과 외부 환경 요인과의 관계 속에서 경험을 통해 인식되는 교육적 · 심리적 가치가 중요하게 부각되고 있음을 알 수 있었다.

6기의 중심성 분석 결과, 무용학의 범주를 정의하는 데 있어 핵심적 정보는 '무용, 예술, 교육, 한국, 사회, 춤, 문화, 신체, 활동, 표현'으로 5기와 유사하게 나타났다. 또한 관계, 학생, 참여, 다양성, 공연, 무용수, 프로그램, 전공, 작품, 생활, 수업, 활용, 경험 등이 무용에 있어 영향력이 높은 지식 정보로 확인되었다. 이는 예술적 · 교육적 측면과 더불어 생활 속 무용 경험, 무대 안팎의 무용 참여로 무용학의 관심 영역이 다양하게 확장되고 있음을 보여준다. 무용 유형으로는 발레, 한국무용 순으로, 관련 예술분야로는 의상, 음악 순으로 중요도가 나타났다. 4기부터 6기까지의 연결 중심성 측정값은 〈표 4〉와 같다.

표 4. 무용학 지식 정보의 연결 중심성 분석(4-6기)

4기(2002-2006)		5기(2007-2011)		6기(2012-2016)	
키워드	중심성	키워드	중심성	키워드	중심성
무용	0.8889	무용	0.8384	무용	0.8384
연구	0.6465	연구	0.6869	연구	0.7071
교육	0.3737	교육	0.3535	예술	0.3838

예술	0.3535	예술	0.3535	분석	0.2929
춤	0.3232	한국	0.2929	교육	0.2929
한국	0.2828	신체	0.2626	한국	0.2525
신체	0.2727	춤	0.2222	영향	0.2424
표현	0.1818	분석	0.2121	사회	0.2323
문화	0.1818	사회	0.2121	춤	0.2323
분석	0.1717	문화	0.202	문화	0.2222
사회	0.1515	영향	0.202	신체	0.1919
활동	0.1515	활동	0.1919	활동	0.1717
현대	0.1414	표현	0.1818	표현	0.1616
동작	0.1313	관계	0.1616	관계	0.1616
영향	0.1111	학생	0.1313	학생	0.1616
다양하다	0.1111	참여	0.1313	참여	0.1414
대학교	0.1111	목적	0.1212	목적	0.1414
서울	0.1111	공연	0.1111	다양하다	0.1414
한국무용	0.1111	현대	0.1111	공연	0.1313
전공	0.101	특성	0.1111	무용수	0.1111
공연	0.101	다양하다	0.101	프로그럼	0.1111
발레	0.0909	대학교	0.0909	전공	0.101
많다	0.0909	무용수	0.0909	특성	0.101
특성	0.0909	프로그램	0.0909	작품	0.0909
움직임	0.0808	전공	0.0808	현대	0.0909
형태	0.0808	작품	0.0808	서울	0.0808
창작	0.0808	창작	0.0808	움직임	0.0808
작품	0.0808	서울	0.0808	인식	0.0707
무용수	0.0808	한국무용	0.0808	여자	0.0707
목적	0.0707	동작	0.0707	대학교	0.0707
관계	0.0707	생활	0.0707	가치	0.0606
인식	0.0707	인식	0.0707	학회	0.0606
여자	0.0707	움직임	0.0707	새롭다	0.0606
학생	0.0707	발레	0.0707	창작	0.0606
현대무용	0.0707	여자	0.0606	동작	0.0606

학회	0.0707	형태	0.0606	생활	0.0606
체육	0.0707	많다	0.0606	수업	0.0606
대학원	0.0606	가치	0.0606	활용	0.0606
희다	0.0606	개발	0.0505	발레	0.0505
무용교육	0.0606	새롭다	0.0505	의상	0.0505
능력	0.0606	지도	0.0505	형태	0.0505
가치	0.0606	현대무용	0.0505	개발	0.0505
새롭다	0.0606	수업	0.0505	세계	0.0505
중요하다	0.0606	대학원	0.0505	음악	0.0505
프로그램	0.0505	정서	0.0404	개인	0.0404
생활	0.0505	만족	0.0404	한국무용	0.0404
개인	0.0505	개인	0.0404	경험	0.0404
운동	0.0505	세계	0.0404	정서	0.0404
의상	0.0505	운동	0.0404	많다	0.0404
참여	0.0505	의상	0.0404	무대	0.0404

종합적으로 살펴보면, 1기부터 6기까지 공통적으로 무용, 춤, 예술, 교육, 신체가 무용학 지식으로서 영향력이 높은 것으로 나타났다. 무용학 연구 초기에는 춤사위, 움직임 등 무용 동작 및 형식 분석이 중시된 반면, 2000년대 이후부터는 새로움보다 다양함의 가치를 중시하였고, 2010년을 전후한 최근에는 사회 · 문화와 춤의 관계, 참여의 형태가 무용학의 주요 지식 정보로 인식되고 있었다. 그밖에 발레, 한국무용, 현대무용 등 특정 무용 유형에 대한 중요도는 점차 하락하고 있었고, 관련 예술분야에 있어 음악보다 의상의 중요성이 2기부터 지속적으로 높게 나타났다.

2) 무용, 춤, 댄스의 의미망 시각화

1958~2016년의 무용학 지식 안에서 무용에 대한 연결 중심성 의미망은 〈그림 1〉과 같이 나타났다. 무용의 범주를 둘러싼 주요 키워드는 예술, 교육, 춤,

신체, 사회, 문화, 표현, 활동 등으로 나타났다. 예술적 측면에서는 표현, 무용수, 공연, 작품, 창작이, 교육적 측면에서는 학생, 대학교, 전공, 프로그램, 수업, 지도가 무용에 있어 영향력이 높은 지식 정보임을 확인할 수 있었다. 신체적 측면에서는 동작, 움직임이, 무용 유형으로는 한국무용, 발레, 현대무용이, 관련 분야로는 체육과 의상이 부각되었다. 또한 무용의 사회문화적 영향 및 관계, 생활 속 무용, 무용 참여 등이 중요하게 인식되고 있어, 무용을 중심으로 다양한 접근 방식을 취하고 있음을 알 수 있었다.

그림 1 . 무용의 연결 중심성 의미망

1958~2016년의 무용학 지식 안에서 춤에 대한 연결 중심성 의미망은 〈그림 2〉와 같이 나타났다. 춤의 범주를 둘러싼 주요 키워드는 무용, 춤, 예술, 표현, 문화, 교육, 사회, 신체 등으로 중요도의 순위에 있어 무용의 의미망과 다소

차이를 보였다. 또한 무용의 의미망에서 부각되지 않았던 민족, 민속, 대중이 영향력이 높은 지식 정보로 도출되었고, 관련 분야로는 의상과 음악이, 무용 유형으로 한국무용만이 중요도가 나타났다. 이를 통해 무용학 지식으로서 춤이 우리 민족의 춤, 민속춤으로서, 그리고 대중문화의 일환으로 인식되는 경우가 많음을 확인할 수 있었다.

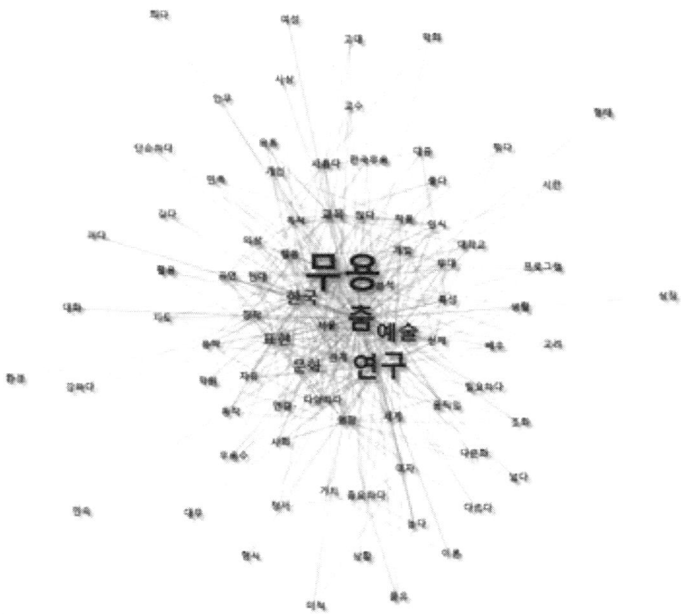

그림 2. 춤의 연결 중심성 의미망

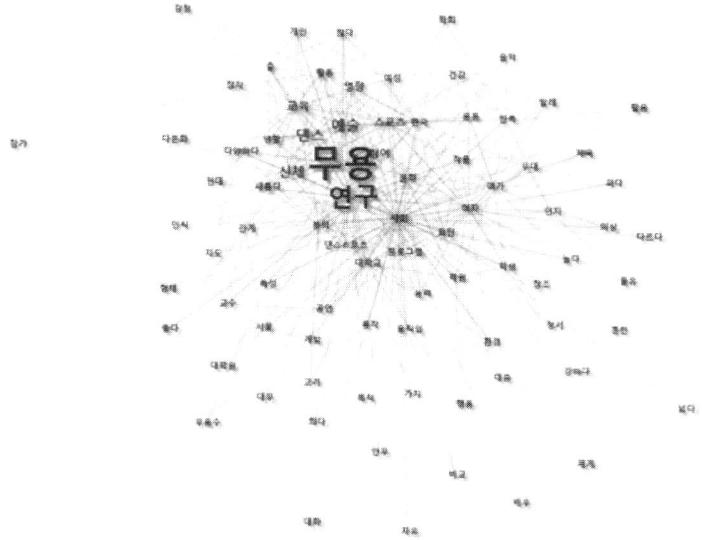

그림 3. 댄스의 연결 중심성 의미망

1958~2016년의 무용학 지식 안에서 댄스에 대한 연결 중심성 의미망은 〈그림 3〉과 같이 나타났다. 댄스의 범주를 둘러싼 주요 키워드는 무용, 예술, 댄스, 신체, 교육, 스포츠, 참여, 사회로 무용 · 춤의 의미망과 내용에 있어 차이를 보였다. 댄스의 경우 스포츠, 참여, 운동, 여가, 만족, 건강과의 연결성이 높게 나타났다. 스포츠의 영향력이 높게 나타난 것은 댄스스포츠 종목의 일환으로 인식되고 있기 때문이었다. 특히 무용과 춤의 경우, 신체를 통해 표현하고 창작한다는 인식이 강한 반면, 댄스는 신체를 건강하게 만들어주는 운동으로서의 기능이 중시되고 있었다. 이에 따라 무용과 춤에 비해 여가 활동으로서 참여성이 더욱 중요하게 부각되고 있었다.

지금까지 무용, 춤, 댄스의 의미망을 구축한 결과, 무용, 춤, 댄스의 범주에서 중요하게 인식되는 지식 정보의 특징을 밝힐 수 있었다. 무용, 춤, 댄스 모두 예술, 교육, 신체, 사회, 문화, 공연, 작품, 표현을 주요 키워드로 포함하고 있었으나 연결 중심성 측정 결과, 중요도에 있어 차이를 보이고 있었다. 무용의 경우 예술·교육적 측면이, 춤의 경우 예술·문화적 측면이, 댄스의 경우 신체성이 중시되고 있었다. 특히 무용학 지식으로서 춤은 우리 민족의 민속무용, 혹은 대중문화의 일환으로, 댄스는 댄스스포츠의 일환으로 사용되고 있었다. 그리고 무용과 춤은 공통적으로 신체를 매개로 한 표현·창작 활동으로 인식되는 반면, 댄스는 신체 건강을 위한 운동의 목적으로 인식되고 있음을 알 수 있었다. 1958년부터 2016년까지 무용학 지식으로서 무용, 춤, 댄스의 연결 중심성 측정값은 〈표 5〉와 같다.

표 5. 무용, 춤, 댄스의 연결 중심성 분석(1958-2016년)

무용		춤		댄스	
키워드	중심성	키워드	중심성	키워드	중심성
무용	0.8485	무용	0.7778	무용	0.7475
연구	0.6869	연구	0.5758	연구	0.5556
예술	0.3737	춤	0.5657	예술	0.3333
교육	0.3636	예술	0.4343	댄스	0.3232
춤	0.2929	한국	0.3434	신체	0.2828
한국	0.2828	표현	0.303	교육	0.2727
분석	0.2121	문화	0.2929	영향	0.2323
신체	0.2121	교육	0.2626	스포츠	0.2323
사회	0.202	사회	0.1919	참여	0.2323
문화	0.1919	신체	0.1717	사회	0.2222
영향	0.1818	활동	0.1616	춤	0.202
표현	0.1818	분석	0.1414	한국	0.202
활동	0.1616	동작	0.1313	문화	0.1919
현대	0.1313	공연	0.1212	활동	0.1919
학생	0.1212	작품	0.1212	분석	0.1717
무용수	0.1212	많다	0.1111	운동	0.1616
공연	0.1212	현대	0.1111	관계	0.1414
관계	0.1111	새롭다	0.1111	표현	0.1313

한국무용	0.1111	다양하다	0.1111	생활	0.1313
대학교	0.1111	관계	0.101	댄스스포츠	0.1212
동작	0.101	대학교	0.101	현대	0.1111
서울	0.0909	서울	0.101	다양하다	0.1111
작품	0.0909	창작	0.101	대학교	0.101
발레	0.0909	영향	0.0909	프로그램	0.101
다양하다	0.0909	특성	0.0909	여성	0.101
특성	0.0909	의상	0.0909	여가	0.0909
목적	0.0808	음악	0.0808	여자	0.0909
창작	0.0808	움직임	0.0808	만족	0.0909
많다	0.0808	형태	0.0808	공연	0.0808
전공	0.0808	인식	0.0808	목적	0.0808
인식	0.0808	세계	0.0707	학생	0.0808
참여	0.0707	가치	0.0707	작품	0.0808
움직임	0.0707	여자	0.0707	특성	0.0808
현대무용	0.0707	목적	0.0606	동작	0.0707
체육	0.0606	지도	0.0606	인식	0.0707
여자	0.0606	한국무용	0.0606	서울	0.0707
생활	0.0606	중요하다	0.0606	움직임	0.0606
형태	0.0606	민족	0.0606	많다	0.0606
학회	0.0606	민속	0.0606	체육	0.0606
가치	0.0606	무대	0.0606	건강	0.0606
프로그램	0.0505	무용수	0.0505	새롭다	0.0606
무용교육	0.0505	생활	0.0505	가치	0.0606
세계	0.0505	개발	0.0505	발레	0.0505
대학원	0.0505	이론	0.0505	대학원	0.0505
의상	0.0505	비교	0.0505	지도	0.0505
새롭다	0.0505	대학원	0.0505	개인	0.0404
수업	0.0505	창조	0.0505	능력	0.0404
지도	0.0505	학회	0.0505	학회	0.0404
이론	0.0505	대중	0.0404	세계	0.0404
능력	0.0404	프로그램	0.0404	높다	0.0404

4. 결론 및 제언

본 연구는 학술연구정보서비스(RISS)의 데이터베이스에 소장된 1958년부터 2016년까지의 무용학 자료 20,776건을 집대성하여, 무용학의 핵심 지식 정보와 정보 간의 의미 관계를 도출하는 것을 목적으로 진행되었다.

연구의 방법으로 대규모의 디지털 데이터(Big Data)에서 특정 정보 간의 관계를 발견하기 위한 텍스트 마이닝 분석, 정보 간의 의미 관계를 시각적으로 표현하고 특정 정보의 중요성을 측정하는 연결 중심성 의미망 분석을 적용하였고, 텍스트 데이터 수집 및 처리, 빈도수가 높은 3,173개의 유의미한 단어 선별, 의미망 시각화 및 연결 중심성 분석의 연구 단계를 거쳤다.

분석 결과는 다음과 같다. 첫째, 무용학 지식 정보 간의 관계와 개별 정보의 중요성을 텍스트 마이닝 및 의미망 분석을 통해 도출하고 지식의 구조를 시각화할 수 있음을 확인하였다.

둘째, 시간의 흐름에 따라 무용학에서 중요하게 인식된 지식 정보는 변화하고 있었다. 1기(1958~1988년)의 핵심 정보는 '무용, 춤, 예술, 표현, 교육, 한국, 동작, 현대, 발레, 작품'으로, 춤사위의 중요도가 높게 나타났다. 2기(1989~1996년)의 핵심 정보는 '무용, 예술, 표현, 교육, 춤, 한국, 현대, 작품, 발레, 새롭다'로, 1기와 다르게 춤사위가 주요 지식 정보의 범주에서 사라지고, 새로움의 가치를 중시하는 것으로 확인되었다. 3기(1997~2001년)의 핵심 정보는 '무용, 예술, 춤, 한국, 교육, 신체, 표현, 현대, 문화, 사회'로, 무용수, 공연, 창작, 새로움, 다양함 등의 예술적 측면이 영향력이 높은 것으로 확인되었다. 4기(2002~2006년)의 핵심 정보는 '무용, 교육, 예술, 춤, 한국, 신체, 표현, 문화, 사회, 활동'으로, 교육적 측면과 다양성이 중요한 가치를 나타내고 있었다. 5기(2007~2011년)의 핵심 정보는 '무용, 교육, 예술, 춤, 한국, 신체, 표현, 문화, 사회, 활동'으로, 무용과 외부 환경 요인과의 관계 속에서 경험을 통해 인식되는 교육적 · 심리적 가치가 중요하게 부각되고 있었다. 6기(2012~2016년)의 핵심 정보는 '무용, 예술, 교육, 한국, 사회, 춤, 문화, 신체, 활동, 표현'으로, 예술적 · 교육적 측면과 더불어 생활 속 무용 경험, 무대 안팎의 무용 참여로 무용학의 관심 영역이 다양하게 확장되고 있음을 확인할 수 있었다.

셋째, 1958~2016년 사이 무용학 지식으로서 무용, 춤, 댄스의 의미 구조에는 차이가 있었다. 무용의 의미망에서 주요 키워드는 예술, 교육, 춤, 신체, 사회, 문화, 표현, 활동 등으로 확인되었다. 춤의 의미망에서 주요 키워드는 무용, 춤, 예술, 표현, 문화, 교육, 사회, 신체 등으로 나타났고, 무용의 의미망에서 부각되지 않았던 민족, 민속, 대중이 영향력이 높은 지식 정보로 도출되었다. 댄스의 의미망에서 주요 키워드는 무용, 예술, 댄스, 신체, 교육, 스포츠, 참여, 사회 등으로 나타났고, 스포츠, 참여, 운동, 여가, 만족, 건강과의 연결성이 높게 나타났다. 즉, 무용, 춤, 댄스의 의미망에서 공통적으로 예술, 교육, 신체, 사회, 문화, 공연, 작품, 표현을 주요 키워드로 포함하고 있었으나 개별 지식 정보의 중요도에 있어 차이를 보이고 있었다. 무용의 경우 예술 · 교육적 측면, 춤의 경우 예술 · 문화적 측면, 댄스의 경우 신체성이 중시되고 있었다. 특히 무용학 지식으로서 춤은 우리 민족의 민속 무용, 대중문화의 일환으로, 댄스는 댄스스포츠의 일환으로 사용되고 있었다. 그리고 무용과 춤은 신체를 매개로 한 표현 · 창작 활동으로, 댄스는 신체 건강을 위한 운동으로 개념 인식에 있어 차이를 보였다.

지금까지 무용학 지식 정보 간 의미망 시각화를 통해 무용학의 시기별 핵심 정보와 무용, 춤, 댄스가 내포하고 있는 의미 관계의 차이를 분석해보았다. 단, 무용학 지식 범주 형성의 사회적 요인에 대한 논의는 추후 과제로 남긴다. 2만 건이 넘는 방대한 무용학 자료에서 유의미한 키워드를 발견하여 무용학 전반에 통용되는 보편적 지식 구조를 밝히고자 한 것에 본 연구의 의의를 두고자 한다. 앞으로 지속적인 연구 자료 업데이트를 통해 무용학 빅데이터를 보완 · 구축하고 무용학 세부 분야 정립 및 무용학 사전 편찬 등의 후속 연구를 도모해야 할 것이다.

3장

포스트휴머니즘 시각에서 디지털 퍼포먼스의 비인간 몸 바라보기[1]

한석진

1. 들어가는 말

무용, 연극, 퍼포먼스 연구에서 공연의 존재론적 특성은 인간 공연자와 관객의 존재를 기반으로 한다. 라이브 공연자는 관객에게 라이브니스(liveness, 실황성), 현존성(presence), 실재성(reality)을 전달한다고 여겨진다.[2] 동시에 기호학적 관점에서 볼 때 인간 공연자의 주체성과 정체성은 체현을 통해 재현되는데 관객은 체현으로부터 의미를 발견한다고 본다. 다시 말하면, 무용, 연극과 퍼포먼스 연구는 체현된 존재(embodied presence)를 공연의 선행조건으로서 보는 경향을 지닌다. 하지만 퍼포먼스 담론에서 네트워크화된, 애니메이션화된,

1 이 글은 2017년『대한무용학회논문집』 제73권 2호에 게재된 것을 번역하여 수정, 보완한 것이다.

2 Remshardt, R.(2008). Beyond Performance Studies: Mediated Performance and the Posthuman. *Culture, Language and Representation*. 6. p.51.

사이보그적인, 로봇과 같은 존재의 등장은 논쟁을 불러일으켰다. 이렇게 비체현된 공연자가 신체적 존재/부재, 실황성/매개성, 실재성/가상성과 같은 휴머니즘적 구분을 와해시키기 때문이다. 이 글에서 나는 가상, 로봇, 사이보그적 공연자의 존재론적 본질을 설명하고 그것을 가짜, 비실재, 반인간으로 보는 인간중심주의적 편견에서 벗어나고자 비판적 태도로서 포스트휴머니즘을 제시하려고 한다.

무용, 공연 영역에서 인간중심주의적 편견은 상대적으로 새로운 형식, 예를 들어, 사진과 필름의 등장으로 도전되어왔다. 라이브 공연의 기술적 매개 또는 재생산은 매개화된 이벤트가 라이브의 것과 동일한 존재론적 위치를 지니는가에 대한 문제를 제기한다. 나는 먼저 라이브와 매개화된 공연의 본질에 대한 논의한 두 명의 퍼포먼스 학자, 페기 필런(Peggy Phelan, 1993)과 필립 오스란더(Philip Auslander, 1999)의 상반된 의견을 살펴볼 것이다. 더 나아가 오스란더의 라이브니스 개념을 장 보드리야르(Jean Baudrillard)의 시뮬라크르와 시뮬라시옹(1981) 개념과 연계해 설명할 것이다. 보드리야르의 이론은 퍼포먼스 연구에서 라이브니스, 현존, 실재 개념의 변화에 기여할 것이다.

나는 인간 공연자의 가상적, 사이보그적 몸이 인간성과 신체성이 결여된 것으로 보는 인간중심주의적 추정을 반박하기 위해 라이브와 매개화된 공연, 인간과 비인간 공연자 사이의 고유한 존재론적 차이가 없다는 오스란더의 주장을 근거로 삼는다. 하지만 허무주의자이자 종말론자인 보드리야르식의 급진적 포스트구조주의 시각은 인간, 신체성, 실재성에 대한 역사적이고 현상학적 개념을 완전히 없애버리고 그것을 기계, 가상성, 스뮬라크르로 대체시켜 버린다는 문제점을 지닌다. 따라서 인간중심주의적 휴머니즘과 허무주의를 넘어서기 위해 나는 비인간 존재를 포스트휴먼 공연주체의 일부로 여기는데 있어서 유용한 이론적, 개념적 토대로서 포스트휴머니즘을 제안할 것이다.

스티브 딕슨(Steve Dixon)은 디지털 퍼포먼스를 이해하는 데 있어 적절한 이론적 틀로서 포스트휴머니즘을 처음으로 제시한 바 있다.[3] 그의 저서 『디지털 퍼포먼스: 연극, 무용, 퍼포먼스 아트, 설치예술에서의 뉴 미디어 역사(Digital Performance: A History of New Media in Theater, Dance, Performance Art, and Installation)』(2007)에 따르면, 그동안 디지털 예술에 대한 이론적 토대로서 포스트모던과 포스트구조주의 이론에 의존해왔지만 인간과 기계가 밀접하고 통합된 관계를 이루는 존재로서 포스트휴먼 공연자를 개념화하기에 포스트휴머니즘이 적절하다고 지적한다. 이 글에서 나는 딕슨의 주장을 반영하는 동시에 그가 다루지 않았던 포스트휴머니즘이 종종 데카르트식 인간상을 그린다는 비난의 대상이 될 수 있음에 주목할 것이다. 이를 통해 포스트휴머니즘이 어떻게 인간/기계 이원론, 인간중심주의 휴머니즘, 그리고 비체현된 실체로서 포스트휴먼에 대한 데카르트식 이분법적 시각에 도전하는가를 탐구할 것이다

2. 라이브니스, 신체성 그리고 실재성

1) 라이브 공연과 매개화된 공연 사이의 존재론적 구별을 넘어서

두 명의 미국 퍼포먼스 학자 페기 필런과 필립 오스란더는 인간 공연자와 기술적으로 만들어진 자아와의 관계를 설명하는데 이들은 매개화된 공연을 바라보는 양극단적 태도를 취한다. 『표시가 없는: 퍼포먼스의 정치학(Unmarked: the Politics of Performance)』(1993)에서 필런은 공연으로 여겨지기 위해서 공연의 장소는 살아있는 인간 신체이어야 한다고 말한다. 인간 체현이 기계적 매체를 통해 포착되었을 때 라이브적 특질이 희석됨을 지적하였다. 그녀

3 Dixon, S.(2007). *Digital Performance: A History of New Media in Theatre, Dance, Performance Art, and Installaion*. London, England and Cambridge, Mass: The MIT Press.

는 다음과 같이 주장한다.

> 퍼포먼스는 유일하게 현재에만 존재한다. 그것은 저장되거나 촬영되거나 기록되거나 또는 재현의 재현이라는 순환에 참여할 수 없다. 그렇게 되면 더 이상 퍼포먼스가 아닌 다른 것이 된다. 퍼포먼스가 복제의 경제에 들어가면 퍼포먼스 자체의 존재론적 전제를 저버리고 사라지게 된다. 여기서 제안하는 주체성의 존재론과 마찬가지로, 공연의 실체는 사라짐을 통해서 그 자체가 된다.[4]

필런에 의하면, 공연은 기계적으로 복제되면, 더 이상 진본 또는 진짜가 아니다. 왜냐하면 관객과 시공간을 공유하는 라이브 공연자는 공연이 현존하기 위한 필요조건이기 때문이다. 필런은 매개화된 재현은 본질적으로 라이브 공연에 비해 부차적인 것이라 보았다. 하지만 공연자가 자신을 매개하는 것은 의미를 담는 공연을 만드는 데 있어서 전제조건이기도 하다. 말하자면, "모든 재현적 실천은 선험적으로 개념적 매개성"[5]을 수반하기 때문에 관객 앞 공연자의 신체는 라이브 이지만 매개된 실재이다. 라이브가 아닌 재현은 공연이 될 수 없다고 했음에도 불구하고 필런은 공연하는 신체 존재가 지니는 기호학적 의미를 인지하고 있었다. "공연자가 지니는 분명한 가시성과 유효성의 풍부함 속에서 공연자는 실제로 사라지고 다른 것 무용, 움직임, 사운드, 캐릭터, 미술로 재현된다."[6] 필런은 공연 속 신체가 그 자체로 존재하지 않는 것을 인지하지만 여전히 신체의 라이브니스는 공연의 필수적, 불변의 조건이라고 주장한다.

라이브 공연이 지니는 신체적 근접성, 직접성, 덧없음을 매개화된 공연보

---

4 Phelan, P.(1993). *Unmarked: The Politics of Performance*. London and New York: Routledge.p.146. original italics.

5 Kl ck, A.(2005). Acting on the Media: The Actor's Modes of Being on Stage in an Age of Technological Mediation. *Performance Research*. 10(1). p.117.

6 Phelan, P.(1993). p.50.

다 우위에 존재하는 근거로 본 필런의 확고한 개념은 오스란더의 도발적이고 영향력 있는 저서 『라이브니스: 매개화된 문화 속 공연(Liveness: Performance in a Mediatized Culture)』(개정판 2008, 초판 1999)에서 문제시되다.[7] 오스란더에 의하면, 매개화된 또는 녹화된 공연이 진본성, 실재성이 부족하다는 존재론적 판단은 역사적으로 구성된 라이브니스 개념에 따른 것이다. 라이브니스는 공연의 존재론적 조건이 아니라 역사적, 사회적 구성물이라고 주장한다. 녹화기술의 등장과 방송시스템의 발달로 라이브 공연과 매개화된 공연을 구별하기 위해 "라이브"라는 용어가 사용되기 시작했다. 초기 녹화 기술, 대표적으로 축음기와 같은 사운드 녹음은 라이브 공연과 분명히 차별화된 경험을 가져온다. 초기 녹화기술은 라이브 공연의 우위성을 보완하거나 보존하기 위한 종속적 도구로서 사용되었기 때문에 라이브와 녹화된 공연 사이의 구별이 분명했다. 하지만 방송기술의 발전으로 라이브 라디오 또는 텔레비전 방송이 등장하면서 라이브 개념은 경험적 혼동을 가져오기 시작했다. 오스란더는 라디오 사례를 가져와 논증한다. 청취자가 그들이 듣고 있는 소리의 매개화된 형식으로만 접근가능한 라디오의 경우, 청취자는 그 소리가 라이브인지 녹화된 것인지 확신할 수 없다. 라이브 방송은 완전히 라이브도 완전히 녹화된 것도 아니다. 왜냐하면 그것들은 공간적으로는 관객과 떨어져 있고 시간적으로는 동시성을 지니기 때문이다. 방송기술의 라이브니스는 기존의 라이브가 갖는 영역을 넘어서고 "여기"일 필요 없이 "지금" 일어나는 것을 의미하게 된다.

따라서 오스란더는 매개성에 대한 신체성의 우위성은 인간 감각 인식의 전통적 방식에 따른 것이라고 말한다. 공연이 라이브로 인식되는 조건은 기술적 변화에 따라 변화한다고 보았다. 존재가 전시되는 매체가 아니라 존재를 경험하는 사람의 지각에 따라 라이브니스는 생산된다. 라이브가 공연의 내재

7 Auslander, P.(2008). *Liveness: Performance in a Mediated Culture*. 2nd edn. London and New York: Routledge.

된 특성임을 부정하고 라이브 공연과 매개화된 공연 사이의 존재론적 구별에 도전했다.

이러한 관점에서 오스란더가 해체한 라이브니스 개념은 포스트구조주의자 장 보드리야르가 주장한 실제 지시대상이 없는 시뮬라크르 개념과 밀접하게 관련되어 있다.[8] 그의 저서 『스뮬라크르와 스뮬라시옹』에서 보드리야르는 실재가 무엇인가에 대한 보편적인 이해를 문제시하는 동시에 포스트모던 사회에서 실재라는 것은 없다고 주장한다. 그의 이론에서 시뮬라크르는 모든 대리적 이미지, 대상물, 생산물을 일컫는 광범위한 용어로서 원본, 실제 지시대상이 없다. 미디어를 통해 실재는 복제되고 스뮬라크라로 재생산된다. 우리가 언급하는 실재는 복사본인 시뮬라시옹이다. 즉, 우리가 지각하는 모든 것은 이미 상상되고 재생산된 시뮬라시옹이라는 것이다.

2) "라이브" 공연하는 비인간

공연에서의 인터랙티브 기술 활용은 오스란더의 주장을 확증하는 동시에 인간 공연자의 존재론적 논의로 확장시킨다. 데이비드 살츠(David Saltz)는 "프로즌 미디어(frozen media)"와 대조하여 "라이브 미디어(live media)"라는 용어를 사용하는데 이는 실시간으로 공연자에게 반응할 수 있는 인터랙티브 미디어 능력을 함의한다.[9] 컴퓨터에서 미리 만들어지고 저장된 사운드와 이미지는 인간 공연자 또는 관객의 행동에 반응하여 실시간으로 변형된다. 다시 말하면, 인터랙티브 미디어는 라이브 공연자가 그렇듯 "자발성 또는 가변성"을 지닌다.[10] 만약 기계 자체가 라이브니스를 창출해낼 뿐만 아니라 인공지능 봇과 같

8 Baudrillard, J.(1994 [1981]). *Simulacra and Simulation*. (S. F. Glaser, trans.). Ann Arbor: University of Michigan.

9 Saltz, D. Z.(2001). Live Media: Interactive Technology and Theatre. *Theatre Topics*. 11(2). p.127.

10 Ibid. p.109.

이 다른 독립체에 반응하여 자율적 행동을 실행한다면, 기계는 일종의 공연자라고 볼 수 있다고 말한다. 마가렛 모스(Margaret Morse)는 "라이브"를 수행하는 비인간 독립체로서 인터랙티브 미디어의 잠재적 위치를 설명한다. "최소 수준이라도 사용자와 '상호작용'하는 기계는 라이브니스 감각, 기계의 행위주체성, 그리고 상징을 교류한다는 점에서 페르소나와의 주관적 만남을 창출할 수 있다."[11]

수잔 브로드허스트(Susan Broadhurst)의 <파란 핏발의 꽃(Blue Bloodshot Flowers)>(2001)은 기계의 재구성된 존재론적 위치를 예증한다. 작품 속 컴퓨터로 만들진 애니메이션 머리 예레미야는 인간 움직임에 반응하여 그의 얼굴 표정을 변화시킬 수 있다. 인공지능기술을 통해 분노, 행복, 슬픔 등의 감정을 표현할 수 있는 예레미야는 공연자나 관객의 특정 움직임에 반응하여 특정한 얼굴표현을 하도록 프로그램 되어 있다. 동시에 그는 무작위로 표정을 짓는데 이것은 보는 이로 하여금 실제 독립체와 같은 모습을 지니고 있다고 믿게 만든다. 브로드허스트는 예레미야와 즉흥적인 인간 공연자와의 존재론적 유사성을 드러내고 "모든 공연에서 예레미야는 독창적"이라고 말한다.[12] 여기서 예레미야의 독창성은 자발성 역량뿐만 아니라 독립적 실체로서 자율성을 지니는 것도 포함한다. 오스란더 역시 라디오와 대화로봇(chatterbot)을 비교하면서 디지털 문화에서 라이브니스 논쟁은 공연의 존재론에서 공연자의 존재론까지 확장된다고 말한다.[13] 활자를 통해 인간 사용자와 대화하는 컴퓨터 프로그램 대화로봇의 시스템이 인간의 대화와 비교될 만큼 정교하고 발전된다면, 우리는 입력된 문장이 인간으로부터 나온 것인지 대화로봇이 쓴 것인지 구분 못할지

11 Morse, M.(1998). *Virtualities: Television, Media Art and Cyberculture*. Bloomington and Indianapolis: Indiana University Press. p.15

12 Broadhurst, S.(2004). The Jeremiah Project: Interaction, Reaction, and Performance. *TDR: The Drama Review*. 48(4). p.51.

13 Auslander, P.(2002). Live from Cyberspace: or, I was sitting at my computer this guy appeared he thought I was a bot. *PAJ: A Journal of Performance and Art*. 24(1). p.21.

도 모른다고 말한다. 이는 라디오의 사운드가 라이브인지 아닌지 구분이 어려운 것과 비슷하다. 이때 오스란더는 인간은 더 이상 라이브 공연의 유일하고 독점적인 공연자가 아니며 이것은 실시간으로 공연하는 인간의 능력은 대화로봇과 공유되기 때문이라는 중대하고도 논쟁적인 진술을 한다.

오스란더의 인간 공연자에 대한 존재론적 논의는 인간 주체의 가상적, 사이보그적 몸을 둘러싼 인간중심주의적 편견을 극복하는데 가치있는 비판적 시각을 제공한다. 신체성은 생리학적 몸 내에서만 체현된다는 인간중심주의적 추정아래 공연 속 기계적 몸은 신체성이 결여된 열등한 존재로 격하된다. 하지만 인간과 비인간 공연자간의 존재론적 구별이 없다고 보는 급진적 포스트구조주의적 접근은 반대로 신체 존재와 감각이 지니는 의미를 무시하는 오류를 범할 수도 있다.[14] 보드리야르식 철학에 대한 무비판적 옹호는 "기술, 사회, 자아, 신체, 의식, '실재' 개념에 대한 기존의 역사적 이해를 완전히 지우는 것"을 지지한다."[15] 인간과 실재에 대한 역사적이고 현상학적인 측면을 갈소하고 그것 대신 기술적 존재와 시뮬라크르로 대체하는 보드리야르의 허무주의적, 종말론적 시각은 기술에 대한 디스토피아적 미래를 제시한다는 점에 비판 받는다. 즉, 디지털 시대의 인간 주체, 신체, 행위주체성과의 기술적 결합에 대해서 인간중심주의와 급진적 포스트구조주의 모두 결국 종말론적 미래를 그리고 있다.

---

14 오스란더는 급진적 포스트구조주의 접근에 대한 문화적 비판을 숙고하면서 그의 의도를 분명하게 한다. "라이브와 매개화된 것의 전통적인 대조에 도전하면서 나는 우리가 그것의 재현에 각각의 경험의 현상학적 구별, 문화적 경제 내 각각의 위치, 모든 미디어 속 공연된 재현 사이의 이데올로기적 구별이 불가능하다고 말하지 않는다. 내가 제안하는 것은 어떠한 구별이든 라이브와 매개화된 것의 관계가 특정 사례에서 어떻게 구체화되는지에 대한 면밀한 검토부터 시작되는 것이 필요하다는 점이다. 역사적으로 변형되는 개념이 아닌 존재론적 조건으로서 라이브니스를 구성하는 추정들, 그리고 선험적으로 본질적 대조 관계로서 라이브와 매개화된 재현 사이 관계로 구별하는 것으로부터 시작하는 것이 아니다." 오스란더는 라이브와 매개화된 재현 사이의 중대한 내재된 특성이 없다고 제안하지만 특정한 시각으로부터 어떠한 구별이 만들어질 수 있음을 인정한다. 이러한 오스란더 주장을 기계 공연자 논쟁에 적용한다면, 비인간 행위주체성은 존재론적으로 구별되거나 인간 행위주체성과 구별되지 않을 수 있으며, 이것은 그들의 (존재론적으로 주어진 것이 아닌 사회적 구성된) 관계에 대한 특정한 접근에 따른 것이다. Auslander, P.(2008). p.62.

15 Dixon, S.(2007). p.142.

역사적으로 변화하는 개념으로서 라이브니스를 제시한 오스란더 주장을 반영하여 나는 인간 공연 주체와 기계적 재현과의 대조적 관계 역시 존재론적으로 주어진 것이 아닌 역사적으로 구성된 것으로 보았다. 하지만 동시에 휴머니즘적 편견을 허물기 위하여 신체와 실재가 사라지고 신체 감각이 의미가 없어지는 복제된 세계관을 지지하지 않는다. 대신에 기계가 인간 주체와 경쟁하거나 신체를 말소시키는 타자가 아닌 인간 주체성의 구성적 요소로서 보는 것이 중요하다고 주장할 것이다. 왜냐하면 기계가 인간 의식과 체현에 불가분적으로 관여할 때 인간 주체와 그것과 기계와 관계는 변화하게 되기 때문이다. 디지털 퍼포먼스에서 기계화된 신체 개념을 인간 주체의 타자에서 구성물로 전환하기 위해, 포스트휴머니즘은 유용한 이론적 토대가 된다. 포스트휴머니즘은 인간중심주의와 비인간 본성과 차별화된 인간 본성에 대한 본질주의적 접근, 인간을 비인간보다 우월하다고 간주하는 위계질서 가치체제에 도전한다. 포스트휴먼의 포스트휴머니즘 개념이 신체와 기술의 협력을 통해 체현된 혼종적 존재라는 점에서 포스트휴머니즘은 기계로 매개화된 몸을 체현된 경험의 부재가 아닌 인간 공연자의 이중적 체현의 일부로 보도록 한다.

3. 포스트휴머니즘의 휴머니즘 재검토하기

컴퓨터공학, 로봇학, 나노기술, 생명윤리학의 급진적 발전은 인간 신체, 본성, 행위주체성 개념에 의문을 제기하고 더 나아가 포스트휴먼이라고 불리는 인간 실존의 재정의를 요구했다. 포스트휴먼은 실존적 상태가 기술과 불가분하게 관계한 인간을 지칭하는 포괄적 용어로 사용된다. 철학지형에서 포스트휴먼 개념을 다루는 다양한 흐름과 사고가 존재하는데, 포스트휴머니즘, 트랜스휴머니즘, 신유물론, 반휴머니즘, 메타휴머니즘이 그것이다. 이러한 움직임은 모두 각각의 다른 이론적, 방법론적 관점을 가진다. 그중의 하나로서 포스트휴머니즘은 문예이론가인 이합 하산(Ihab Hassan)이 1976년 포스트모던 퍼포먼스 국제 심포지엄에서 기조연설을 할 때 처음 알려졌다. 그 기조연설문은 "공연자로서 프로메테우스: 포스트휴머니즘 문화로의 이행?(Prometheus as Performer: Towards a Posthumanist Culture?)"이란 제목으로 1977년 출간되었다. 이 글에서 신화적 인물로 프로메테우스는 20세기 후반 포스트휴머니즘의 비유로서 사용되었다. 그리스 신화에서 티탄족 프로메테우스는 제우스로부터 불을 훔쳐 인간에게 건네주는 신의 계율을 어기는 존재이다. 동시에 그는 진흙으로 인간을 만들어 제우스의 뜻을 어기면서 그들에게 지식, 기술, 예술을 제공하는 영웅이다. 하산에게 인간과 신, 인간과 기계의 경계를 초월한 프로메테우스는 인간중심주의 이분법을 끝내는 포스트휴머니즘 문화를 전형적 예시였다.

> 우리는 먼저 인간의 욕구와 모든 외부적 재현을 포함한 인간 형태가 급진적으로 변할지도 모른다는 점, 그리고 재검토되어야 한다는 점을 이해해야 한다. 우리는 500년간의 휴머니즘이 종결될지도 모른다는 점을 이해해야 한다. 왜냐하면 휴머니즘 그자체가 포스트휴머니즘이라 부를 수 밖에 없는 것으로 변화하기 때문이다.[16]

하산이 휴머니즘의 변화된 패러다임으로서 포스트휴머니즘을 선언한지 오랜 시간이 지난 후, 학자들은 포스트휴머니즘 패러다임에 주목하기 시작했고 포스트휴먼 미래를 전망하였다. 2000년 전후 기술화된 시대의 포스트휴먼에 대한 학술적 담론은 문학, 문화이론 전반에 퍼졌다.[17] 역사적, 문화적 맥락에

16 Hassan, I.(1977). Prometheus as Performer: Toward a Posthumanist Culture? A University Masque in Five Scenes. *The Georgia Review*. 31(4). p.843.

17 Badmington, N.(ed.). (2000). *Posthumanism*. New York: Palgrave; Fukuyama, F.(2002). *Our Posthuman Future: Consequences of the Biotechnology Revolution*. New York: Farrar, Straus and Giroux; Graham, E. L.(2002). *Representations of the post/human: Monsters, Aliens and Others in Popular Culture*. Manchester: Manchester University Press; Halberstam, J and Livingston, I.(eds.)

서 포스트휴머니즘을 개념화하고 남성중심주의적, 인간중심주의적 휴머니즘을 바로잡았다. 포스트휴머니즘은 일반적으로 휴머니즘이후 또는 휴머니즘의 종말을 지칭하는 시대화된 용어로 여겨지며, 이는 인간의 종말을 의미하지 않는다.

앤 웨인스톤(Ann Weinstone)에 따르면, 서구 철학과 사회과학에서의 휴머니즘은 대부분 인간이 보편적이고 내재적 본성과 가치를 공유하고 그것은 지구상 다른 생명체의 것보다 우월하다는 믿음을 전제로 한다. 하지만 이러한 "인간 본성"은 특정 유형의 인간(남성, 백인, 서구, 엘리트 계층)에 의해 전체로서 대표되고, 다른 유형의 인간과 다른 종은 제외된다.[18] 포스트휴머니즘은 유기적, 형이상학적 전체로서 인간에 대한 휴머니즘적 개념을 약화시키고 인간의 내재적 본성에 대한 개념은 위계질서에 따른 사회적 구성물이라고 본다. 남성중심주의, 인간중심주의 휴머니즘에 대한 비판으로서 포스트휴머니즘은 동물부터, 인공지능, 심지어 외계생명체까지 포함한 비인간 존재에 초점을 맞춘다. 이러한 이유에서 포스트휴머니즘은 환경주의, 심층생태론, 동물권리, 로봇윤리로부터 관심을 받았다.[19] 포스트휴머니즘 패러다임에서 비인간의 존재론적 위치와 인식론적 접근은 인간의 것 못지않게 가치있게 여겨진다. 하지만 인간, 남성, 문화에 주어진 특권의 종료는 비인간, 여성, 자연에 대한 새로운 유아론적 지상주의의 시작으로 이어지지 않음을 강조한다.

포스트휴머니즘과 트랜스휴머니즘 용어는 모두 공통적으로 인간을 비고정적, 변형가능한 것으로 본다는 점에서 종종 혼용하여 쓰인다. 하지만 이 둘이 분명하게 구별되는 전통과 관점을 가졌음을 파악해야 한다. 트랜스휴머니

(1995). *Posthuman Bodies*. Bloomington: Indiana University Press; Hayles, N. K.(1999). *How We Became Posthuman: Virtual Bodies in Cybernetics, Literature and Informatics*. Chicago: University of Chicago Press.

18 Weinstone, A.(2004). *Avatar Bodies: A Tantra for Posthumanism*. Minneapolis, MN: University of Minnesota Press. p.3.

19 Ferrando, F.(2012). Towards A Posthumanist Methodology. A Statement. *Narrating Posthuman. Frame*. 25(1). May. p.10.

즘은 기계가 인간 몸의 약점과 나약함을 극복하고 강화시킴으로써 인간을 진화시킬 수 있다고 본다. 이성적 체계로서 과학과 기술은 인간의 몸을 개조함으로써 인간의 이성적 능력을 진전시키고 최대화할 수 있다고 보는 것이 트랜스휴머니즘이다. 이러한 측면에서 트랜스휴머니즘은 인간중심주의적 휴머니즘을 강화한다고 할 수 있다.[20] '초휴머니즘(ultra-humanism)'을 지향하는 트랜스휴머니즘은 기술을 사회위계질서의 원동력으로 보는 기술환원주의, 결점없는 우월한 존재로서 인간의 동질성을 지지하는 본질주의, 이성적 사고가 물리적 신체보다 우위에 있다고 보는 데카르트식 이원론을 지닌다는 점에서 문제시된다.

반대로, 포스트휴머니즘은 탈인간중심주의를 기반으로 하며 기술을 지나치게 강조하지 않는다. 포스트휴머니즘에서의 기술은 세계에 대한 인간의 시각을 제거하거나 강화하지 않는다. 대신에 인간의 유일한, 특권적 관점을 부정하고 세계에 대한 비인간의 관점을 포함함으로써 "관점의 복수화"[21]을 지향한다. 다시 말하자면, 포스트휴먼에 대한 포스트휴머니즘 접근은 인간이 타자로서 또는 외부적 공급으로서 기술을 이용하여 어떻게 물리적, 정신적 능력을 강화시키고 극복하는지 드러내는 것이 아니라, 더 이상 타자가 아닌 자아의 일부로서 존재하는 기술과 관련하여 인간 존재 방식이 어떻게 변화하는지에 대해 질문한다.

포스트휴머니즘은 인간 공연주체의 기계적 재현에 대한 새로운 통찰력을 제공한다. 그것의 비위계질서적, 반본질주의적 접근은 비인간 존재와 그것의 비체현적 재현에 대한 인간중심주의적 편견을 해체하면서 퍼포먼스 담론을

20 Ferrando, F.(2013). Posthumanism, Transhumanism, Antihumanism, Metahumanism, and New Materialisms Differences and Relations. *An International Journal in Philosophy, Religion, Politics, and the Arts*. 8(2). Fall. p.28.

21 Bryant, L. R.(2012, November 10). Thoughts on Posthuman. http://larvalsubjects. wordpress. com/2012/11/10/thoughts-on-posthumanism. original italics.

"누가 공연하는가?"에서 "무엇이 인간인가?"에 대한 논의로 확장시킨다.[22] 퍼포먼스 담론에서 직접적으로 포스트휴머니즘이라는 용어를 사용하지 않았지만 포스트휴머니즘 관점을 다뤄져 왔다. 저명한 미디어학자인 로이 애스콧(Roy Ascott)은 디지털 예술과 텔레마틱스에서 물리적 공간에 대한 인간 경험은 가상의 경험으로 그리고 또다시 그 반대로 재위치되고, 이때 인간 주체는 "이중의식"을 가진다고 말한다. 이중 의식이란 "경험하는 두 가지 구별되는 영역에 동시에 접근할 수 있는 상태"[23]를 말한다. 애스콧의 인간 이중의식 개념은 가브리엘라 지아나치(Gabriella Giannachi)와 닉 카이(Nick Kaye)가 주장한 가상환경 경험에서의 초존재(trans-presence) 개념과 유사하다. 지아나치와 카이는 인터랙티브 설치 또는 공연에서 관객 존재의 이중 또는 다중적 기표가 물리적, 가상적 공간을 넘나들며 서로를 변화시킬 때, 관객은 스스로를 "보기에 양립할 수 없는 세계 내와 세계 사이에서 발전하는 초존재"[24]로 인식한다고 말한다.

위의 퍼포먼스 학자들은 공연에서 인간 의식이 가상공간으로 확장되어 물리적, 가상적 공간을 넘나들며 서로에게 영향을 준다고 주장한다. 그렇다면 인간이 이중의식 또는 초존재로 존재할 때 몸에 어떤 일이 일어나는 것인지에 대해 의문을 제기할 수 있다. 트랜스휴머니즘에서 나타나는 경향 중 하나는 인간의 데이터를 컴퓨터 저장고에 전달하여 사이버스페이스에서의 인간의 불멸성을 상상하는 것이다. 몇몇의 트랜스휴머니스트 철학자들은 포스트휴먼 유토피아를 인간 몸과 정신의 분리와 비체현된 존재로 특징짓기도 한다.[25] 대표적으로 미국 사이버네틱스 학자 마빈 민스키(Marvin Minsky)는 트랜스

---

22 Remshardt, R.(2010). Posthumanism. In S. Bay-cheng, C. Kattenbelt, A. Lavender and R. Nelson (eds.), *Mapping Intermediality in Performance*. Amsterdam: Amsterdam University Press. p.137.

23 Ascott, R.(2003). *Telematic Embrace: Visionary Theories of Art, Technology, and Consciousness*. Berkeley: University of California Press. p.377.

24 Giannachi, G. and Kaye, N.(2006). Presence. *Performance Research*. 11(3). p.104.

25 Kurzweil, R.(1999). *The Age of Spiritual Machines. When Computers Exceed Human Intelligence*. New York: Penguin; Minsky, M. L.(1982). Why People think Computers can't. *AI Magazine*, 3(4), 3-15; Minsky, M. L.(1988). *Society of Mind*. New York: Simon & Schuster; Minsky, M. L.(1994). Will Robots Inherit the Earth? *Scientific American*, 271(10), 108-113; Moravec, H.(1988). *Mind Children*.

휴머니즘 이론의 영향력이 있는 학자로서 그의 철학은 인간의 사이버네틱스 미래를 근간으로 한다.[26] 간단하게 설명하자면, 사이버네틱스(cybernetics)는 제2차 세계대전 이후 공학, 생물학, 심리학, 컴퓨터공학의 과학자들로부터 발전된 것으로, 사이버라는 접두사의 기원이기도 하다. 사이버네틱스는 기계적 도구의 소통과 제어 시스템을 통한 인간과 기계 사이의 상호연결을 다루는 다학제적 영역이다. 사이버네틱 시스템 내 인간과 기계 사이 경계는 존재하지 않는다. 왜냐하면 기계는 하나의 존재로부터의 정보를 입력하여 전달, 재설정하여 다른 존재에서 산출해내기 때문이다. 민스키에 의하면 인간은 그들로부터 추출된 정보 패턴을 통해 사이버스페이스에서 시뮬레이션될 수 있다. 한스 모라벡(Hans Moravec)은 인간이 사이버스페이스에서 영생하는 것을 "초이주(transmigration)"라고 부르면서 이를 위한 기술적 가능성을 주장한 첫 번째 과학자이다. 그의 영향력 있는 저서 『마음의 아이들: 로봇과 인간 지능의 미래(Mind Children: The Future of Robot and Human Intelligence)』(1988)에서 모라벡은 뇌 표면에서 인간의 마음을 탐색하여 그 마음을 컴퓨터에서 시뮬레이션하는 기계적 시스템을 상상했다. 이때 인간은 몸으로부터 해방되어 사이버스페이스에서 불멸하며 존재할 수 있다.

위에 언급된 트랜스휴머니스트 학자들에게 신체는 정신의 순수영역을 창조해내지 못하는 낡은 것으로서 극복의 대상으로 여겨진다. 몸은 빠른 속도로 정보처리하는 컴퓨터보다 덜 효율적이고 덜 유능하다고 본다. 그들이 추구하는 의식의 비체현은 데카르트식 정신/신체 분리를 근간으로 한다. 무용, 연극, 퍼포먼스 담론 내 몸 소멸이라는 포스트휴먼 "유토피아"는 종말론적 미래로 그려질 수 있다. 위의 학자들과 대조적으로, 포스트휴머니즘에는 물리

The Future of Robot and Human Intelligence. Cambridge: Harvard University Press; Tipler, F. J.(1995). *The Physics of Immortality. Modern Cosmology, God and the Resurrection of the Dead*. New York: Anchor.

26 Minsky, M. L.(1982, 1988, 1994).

적이든 가상의 영역에서이든 인간 존재의 체현을 강조하는 움직임이 존재한다. 이러한 "비판적 포스트휴머니즘"[27]에 의하면, 가상의 존재일 때 몸이 소멸된다는 보는 시각은 휴머니즘을 재검토하는 것이 아니라 단순히 더 나쁜 맥락 속에서 휴머니즘을 각인시키는 것이다.

4. 반데카르트적 시각에서의 포스트휴먼 공연자의 비체현

포스트휴머니즘과 그 안에서의 몸의 의미를 이해하기 위해서는 도나 해러웨이(Donna Haraway)의 글 "사이보그 선언(A Manifesto for Cyborgs)"(1991)[28]부터 살펴볼 필요가 있다. 이 글에서 해러웨이는 가부장적 이데올로기가 투영된 여성성에 저항하고 재구성한다는 점에서 여성의 신체를 사이보그로 특징짓는다. 그녀는 페미니즘 인식론을 바탕으로 젠더 정체성의 급진적 개념에 초점을 맞춘다. 이때 비인간과 혼합된 인간을 재정의하면서 사이보그 존재론의 포스트휴머니즘 개념을 제시한다. 이는 휴머니즘의 가부장적 그리고 남성중심주의적 주체에 도전하는 포스트휴머니즘 접근이라 볼 수 있다. 반면, 포스트휴머니스트 학자 캐서린 헤일즈(Katherine Hayles)는 휴머니즘의 인간중심주의적 주체에 이의를 제기한다. 헤일즈는 해러웨이가 제시한 문화적 비유로서 사이보그 개념을 발전시키는데 일조했다. 그녀는 '인간'이라 불리는 역사적으로 특정 지어진 구성물과 구별되는 것으로서, 주체성의 새로운 모델 구축 가능성을 포스트휴먼으로 설명한다. 헤일즈에게 포스트휴먼은 물리적 몸에 물질이 주입되거나 기술에 의해 몸이 실제로 변형된 인간만을 지칭하는 것이 아닌 주체

27 Didur, J.(2003). Re-Embodying Technoscientific Fantasies: Psthumanism, Genetically Modified Foods, and the Colonization of Life. *Cultural Critique*, 53, Winter, 98-115.

28 Haraway, D.(1991). A Cyborg Manifesto: Science, Technology, and Socialist-Feminism in the Late Twentieth Century. In *Simians, Cyborgs and Women: The Reinvention of Nature* (pp.149-181). New York: Routledge.

성이 기술과 연관되어 구성된 사람을 의미한다.[29]

헤일즈의 포스트휴먼상은 "물질적 실체보다 정보패턴"을 강조한다.[30] 인간 주체의 물질성은 이진법 코드로 구성된 정보로 변환되며, 체현은 신체적 존재가 아닌 정보패턴에 달려 있다. 정보는 몸과 떨어져 있지만 물질과 비물질적 기체(基體) 사이를 오간다. 헤일즈에게 포스트휴먼 주체성은 물질적 경험 또는 일련의 정보 처리를 통해서 구성되는 것이 아니라 체현된 물질성과 육안으로 비체현된 정보 사이의 상호작용을 통해 구성된다. 따라서 "포스트휴먼 주체는 혼합물, 이질적 구성요소의 집합체, 물질과 비물질 경계가 계속적으로 구성되고 해체되는 존재이다."[31] 포스트휴먼의 집합적, 이질적 요소는 인간 행위자와 컴퓨터 행위자에 의해 실행되는 인지체계에 따라 생성된다. 포스트휴먼 의식, 자유의지, 자율 행위주체성은 더 이상 인간의 것만 아니다. 왜냐하면 그것들은 인간과 비인간 행위자가 서로 소통하면서 생성되는 것이기 때문이다.[32] 헤일즈에 따르면, 우리의 인지과정이 컴퓨터 시스템과 밀접하게 연계된 환경에 살고 있다는 점에서 우리는 이미 포스트휴먼이다. 아주 사소한 예를 들자면, 사람들이 접근하면 자동으로 회전하는 자동문, 라디오 전파에 의해 시간과 날짜가 자동으로 설정되는 전자시계 등 컴퓨터칩이 내장된 기기를 사용하고 있다.

헤일즈의 포스트휴먼 개념은 체현을 제거하는 사이버네틱스의 믿음과 몸과 정신을 구분하고 체현없는 의식을 전망한 모라벡에게 의구심을 던진다.[33] 그녀는 인간 주체에 대한 사이버네틱 이상을 바로잡는다. "정보는 세계 속 물질적 존재로 만들어주는 체현으로부터 떨어져서 존재할 수 없기"[34] 때문에, 사

29 Hayles, N. K.(1999). p.4.
30 Ibid. p.2.
31 Ibid. p.3.
32 Ibid. p.4.
33 Ibid. p.1.
34 Ibid. p.49.

이버네틱 포스트휴먼 개념은 신체적 물질성의 완전한 소멸을 수반하지 않는다고 말한다. 포스트휴먼은 언제나 물질세계에 존재하며 따라서 그것의 주체는 추상적 정보와 체현된 물질성 간의 상호작용을 통해 만들어진다. 헤일즈는 다음과 같은 이야기를 통해 인간 의식과 물리적 존재가 인공 지능과 가상 존재로 대체될지도 모른다는 자유휴머니즘의 우려를 불식시킨다.

> 포스트휴먼은 휴머니티의 종말을 의미하지 않는다. 대신 그것은 인간의 특정한 개념, 기껏해야 개별적 행위주체성과 선택으로 자신의 의지를 행사할 수 있는 자율적 존재로서 스스로를 개념화하는 부, 권력, 여가를 지닌 휴머니티의 일부에 적용되는 개념의 종말을 상징한다.[35]

포스트휴먼에 대한 헤일즈의 미래는 반이상향적이지 않다. 왜냐하면 그녀에게 포스트휴먼의 도래는 인간의 종말 또는 반인간의 등장이 아닌 또 다른 새로운 인간상을 의미하기 때문이다. 물질성과 정보 사이 역동적 상호작용을 통해 체현된 포스트휴먼은 포스트휴먼을 비체현된 존재로 보는 데카르트식 설명을 부정하고 이중 체현을 제시한다.

이러한 관점에서 헤일즈의 포스트휴머니즘적 태도는 몸과 기계의 결합이 신체적 경험의 제거를 의미한다고 보지 않는 디지털 퍼포먼스 실천가와 학자들에게 적절한 이론적 근거가 된다. 디지털 퍼포먼스에서 안무가가 기술을 실험하는 것은 상대적으로 가장 자연스러운 현상일 것이다. 왜냐하면 그들은 정신과 신체의 혼합체로서 몸의 지식으로 사고하고 실현시키기 때문에 근본적으로 몸과 관계를 맺기 때문이다.[36] 가상적, 사이보그적 몸에 대한 포스트휴머니즘적 태도는 공연예술가와 학자들로 하여금 포스트휴먼으로서 존재가 신체가 소멸된 상태라는 비관론적 관점에서 벗어나, 오히려 인간 주체에 대

35 Ibid. p.286.

36 Remshardt, R.(2008). Beyond Performance Studies: Mediated Performance and the Posthuman. *Culture, Language and Representation*. 6. pp.48-49.

한 정통적인 개념을 재검토하고 디지털 시대의 인간이 존재하는 새로운 방식을 탐구하게 한다.

5. 맺음말

이 글에서 나는 디지털 퍼포먼스에서의 포스트휴먼과 이중적 체현을 설명할 이론적, 비판적 틀을 확립하고자 했다. 근본적으로 무용과 퍼포먼스 연구에 뿌리깊이 박혀 있는 이분법적 논리, 즉, 라이브와 매개화된 공연, 인간과 비인간, 물리적인 것과 가상적인 것 사이의 위계질서를 허물고자 했다. 이는 공연의 현존으로서 라이브 인간 신체에 대한 인간중심주의적 편견에 도전하기 위한 것이었다. 이를 위해 먼저 라이브니스 개념을 재구성한 오스란더의 주장을 살펴보았다. 오스란더에게 라이브니스란 원본으로서 라이브 공연과 그 후에 따라오는 녹화된 공연을 구별하기 위해 역사적으로 구성된 개념이다. 문화적 환경 속 기술적 발전을 통해 라이브 공연은 인터랙티브 미디어 기술과 밀접하게 연계되었고 라이브니스는 더 이상 라이브 공연에 내재된 진본의, 독창적, 실제적 특징으로 정의되기 어려워졌다. 오스란더는 라이브니스 논의를 확장시켜 공연에서 체현된 인간 존재와 비체현된 기계 존재 사이의 존재론적 구별에 대한 의문을 던졌다. 이때 라이브 공연을 하는 대안적 자율적 독립체로서 기계를 제안하였다.

나는 오스란더의 논의를 반영하여 디지털 퍼포먼스에서의 인간과 그들의 체현된 존재가 더 이상 본질주의적으로 기계와 별개가 아님을 주장하였으며, 이때 인간 주체, 신체, 세계에 대한 인간중심주의적 개념에서 벗어날 필요성을 개진하였다. 이러한 시각은 근본적으로 고정된 인간 본성과 그것의 존재론적, 인식론적 특권에 반하는 태도이다. 인간과 비인간의 관계는 별개의 독립체에서 이중적 또는 새로운 혼종적 주체로서 포스트휴먼 공연자의 구성요소로서 변화하였다. 여기서 나는 기계와 가상의 세계가 인간과 물리적 세계를 대체될 것이라고 전망하거나 전자가 후자와 현상학적으로 구별할 수 없음을 말하지 않는다. 대신에 세계와 자신 스스로를 인식하는 방식과 기술이 어떻게 불가분한 관계가 되었는지 조사하고 이때 주체성이 어떻게 구성되지 살펴보는 것이 중요하다고 주장하였다.

이 글은 포스트휴먼에 대한 포스트휴머니즘 사고가 비인간 공연자와 그것의 비체현에 대한 인간중심주의적 편견과 데카르트의 심신이원론에서 벗어나 디지털 퍼포먼스 담론에 기여할 수 있음을 말한다. 포스트휴머니즘 관점에서 포스트휴먼 공연주체는 인간으로서 존재하는 대안적 체현방식을 취하고 있다. 이때 기술을 통한 인간 신체의 초월성과 확장성에 대한 허무주의 또는 유토피아적 시각을 상상하지 않는다. 오히려 자신과 세계를 지각하고 체현하는 방식의 변화를 드러낸다. 기술이 세계를 지각하고 인지할 능력이 지니고 그 능력을 통해서만 구성될 새로운 실재가 존재하겠지만, 결코 인간 신체는 기계로 대체되거나 사라지지 않는다. 오히려 이 둘은 적대적, 위계적 관계가 아닌 역동적 협력관계로 인식되어야 할 것이다.

II부

뉴미디어 시대 댄스 퍼포먼스

4장

미디어 퍼포먼스 〈마담 프리덤〉에 나타난 주인공 여성의 재현과 그 의미[1]

김주희 · 김현정

1. 들어가는 말

오늘날 한국인들에게 '자유부인'이란 대명사의 함축적 의미는 무엇일까? 정비석의 소설 『자유부인』(1954)과 한형모의 영화 〈자유부인〉(1956)이 당대 사회와 언론의 열띤 논쟁을 불러일으킨 이후 현재에 이르기까지 영화, 연극, 무용, 융복합 예술 등의 분야에서 '자유부인'을 소재로 한 작품들이 끊임없이 제작되는 이유는 무엇일까? 본 연구는 이러한 질문들에서 시작되었다.

본 연구의 목적은 미디어 퍼포먼스 〈마담 프리덤〉(2013)에 나타난 주인공 여성의 재현과 그 의미를 탐색하는 것이다. 이 작품은 안무자 김효진과 예술감독 김형수의 융복합 예술로써 '여성의 열정과 자유'를 담고 있다. 한국 무용계

1 본 논문은 2016년 『대한무용학회논문집』 74권 3호에 게재되었던 것을 수정, 보완하였다.

에서 디지털 미디어를 본격적으로 활용한 무용작품이 최근 증가하는 추세에서 이 작품은 수년간에 걸쳐 수정, 보완되면서 '미디어 퍼포먼스'로 소개되고 국내외에서 재공연 되고 있다는 점에서, 그리고 1950년대 사회의 폭발적 관심을 받았던 원작 소설과 영화를 주요 소재로 사용한다는 점에서 주목해 볼 필요가 있다.

정비석의 『자유부인』(1954)은 일간 서울신문의 연재소설을 모아 단행본으로 출간된 것인데, 간행되자마자 사흘 만에 초판 3천부가 모두 매진되고, 당시 7만부가 팔려 국내 최초 베스트셀러가 될 정도로 엄청난 인기가 있었다.[2] 또한 다른 한편으로 "중공군 40만 명보다 더 해독을 끼치는 조국의 적", "북괴의 사주로 남한의 부패상을 샅샅이 파헤치는 이적 소설"이란 법대 교수의 맹렬한 비난과 이에 대한 저자의 반박 논쟁이 일어나기도 했다.[3] 또한 한형모의 영화 〈자유부인〉(1956)도 당시 서울에서 약 14 만 명의 관객이 관람할 정도로 큰 흥행을 이루었다.[4] 대중들의 이러한 비상한 관심은 약 40 여 년간에 걸쳐 영화 및 연극 등의 분야에서 여러 감독들에 의해 수차례에 걸쳐 제작되는 것으로 이어지고 있다.

이러한 인기는 미디어 퍼포먼스 〈마담 프리덤〉에서도 재확인 된다. 이 공연은 2013년 영국 Edinburgh International Festival에서 초연된 이후, 2014년 미국 'Art in America'에서 '금주의 아젠다'로 선정되어 월트 디즈니 콘서트 홀 레드캣(REDCAT)의 International Artist Presentations에 초청 공연되었고, 2015년 국립현대미술관 다원예술 프로젝트로, 그리고 2016년 문화창조 벤처단지 cel 스테이지 기념공연으로 초청됨으로써 문화예술계의 주목을 받았는데,[5]

---

2 정비석(2010). 『자유부인』. 서울: 지식을 만드는 지식. pp.11-20.

3 김다인(2008년 9월 26일). 황산덕 교수와 작가 정비석의 '자유부인' 논쟁. 인터뷰 365. Retrieved from http://interview365.mk.co.kr/news/1615

4 한국영상자료원(2004). 『신문기사로 본 한국영화 1948-1957』. 서울: 공간과 사람들. p.685.

5 문화창조 벤처단지 cel 스테이지 기념공연(2016년 2월 3 - 6일). 마담 프리덤[공연팸플릿]. 서울: cel 스테이지. p.14.

이러한 사례는 한국 무용계에서 보기 드문 사례라 할 수 있다. 이에 본 연구는 원작 소설과 영화가 나온 지 약 반세기가 지난 이후에도 그 원작들이 안무자의 관심을 받은 이유가 무엇인지, 그리고 미디어 퍼포먼스란 융복합 예술 장르로의 전환과 안무자의 재해석은 현재의 사회 문화적 환경과 젠더 문제를 어떻게 복합적으로 드러내고 있는지를 주인공 여성을 중심으로 살펴보고자 한다.

본 연구의 방법과 논의 절차는 다음과 같다. 원작 소설과 영화, 라이브 공연, 공연 팸플릿과 영상물, 안무자와의 인터뷰, 비평문, 인터뷰 기사, 단행본, 학술지 논문을 참고하여 〈마담 프리덤〉을 분석하고자 한다. 2장에서는 원작 소설과 영화에 나타난 주인공 여성의 특성과 의미를 살펴보고, 3장에서는 미디어 퍼포먼스 〈마담 프리덤〉에서 춤은 작품 전개에 있어서 어떠한 상징적 장치로 활용되고 있는지, 무용과 미디어의 역할은 각각 어떠한지, 안무자는 원작 소설과 영화를 어떻게 활용하고 있는지를 탐색하여 주인공 여성의 재현과 그 의미를 도출해 낼 것이다.

선행 연구들을 살펴보면 〈마담 프리덤〉의 경우, 김효진(2015)이 리차드 쉐크너(Richard Schechner)의 '퍼포먼스', "미디어의 운용"[6], 실험과 수행성 측면에서 미디어 퍼포먼스의 연출적 특성을 고찰하고 매체 연장형 모델 사례로써 〈마담 프리덤〉을 논의하고 있다. 이러한 연구는 새로운 미적 경험을 창출하는 뉴미디어의 중요성과 연출 방법 사례를 제시하는 특성이 있다. 그 외 국내외 비평가들, 네티즌들의 평문이 있지만 평문이 실리는 짧은 지면의 성격상 작품에 대한 본격적인 연구라기보다는 안무자 및 작품 소개 중심의 리뷰에 가깝다 하겠다. 따라서 이러한 선행연구들을 고려해 보면 젠더와 사회 문화적 측면에서 〈마담 프리덤〉을 심층 분석한 연구는 매우 드물다 하겠다. 한편, 원작 소설과 영화에 대한 연구들은 약 80 여 편 정도 있는데 주로 국문학, 여성학, 영

6 김효진(2015). 미디어 퍼포먼스의 연출 방법론 연구. 이화여자대학교 석사학위논문. p.v.

화학, 문화연구 분야의 연구자들에 의해 이뤄지고 있고, 주로 시대성과 대중성, 장르의 특성, 젠더, 의상을 통한 등장인물을 분석하고 있다.[7] 또한 무용 및 영상 분야 연구자 변혁과 정의숙(2009)은 영화 〈자유부인〉에 나타난 춤이 1950년대 퇴폐풍조 및 주인공 여성의 자아성취감을 상반되게 상징하고 있다고 논의한다.[8]

본 연구는 예술작품이란 창작자 한 개인의 단독 소산이 아닌, 사회, 문화, 정치, 경제, 역사적 맥락과의 복합적인 상호관계에서 생산된다는 예술사회학적 관점에서 〈마담 프리덤〉에 접근한다. 본 연구는 작품의 주요 소재가 되는 원작 소설과 영화에 나타난 주인공 여성에 주목하여 〈마담 프리덤〉과 비교 논의하고, 미디어 퍼포먼스란 융복합 장르 그리고 젠더, 사회 문화적 맥락 속에서 〈마담 프리덤〉의 다층적 의미를 논의한다는 점에서 기존 연구와 구별된다. 〈마담 프리덤〉에 대한 선행 연구가 드물다는 한계점이 있지만, 사회적 관심을 받았던 소설과 영화, 그리고 미디어 퍼포먼스와의 복합적인 연계성과 사회적 맥락을 논의함으로써 작품 분석과 해석의 다양성을 보여준다는 점에서 본 연구의 성과를 찾고자 한다.

7 강옥희(2013). 대중문화 콘텐츠로서 정비석의 〈자유부인〉 연구. 『반교어문연구』 34. pp. 319-347; 김일영(2003). 정비석의 신문소설 〈자유부인〉에 나타난 풍속의 양상. 『인문과학연구』 4. pp.35-50.; 노지승(2009). 『자유부인』을 통해 본 1950년대 문화 수용과 젠더 그리고 계층. 『한국현대문학연구』27. pp. 305-338; 임선애(2005). 한국사상(문학) : 전후 여성지식인, 자유부인의 결혼과 일탈 - 정비석의 『자유부인』을 중심으로. 『한국사상과 문화』, 31. pp. 61-89.; 진선영(2008). 대중소설의 이데올로기와 미학: 정비석의 『자유부인』을 중심으로. 『구보학보』, 4. pp.263-293.; 최은영(2012). 자유부인 연구 : 대중문화 반영 양상을 중심으로. 전북대학교 석사학위논문 등이 있다.

8 변혁, 정의숙(2009). 영화 〈자유부인〉에 표현된 춤의 사회적 인식에 관한 고찰: 1950년대 서울을 중심으로. 『무용예술학연구』, 28. pp.59-83.

2. 원작 소설과 영화에 나타난 주인공 여성

1) 정비석의 소설 『자유부인』(1954)

소설 『자유부인』은 오선영을 둘러싼 주변 인물들을 통해 불륜과 전통적 가족제도의 해체, 당시로서는 파격적이라 할 수 있는 외설적인 표현, 사회전반에 퍼진 세속주의와 비윤리적인 사회 현실을 그대로 담아내고 있다.[9] 『자유부인』의 주요 등장인물은 주인공 여성 오선영과 남편이자 교수인 장태석, 오선영의 춤 파트너 춘호, 양품점 주인의 남편인 한 사장 등이다. 줄거리를 살펴보면, 이 소설에서 두 아이의 엄마이자 대학교수의 부인으로 살아가던 오선영이 사회 저명인사 부인들의 모임 화교회에 참여하게 되면서 평범하고도 초라한 자신의 처지를 느끼게 된다. 그녀는 화교회에 어울리기 위해 남편의 제자이자 이웃인 춘호에게 춤을 배우게 되고 이후 양품점에 취직을 한다. 춤바람이 난 오선영은 점차 가정에 소홀해지고, 급기야 양품점 주인의 남편인 한 사장과 깊은 관계에 빠지게 된다. 이러한 그녀의 일탈이 발각되면서 가정이 파탄될 위기에 처하지만, 결국 그녀는 남편의 이해로 자신의 잘못을 뉘우치고 용서를 받아 가정으로 돌아간다는 내용이다.

원작 소설이 출간되었던 1950년대 중반 한국사회는 일제해방 이후 한국전쟁으로 인해 엄청난 혼란과 변화를 겪었던 시기이다. 전쟁 이후 새로운 민족국가 재건에 대한 열망이 높아져 갔지만, 정치적으로는 극우반공체제가 지배하였으며, 부정부패가 횡행하였다.[10] 사회적으로는 미국식 민주주의와 근대의식이 본격적으로 영향을 미치면서 미국사회에 대한 동경이 확산되기 시작

---

9 소설 『자유부인』 1954년 초판을 소장하고 있는 도서관은 거의 없고, 혹 소장하고 있더라도 일반인에게 대출가능하도록 공개되어 있지 않다. 『자유부인』은 지금까지 여러 출판사에서 재출간 되었는데, 본 연구에서는 2010년도에 지식을 만드는 지식(출판사)에서 재출간된 1쇄를 참고하였다.

10 강진호(2000). 전후 세태와 소설의 존재방식: 정비석의 『자유부인』을 중심으로. 『현대문학이론학회』, 13. p.7.

하였다. 남성위주의 경제체제에서 점차 여성 노동자들이 증가하게 되었고, 또 이러한 참여가 여성의 지위에 변화를 가져다주었다.[11] 이러한 사회적 맥락은 원작 소설 속 주인공 여성의 삶과 행동을 이해하는데 도움이 된다.

이 소설에 나타난 주인공 여성은 세 가지 측면에서 논의될 수 있다. 첫째, 가부장적 사회 안에 존재하는 '전통적인 여성'이다. 가정주부로서의 오선영에 대한 묘사는 그녀의 근대적인 면모를 보여주는 부분에 비해 상대적으로 적게 묘사되고 있지만, 정비석 작가는 오선영이라는 인물 자체를 대학교수의 아내이자 두 아들의 어머니로서 생활하고 있는 평범한 주부의 모습을 처음부터 설정하고 있다. 작가는 특히 가정주부의 삶에서 벗어나 느끼는 감정을 비교 서술함으로써 그녀가 이미 전통적인 여성의 삶과 의식을 지니고 있었음을 보여준다. 예를 들어 작가는 오선영이 화교회 모임에 나가는 것에 대해 "가정을 가진 여자로는 경험하기 힘든 호화로움"이라고 서술함으로써 그 동안 오선영의 삶이 개인보다는 가족과 어머니, 아내로의 삶에 집중되어 있음을 암시한다.[12]

둘째, '근대적 여성'이다. 전통/근대, 한국/미국, 한국어/영어, 한옥/양옥, 한복/양장이라는 상반된 문화 상징들이 끊임없이 제시되는 가운데 오선영은 이 대립을 매개하는 인물인 동시에 전통적 인물에서 근대적 인물로 점차 변모되고 있다. 오선영은 "R여자 전문대학 재학 당시 장교수에게 한글학을 배우는 동안에 그의 학자적 인격에 감동되어 졸업 후에 자진하여 그와 결혼"[13]할 정도로 그 당시로서는 보기 드문 자유연애 실현자였다. 작가는 그녀의 대학생활이나 연애생활에 나타난 근대적 모습은 전혀 언급하지 않는다. 오히려 그녀의 대학생 신분에서, 그리고 자신이 사랑하는 사람을 배우자로 직접 선택한

---

11 허은(2005). 1950년대 미국의 대한 교육교환 계획과 한국사회 엘리트의 친미화. 『한국민족운동사연구』, 44. p.230.

12 정비석(2010). 『자유부인』. 서울: 지식을 만드는 지식. p.29.

13 윗글, p.6.

다는 점에서, 영어를 섞어서 쓰는 그녀의 화법에서 근대적 여성의 측면을 부각시키고 있다. 예를 들면, 그녀는 대학생 춘호와 대화를 하면서 영어로 인사하고, "포-즈가 아주 꿋이던데요"[14], "캄 인 프리-즈, 마이 띠어 마담"[15], "우리 언제 올 나이트 한번 할까?"[16], "보기 좋게 넉 아웃을 당한 셈이구먼?"[17]과 같은 대화를 주고받는다. 전쟁 이후 미국 원조의 영향으로 인해 1950년대 영어의 사용은 엘리트 집단의 전유물이었으며, 교양과 세련됨을 과시하는 수단이었다.[18] 이러한 점에서 오선영은 근대적 인물로 여겨진다.

또한 오선영은 춤을 추는 것을 민주주의적 행위로 여기고 있는데, 예를 들면 남편이 그녀에게 민주적인 선거를 하라고 당부할 때, 오히려 그녀는 "거리를 나다니는 청춘남녀 중에 민주주의를 이론적으로 이해하는 사람이 몇 사람이나 되는 줄 아세요? 그렇지만, 그들은 비록 이론적으로 민주주의를 모르더라도, 행동만은 민주주의를 제대로 실천하고 있잖아요~그러니까 땐스는 알아야 해요!", "땐스야 말로 민주 혁명의 제일보", "당신은 춤도 출 줄 도르면서 언제부터 그렇게 진정한 민주주의자가 되셨어요. 정말로 민주주의자가 되려거든 먼저 춤부터 배우세요!"[19]라고 대답함으로써 민주주의를 강조한다. 작가 또한 오선영이 "또 민주주의와 땐스를 결부 시킨다"[20]라고 설명함으로써 이를 뒷받침 한다.

셋째, '위험한 여성'이다. 그녀는 결혼생활로 인해 자유로운 개인 생활이 방해되자 순간적으로 남편이 "차라리 죽어주기나 했으면"[21]이라고 생각하기도 하고, 양품점에 취직을 하면서부터는 양품점 화장품을 주인 몰래 가져와 자

14 윗글, p.35.
15 윗글, p.80.
16 윗글, p.81.
17 윗글, p.82.
18 허은, 1950년대 미국의 대한 교육교환 계획과 한국사회 엘리트의 친미화. p.230.
19 정비석, 『자유부인』. p.123.
20 윗글, p.132.
21 윗글, p.105.

신의 집에서 마구 사용하곤 했다."[22] 이러한 모습은 가부장적 질서를 깨뜨리고 비윤리적인 행동을 서슴지 않고 행하는 오선영의 모습을 보여주고 있다. 게다가 양품점 여주인을 약올리기 위해 그녀의 남편 한 사장에게 의도적으로 접근해 유혹하는 등 위태로운 욕망을 실천해 나간다. 오선영은 한 사장과 밀애를 즐기다가 발각되어 양품점 여주인에게 심한 욕설을 듣고 머리채를 잡혀 구타를 당하고 손님들로부터도 망신을 당하는데, 이러한 공개적인 폭행과 망신은 돈을 받아 남편 제자의 학점을 고쳐주는 오선영의 비윤리적 행동과 연결되는 가운데 가부장제 질서를 깨뜨리는 여성에 대한 사회적 처벌이 정당함을 암시한다.

그리고 오선영이 춘호의 방에서 춤을 배우기 시작할 때, 작가는 그녀가 "춤스텝을 밟으면서도 마음은 형용할 수 없는 감격에 사로잡혀 있었다. 이성의 품에 안겨 보는 것도 또 하나의 감격적인 사실이거니와, 자기 몸에 대해 새로운 가치를 발견했다는 것도 또 하나의 감격이었다"[23]라고 묘사하고 있는데 이는 가사일이나 아이돌보기, 남편 뒷바라지를 하는 존재에서 벗어나 춤을 통해 자신의 매력을 확인하고 자아를 실현하는 존재로 오선영이 거듭나고 있음을 뒷받침 하는 것이다.

흥미로운 점은 오선영이 춤을 민주주의적 행위로 여기며 춤을 추지만, 계속해서 자기검열을 한다는 점이다. 그녀가 춘호의 방에서 춤을 배우기보다 자신의 넓은 안방에서 배우고 싶어 했지만 아이들의 시선을 의식해 망설였다는 점[24], 그녀가 "춤을 추다가 기겁을 하게 놀라며 … 시계를 보았다 … 어느덧 열시가 다 되어 있었다. 춤에 미쳐 돌아가느라고 시간가는 줄을 몰랐던 것이

22 윗글, p.152.

23 정비석(1985). 『자유부인』. 서울: 고려원. p.76; 강찬모(2007). 부인명(夫人名) 소설에 나타난 여주인공의 성(性)의 자각 과정 연구: 정비석의 『자유부인』과 로렌스의 『채털리 부인의 사랑』을 중심으로. 『한국문학이론과 비평』, 35. p.270에서 재인용.

24 정비석(2010), 『자유부인』. p.87.

다"[25], "엄마가 춤추었다는 것을 아버지한테 이르지 말아 응![26]" 등으로 행동하고 말하였다는 점이 그러하다. 오선영은 민주주의적 행위라고 믿는 춤을 추면서도 춤추는 것을 들킬까봐 두려워한다. 춤을 추는 자신을 의도적으로 숨기려는 행위를 지속적으로 보여준다. 이는 민주주의와 춤을 동일시하는 자신의 신념이 여전히 사회적 정당성을 받지 못하고 있음을 보여준다. 이러한 그녀의 행동들은 그녀가 전통적 여성에서 근대적 여성으로 변모해 가면서, 가부장제 질서를 깨뜨릴 위험한 여성의 모습을 펼쳐가는 가운데 이율배반적이라 할 수 있다.

2) 한형모의 영화 〈자유부인〉(1956)

원작 소설과 비교해 볼 때 영화 〈자유부인〉(1956)[27]은 기본적으로 비슷한 내용으로 구성되어 있다. 대학교수의 부인이 자유를 즐기다가 비윤리적인 탈선에 빠진다는 점에서 소설의 줄거리와 기본적으로 같지만, 영화에서는 사건의 상황과 연결 지점이 조금씩 다르다. 그래도 영화는 소설에서의 오선영의 모습과 상황을 그대로 재현하고 있기 때문에 소설과 마찬가지로 '전통적'이며, '근대적'이고, 또 '위험한' 여성을 드러내고 있지만, 영화라는 매체의 특성이 오선영을 보다 '권력화'[28] 시키고 있고 이는 관객으로 하여금 양가적(ambivalent) 해석을 가능케 한다.

---

25 윗글, p.95.

26 윗글, p.93.

27 정비석의 『자유부인』은 1956년, 1957년, 1969년, 1981년, 1986년, 1990년에 서로 다른 감독들에 의해 계속 제작되었다. (이세기(2011). 『죽기 전에 꼭 봐야할 한국영화 1001』. 서울: 마로니에북스. p.85). 그 중 한형모의 〈자유부인〉(1957)은 〈마담 프리덤〉의 작품 전개 및 구성의 주요 요소이므로 본 논문에서는 이에 주목하고자 한다.

28 본 연구는 문화연구(cultural studies)의 '권력' 개념에 근거해 여기서 '권력화'란 용어를 사용한다. 문화연구에서는 전통적 체계에서 비권력자라 할 수 있는 여성, 유색인종, (수동적) 관객, 장애인, 동성애자, 비주류 등이 특정 상황에서는 기존의 담론, 전통과 규범, 질서에 도전할 수 있는 행위주체성(agency)을 가질 수 있다는 점에서 권력화가 가능하다고 본다.

작가 정비석은 오선영의 행동에 대해 "철없는 대학생에게 나이를 속여 가면서까지 알려줄 필요가 어디 있더란 말인가"[29], "어디까지나 어리석은 여자다"[30], "남의 남편을 가로채지 못해서 화를 내고 있는 것이다"[31] 등의 가치판단을 소설에서 지속적으로 서술하여 자신의 판단을 독자에게 주입시킨다. 반면 영화에서는 이러한 화자로서의 작가의 개입을 제거함으로써 오선영에 대한 해석을 관객에게 맡긴다.[32] 소설에서 작가가 오선영의 모든 행위와 사건의 진행 상황에 대해 설명하면서 특히 도덕적인 문제 대해 계몽적인 서술을 하는 것과 달리, 영화에서는 화자로서의 작가의 개입이 부재하기 때문에 오선영이 취하는 구체적 행동에 대한 가치판단이 관객에게 전적으로 달려 있고 해석 또한 관객마다 다양할 수 있게 된다. 이와 관련하여 변재란(2000)은 바로 이러한 부분이 소설과 영화의 차이이며, 아마도 남성 관객과 여성 관객들의 견해 차이가 생성되는 지점이자 여성 관객들 내에서도 의견이 엇갈릴 수 있는 지점일 것이라고 논의한다.[33] 영화 포스터에 새겨진 문구 "당신이 만약 장태연 교수라면 과실을 범한 아내에 대해서 어떠한 결정을 지으시겠습니까?" 또한 남성 관객과 여성 관객들 모두에게 질문을 던짐으로써 각 개인의 생각과 판단에 따라 오선영에 대한 해석이 달라질 수 있는 여지를 제공하고 있다.[34]

게다가 영화라는 매체가 생성해 낸 권력화는 춤을 통해 섹슈얼리티를 실현 할 수 있는 특권을 오선영에게만 부여하고 있다. 소설에서 작가는 오선영에게 춤을 추는 그녀의 행위가 민주주의를 경험하고 자아 정체성을 각성하는 도구로 작용하도록 서술하였다. 오선영과 남편은 춤에 대해 자주 이야기를

29 정비석(2010), 『자유부인』. p.32.

30 윗글, p.83.

31 윗글, p.142.

32 이길성(2011). 정비석 소설의 영화화와 그 시대성. 『대중서사연구』, 26. p.174.

33 변재란(2000). 한국 영화사에서 여성 관객의 영화 관람 경험 연구 : 1950년대 중반에서 1960년대 초반을 중심으로. 중앙대학교 박사학위논문. p.107.

34 김복순(2004). 반공주의 젠더 전유양상과 '젠더화된 읽기': 『자유부인』을 중심으로. 『문학과 영상』, 5. p.36.

나누었고, 심지어 남편은 오선영에서 춤을 배우기도 했다. 하지만 영화에서는 남편은 춤을 배우지도 않고 추지도 않는다. 오히려 춤에 대해 부정적 견해를 갖고 있는 것으로 나타난다. 이렇게 남편은 춤과 완벽하게 분리됨으로써 서양문화의 상징인 사교춤과 대립된 전통적인 가부장적 인물로 박제화 된다.

소설에서는 남편이 여자 제자의 다리를 응시하면서 자신의 연정과 섹슈얼리티가 실현되기를 상상하지만, 영화에서는 남편의 적극적인 섹슈얼리티 실현을 아예 다루지 않은 채 기혼 남성의 성윤리를 준수하는 점잖은 존재로 나타난다.

또한 영화에서는 오선영이 춘호의 방에서 함께 춤을 추다가 얼굴을 맞대고 부비는 행동이나 호텔방에서 한 사장과 춤을 추는 과정에서 그의 등을 과감하게 훑는 그녀의 손 움직임을 영상으로 클로즈업 한다. 이러한 행동과 영화 재현 방식은 기존의 전통적 범주 안에서 그녀가 가졌던 신체 움직임과는 분명 다른 것이며, 적극적으로 섹슈얼리티를 실현하는 모습이라 할 수 있다.

한형모 감독은 영화라는 시청각적 매체의 특성을 살려 소설에서 언급되지 않았던 나복희의 춤 장면을 삽입하는데, 이 장면에서 카메라의 특수 기법을 통해 오선영의 시선을 대변하게 한다. 감독은 영화의 내러티브와 관련이 없는 나복희의 춤을 상당한 시간을 할애해 오선영의 시선에 맞춰 카메라를 응시 시킨다. 나복희는 맘보춤을 보여주는데 카메라의 시선은 나복희 현란한 춤에 집중된다. 카메라의 응시 방식은 입을 벌리고 춤을 추는 나복희의 얼굴과 몸을 과감하게 클로즈업하여 훑는다.

또한 영화에서는 '트래킹 숏(tracking shot)' 기법(움직이는 배우나 피사체를 따라 카메라가 이동하면서 촬영하는 기법)을 이용하여 오선영의 집과 댄스홀을 보여준다. 이러한 촬영 방식은 당시로서는 앞서가는 촬영 기술이었으며, 오선영이 댄스홀을 보고 느꼈을 감탄과 주눅 든 복합적인 감정을 역동적으로 보여준다.[35]

35 이길성, 정비석 소설의 영화화와 그 시대성. p.183.

3. 미디어 퍼포먼스 〈마담 프리덤〉(2013)에 나타난 주인공 여성의 재현과 그 의미

1) 작품 개요

〈마담 프리덤〉(2013)[36]은 동명의 원작 소설과 영화를 주요 소재로 한 '미디어 퍼포먼스'이다. 예술감독 김형수와 협업하여 김효진은 춤, 안무, 연출을 맡았는데,[37] 60분 동안 지속되는 이 작품은 크게 3개의 부분으로 즉, '마담 프리덤의 방', '마담 프리덤의 카페', '마담 프리덤의 정원'으로 구성된다. 원작 소설 및 영화가 1950년대 오선영이란 가정주부의 자유와 일탈, 그리고 일상으로의 복귀를 다루었다면, 〈마담 프리덤〉은 오늘날 현대의 가정주부가 집 안의 물건들을 보며 그 물건을 둘러싼 자신의 추억과 열정 그리고 일탈과 자유를 상상하는 것을 보여준다. 현실의 무대에서는 주인공 여성 김효진과 댄스 파트너 남성, 그리고 태평소 연주자인 남성 이렇게 모두 3명이 등장하며, 가상의 공간에서는 김효진으로부터 파생된 가상의 무용수들이 등장한다.

이 작품에서 디지털 영상미디어의 특수 효과는 과거와 현재, 현실과 가상 공간을 생성해 내고, 김효진은 이러한 복합적 시공간을 넘나들면서 작품의 전개를 주도적으로 이끌어 나간다. 마지막 장면에서의 어항, 태평무 의상을

36 이 작품은 약 8 여 년 동안 지속적인 수정, 보완 과정을 거쳐 완성되었다. 주제는 서로 다르지만 「춤을 추며 산을 오르다」(2005)란 솔로 작품이 2007년, 2008년, 2009년에 각각 미디어 버전으로 계속 업그레이드 되어 공연되었다. 영화 〈자유부인〉의 일부를 작품에 삽입하기 시작한 것은 2009년부터이며, 이를 점차 발전시켜 2013년에는 해외 공연을 위해 〈마담 프리덤〉이란 제목으로 변경되었고, 60분 공연 형태로 완성되었다(이지현(2015). 표지인물 인터뷰 안무가 김효진: 가상과 현실, 한국춤이 미디어 융합을 가능하게 했다. 춤웹진. Retrieved from http://blog.naver.com/dancewebzine/220350736247). 따라서 본 논문에서는 작품 제목과 내용의 확정, 완성이란 측면에서 〈마담 프리덤〉의 초연을 2013년으로 간주한다. 본 연구는 2016년 2월 6일 18시 서울 cel 스테이지에서 공연된 작품과 (안무자가 제공한) DVD 영상물을 분석하였다.

37 김효진은 40대 중반의 컨템포러리 댄스 무용가이다. 그녀는 1990년대 창무회와 미지예에서 활동했으며 이후 독립 무용수, 안무자로서 활동해 오고 있다. 대표적인 안무 작품으로는 「여행」(1995), 「겨울 단편」(1997), 「원무」(2000), 「나는 춤」(2002) 등이 있으며, 미디어 퍼포먼스 공동 작업으로는 「봄의 제전」(2008), 「이상한 나라의 앨리스」(2011) 등이 있다. 강일중(2013). 인물자료 김효진. 공연과 인물 끼. Retrieved from http://blog.naver.com/ringcycle/40199872569

입은 그녀의 사진, 〈자유부인〉 영화 속 나복희의 춤 사진, 고복수의 가요 「타향살이」 LP판이 걸려 있는 거실 벽과 이에 다가가는 김효진의 모습과 암전은 이 작품을 전개하는 주요 요소가 된다. 첫 번째 '마담 프리덤의 방'에서는 태평무 전통 의상을 입은 김효진의 커다란 영상 앞에 '현실의 김효진'이 검정색 바지와 상의 의상을 입고 서 있다. 현실의 그녀는 전통춤과 컨템포러리 댄스 움직임이 혼합된 태평무를 추다가, 점차 20 여명의 가상의 그림자 무용수들로 파생되었다가 사라진다. 「타향살이」 노래가 흘러나오는 가운데 김효진은 한옥 돌담 및 출입문 영상 속에서, 그리고 현실의 무대를 오가며 자유로이 춤춘다.

두 번째 '마담 프리덤의 카페'에서는 영화 〈자유부인〉의 댄스홀 장면, 나복희의 춤 장면, 오선영과 이춘호, 한 사장 등과의 대화와 춤 장면 영상들이 무대의 시공간을 제공하고 있다. 현재의 김효진은 남성 파트너와 차를 마시며 대화한 후 하이힐을 신고 룸바춤을 추고 있고, 태평소의 라이브 연주는 이 남녀 커플의 춤에 환상적 분위기를 자아낸다. 또한 김효진은 나복희의 관능적인 맘보춤을 비슷하게 따라 추고, 곧이어 두 여성이 동일시되는 영상 이미지가 나타난다.

세 번째 '마담 프리덤의 정원'에서는 김효진의 다양한 생각의 파편들과 자기 성찰이 수많은 사각형들, 무수히 복제된 김효진들, 어항 속 물고기들, 물방울, 거품, 은색 빨간색 고리들 등의 영상으로 나타난다. 김효진은 거실 벽에 걸린 물건들을 향해 걸어가고, 전원 스위치를 끄는 소리가 들리자 작품은 갑자기 암전되면서 끝난다.

2) 주인공 여성의 재현과 그 의미

(1) 보편적인 한국인 가정주부의 자아 탐색

〈마담 프리덤〉의 주인공 여성은 오늘날 이 시대를 살아가는 보편적인 한국인 기혼여성의 생각을 보여준다. 무미건조한 일상에서 벗어나 잊혔던 열정과 진정한 자아를 찾고자 하는 바람을 보여준다.

이 작품에서 전통춤은 여성의 구속을 상징한다. 태평무 전통 의상과 큰 머리 착용은 가부장제 사회에서 결혼이란 인생의 통과의례를 거친 이후 여성이 담당해야하는 사회적 책임감이라 볼 수 있다. '마담 프리덤의 방'이란 부분에서 김효진은 나라의 태평성대와 번영을 기원하는 궁중무용인 태평무를 조명으로 제한된 둥근 원의 공간에서 컨템포러리 댄스 움직임으로 개조해 춤춘다. 제한된 공간은 남편, 가정, 국가를 동일시하는 가부장제에서 여성에 대한 사회적 기대의 상징이기도 하다.

디지털 미디어 영상의 복합적 활용으로 창출된 가상 공간과 그림자 형상의 가상 무용수들은 주인공 여성의 다양한 욕망과 자아를 상징한다. 또한 그녀가 살았던 과거의 삶의 공간을 의미하기도 한다. 그녀의 검은색 의상과 그림자 무용수들, 그리고 흰색 조명과 배경 막은 흑백의 대조와 입체감, 강렬한 인상을 증진시킨다. 〈자유부인〉 영화의 일부가 무대 '뒤'와 '좌우' 배경 막에 투사되고, 「타향살이」를 부르는 고복수와 연주자들의 영상이 전개된다. 현실의 김효진은 그 영상 속으로 들어가 춤을 춘다. 때로 영상 속 김효진과 현실의 김효진은 동일한 동작으로 춤을 춘다. 흥미로운 점은 여기서 원작 영화 상영은 〈마담 프리덤〉의 단순한 무대 배경으로써 기능하는 것이 아니라 〈마담 프리덤〉의 주요 소재이자 미디어 퍼포먼스를 위한 '미디어 운용' 방식의 토대로써도 작용한다는 것이다. 원작 영화에서 한형모 감독이 사용한 '트래킹 숏' 기법이 〈마담 프리덤〉에서도 그대로 활용되어 김효진이 한옥 출입문과 댄스홀 영상 공간, 그리고 현실의 무대 공간을 이동하며 춤출 때 카메라의 초점은 그녀를 따라다니며 그녀를 조명한다.[38]

또한 타향에서의 고달픈 삶과 고향에 대한 그리움을 담은 이 대중가요는 '영어' 자막으로 제시되고 있는데, 이는 그 가사 내용이 작품의 주요소로써 외

38 김효진과의 온라인 인터뷰, 2016.05.11.

국인 관객들에게 쉽게 전달되게 한다. 또한 고향을 결혼 이전의 삶으로, 타향을 결혼 이후의 삶으로 비유적으로 제시하고 있다. 주인공 여성 김효진은 과거와 현재의 공간을 오가며 즉, 결혼 이전의 삶과 결혼 이후의 삶의 공간을 오가면서 한동안 잊혔던 진정한 자아를 탐색하고 있다.

〈마담 프리덤〉의 주인공 여성이 자아를 다양한 방식으로 탐색한다는 점은 원작 소설이나 영화와 유사하다. 그러나 원작 소설과 영화에서는 각각 글과 영상이란 매체를 통해 구체적인 내러티브가 묘사, 전개되고 있고 이를 통해 독자와 관객의 흥미를 끌고 있다. 반면 〈마담 프리덤〉에서는 전통춤과 컨템포러리 댄스, 사교춤, 그리고 디지털 미디어 영상의 다층적 효과를 통해 은유적인 내러티브를 전개하며 시청각적 볼거리를 제공한다는 점에서 원작과 다르다 하겠다.

(2) 열정과 섹슈얼리티의 재발견, 그리고 자유를 향한 인간의 갈망

'마담 프리덤의 카페' 부분에서 김효진은 현실의 무대에서 하이힐을 신고 골반 움직임을 강조하는 춤을 혼자 당당하게 추다가, 모자를 쓴 신사 정장의 남성 파트너와 함께 사교춤을 춘다. 그녀의 하이힐은 자신의 성적 매력을 드러내면서도 다른 한편으로는 사회 규범에 순응하는 것을 상징한다. 얇은 검정 치마 의상은 회전 동작 때 마다 휘감기며 그녀의 몸의 곡선을 강조한다. 여기서 〈자유부인〉 영화의 '댄스홀' 장면이 무대 뒤 배경 막에서 상영되는데 이는 〈마담 프리덤〉의 시공간을 제공한다. 또한 '호텔 방에서의 한 사장과의 춤' 장면은 사랑과 열정, 질투라는 인간의 보편적 감정을 상징적으로 보여준다. 현실 무대의 김효진은 1950년대 댄스홀이라는 과거 속 공간을 상상하며 영화 속 등장인물들의 감정에 몰입한다. 그녀와 남성 파트너는 현실의 무대 공간과 가상의 영상 공간을 자유로이 이동하면서 사교춤을 춘다. 이는 원작 영화의 댄스홀 장면에 '김효진과 남성 파트너의 춤'을 미리 편집해 넣음으로써, 그리고 무대 조명을 사용해 그 편집 영상물과 현실의 무대를 교차적으로 보여

춤으로써 이러한 공간 이동의 춤이 가능하게 된 것이다. 또한 영화 속 댄스홀의 관객은 오선영과 남성 파트너와의 춤을 구경할 뿐 아니라 동시에 김효진과 남성 파트너와의 춤을 구경하고, 현실의 극장무대 관객은 이 두 커플의 춤과 영상 속 관객 모두를 구경하게 된다. 영상이 투사된 공간이 무대 뒤와 좌우 배경막으로, 그리고 무대 바닥 위에까지 확대되어 작품에서의 무대 공간은 다차원적으로 확장된다. 이러한 미디어의 운용은 전통적 프로시니엄 무대 공간, 공연자와 극장 관객의 개념과 범주를 해체, 재구성, 확대하고 있다. 원작 소설과 영화에서 '댄스홀'은 전통에서 현대로 이행하는 이념적 과도기의 공간, 서양 문화를 체험하는 새로움의 공간, 기혼 여성의 성적 일탈을 촉진하는 공간이었다. 반면 〈마담 프리덤〉에서의 '댄스홀' 영상 공간은 사교춤을 통해 남녀 간의 교제, 이성에 대한 설렘과 사랑, 그리고 열정이란 인간의 보편적 감정을 주인공 여성이 재발견, 회복하는 공간으로 전환된다. 또한 안무자는 댄스의 부정적 이미지를 적극적이고 긍정적인 이미지로 회복시키고 있다.

여기서 또한 흥미로운 점은 〈자유부인〉 영화에 등장한 댄서 나복희와 현실의 김효진이 동일시되고 있다는 것이다. 노출이 심한 의상을 입고 경쾌한 리듬에 맞춰 어깨와 가슴을 적나라하게 흔들며 맘보춤을 추는 나복희의 영상이 무대 배경으로 제시되고, 그녀의 춤을 모방하는 현실의 김효진, 그리고 나복희의 위치에 가면을 쓴 김효진으로 중첩되고 대체되는 영상 기법이 이를 뒷받침 한다. 여기서 맘보춤은 주인공 여성의 성적 매력 과시를 상징한다.

영화 속 '호텔 방에서의 오선영과 한 사장과의 춤과 키스 장면', 현실의 '김효진이 소파에 앉아 노트북으로 채팅하는 영상 장면'이 제시되는 가운데, 무대의 좌우 배경 막에는 "댄스홀에", "가정주부", "설레네요", "춤출 곳이", "다들 잠잘 때" 등의 한글 자막과 영어 자막이 입체적으로 투사된다. 김효진과 남성 파트너는 현실의 무대와 영상 속을 횡단하며 계속 듀엣을 추고, 이후 그녀는 하이힐을 벗고 춤을 춘다. 한 남성은 무대 한 구석에서 태평소를 라이브로 연주하고 있고, 주인공 여성과 남성 파트너는 듀엣을 추다가 헤어지고 김효진만 홀로 남게 된다. 여성에 대한 사회적 기대와 규범의 상징이었던 하이힐을 벗음으로써 주인공 여성은 이제 독립적이고도 주체적인 존재로 거듭나게 된다.

(3) 열린 결말과 해석의 주체

'마담 프리덤의 정원'이란 부분에서는 주인공 여성의 다양한 자아 성찰이 비유적으로 제시되고, 마지막 장면에서의 거실 전원스위치의 꺼짐과 암전은 열린 결말의 근거를 제공한다. 무대 뒤와 좌우 배경 막, 그리고 무대 바닥에는 수많은 사각형 형태들의 영상이 흑백의 대조를 이루며 투사된다. 이는 주인공 여성의 생각의 파편들, 그녀 안의 여러 자아들, 또는 현대 사회와 컴퓨터 기계 문명, 도시화, 획일화된 틀 등을 상징한다. 그녀는 사각형 형태의 조명 공간 안에서만 춤을 추다가 곧이어 그 제한된 공간을 벗어나 움직이게 되는데, 이 때 현실의 김효진이 복제된 40 여명 이상의 무용수들 영상 이미지로 나타나게 된다. 이는 자신의 생각과 행동을 제한하는 체제와 이념 틀을 깨고 나왔을 때 내 안에 존재해 왔던 다양한 자아들을 발견하게 되는 것을 상징한다. 현실의 무용수와 복제된 무용수들의 구분이 거의 어려울 정도로 무대 환경을 가득 메운 이들은 '무릎 꿇은 상태'에서 갑자기 앞으로 쓰러지는 동작을 약간의 시차를 두어 똑같이 행하고 다시 제자리로 순차적으로 돌아온다. 여기서 무릎 꿇음은 굴복, 순종이 아니라 자신의 내면을 깊이 성찰할 수 있는 기본자세로써 이 작품의 핵심이 되는 주제 자세로 기능한다.[39] 화선지에 먹물이 떨어져 번지듯 복제된 무용수들은 검은색의 형체로 번지면서 합쳐져 점차 사라지고 현실의 김효진만 남게 된다.

무대 중앙 뒤편의 배경 막에는 커다란 문 모양의 파란 조명이 투사되고 있고, 그 앞에서 김효진은 날개 치며 하늘로 비상하는 새의 모습처럼 두 팔을

39 김효진과의 전화 인터뷰, 2016년 4월 11일.

위 아래로 강하게 계속 움직인다. 그녀는 자신의 모습에서 비롯된 그림자 형상들에게 유희적으로 반응하며 자유와 절정의 춤을 춘다. 곧이어 물방울, 은색 고리 이미지 영상들로 가득한 무대에 붉은 피와 같은 액체 이미지가 서서히 스며들며 순환한다. 그녀는 다시 무릎 꿇고 앉아 있다가 갑자기 앞으로 쓰러진다. 어항 속의 물고기 영상이 무대의 뒤, 좌우, 바닥 배경 막 4면에 투사된다. 이윽고 장면이 전환되면서 거실의 벽에 '태평무 의상을 입은 김효진 사진', '영화 〈자유부인〉의 나복희의 춤 사진', '고복수의 「타향살이」 LP판'이 걸려 있고, 그 밑에 어항이 있는 영상이 나타난다. 네 가지 사물을 보여주는 이러한 영상은 이 작품을 전개하는 핵심 요소임을 다시금 부각시킨다. 여기에 다가가는 영상 속 김효진이 보이고, 갑자기 전원 스위치가 꺼지는 소리가 들리자 암전되면서 작품은 끝난다.

〈마담 프리덤〉에서 주인공 여성은 여성으로서 자신의 이야기를 담아내기 위해 원작 〈자유부인〉을 선택하고 이를 재해석한다는 점에서 열린 해석을 만들어낸 주체이다. 또한 관객이 이 작품에서 주인공 여성을 누구로 보느냐에 따라 결말에 대한 해석도 달라진다. 조명 장치 효과와 더불어 현실의 김효진이 무대에서 퇴장하면서 곧이어 영상 속으로 등장하게 되고, 또는 영상 속 김효진이 사라지면서 현실의 무대로 등장하기도 하는데, 이러한 현실과 영상, 현실과 가상의 공간에서의 등퇴장 방식은 주인공 여성이 과연 누구인가를 질문하게 만든다. 관객이 작품의 의미를 영상 속 김효진의 관점에서 보느냐, 또는 현실의 무대에 존재하는 김효진의 관점으로 보느냐에 따라 해석이 달라지는 것이다. 작품은 거실 전원스위치가 갑자기 꺼짐으로써 끝나는데, 그 스위치를 누가 껐는가를 질문해 보면 무대 위 현실의 김효진 일 수 있고, 어떤 절대자 또는 종교적 신일 수도 있고, 또는 내 안의 진정한 나일 수도 있다는 해석이 가능하다. 무대 위 현실의 무용수 관점에서 본다면, 자신의 잊혔던 열정과 자아를 상상으로 탐색하다가 스위치를 끄면서 다시 현실의 세계로 돌아와 일상으로 복귀한 것일 수 있다. 그러나 주인공 여성이 무대 위 현실의 김효진이 아니라 영상 속 무용수이라면, 즉 내 안의 또 다른 자아, 또는 영상 속 무용수가 현실의 인간 김효진을 바라보고 성찰하는 것이라면 이 작품의 결말은 일상으로의 복귀가 아니라 진정한 자아의 발견과 자유로움에의 도달로 볼 수 있다.[40]

(4) 특수성과 보편성의 전략적인 공존

〈마담 프리덤〉은 과거와 현재, 여성과 인간, 한국과 외국이란 이항대립을 각각 상징하는 특수성과 보편성을 복합적으로 공존시키고 있다. 원작 소설과 영화는 1950년대 한국인 가정주부의 자유와 일탈이 가부장적 사회의 규율로 다스려져야 함을 암시하고 있지만, 〈마담 프리덤〉은 1950년대 한 여성의 특수한 상황을 현재로 가져와 2010년대 오늘날의 가정주부의 자유는 어떠한지, 그리고 더 나아가 한 인간으로서의 열정과 자유를 향한 갈망은 어떠한지를 연결, 확대시키고 있다.

〈마담 프리덤〉이 원작 소설 및 영화와는 다른 방식으로 영어를 사용한다는 점은 주목해 볼 만하다. 원작 소설 및 영화에서 사용된 영어 "굿모닝", "엔조이" "마담" 등은 근대성과 미국 문화에 대한 선망, 등장인물의 세련됨과 엘리트의 상징으로 활용되었다. 반면, 〈마담 프리덤〉에서 영어는 국제무대를 겨냥해 전략적으로 사용되고 있다. 우선, 전략적으로 작품 제목 영문명이 변경된 점이 그러하다. 〈마담 프리덤〉의 시발점이었던 「춤을 추며 산을 오르다」를 영어로 번역하게 되면 'Dancing up the Mountain'이지만 이럴 경우 한글 원제목에 내포된 의미가 관객에 따라 다르게 해석될 여지가 있기에 작품의 주요 구성 요소인 영화 〈자유부인〉의 영어 번역 'Madame Freedom'을 작품 제목으로 사용하게 되었다고 한다.[41] 그리고 〈마담 프리덤〉에서 원작 영화 속 오선

---

40 김효진과의 전화 인터뷰, 2016년 4월 11일.

41 이지현, 표지인물 인터뷰 안무가 김효진.

영과 다른 등장인물들과의 대화가 영어 자막으로 처리되고 있는데, 이는 작품의 세계무대 진출을 위해서 영어권 외국인 관객이 작품을 좀 더 수월하게 이해할 수 있도록 하는 안무 및 기획 전략이라 할 수 있다.

반면, 영화 〈자유부인〉은 소설의 대중적 인기에 힘입어 '자유부인'이란 제목을 그대로 가져 왔다. 소설과 영화는 6.25 전쟁 이후 전통과 현대, 구식과 신식의 경계에서 선 등장인물들이 미국 문화를 경험하면서 갖게 되는 문화적 세련됨을 보여주기 위해 영어를 사용한다. 원작 소설과 영화는 당시 주요 독자, 관객이 한국인 이었기에 이를 영어로 번역할 이유가 없었던 것이다. 반면, 〈마담 프리덤〉은 미디어 퍼포먼스로써 한국 및 외국의 관객과 소통이 가능하기에 세계무대를 애초 염두에 둘 수 있었고, 따라서 작품 전개와 의미에 기여하는 일부 대사들을 영어 자막으로 처리하였던 것이다. 또한 주인공 여성과 파트너 남성과의 춤 장면을 강조하기 위해 무대 구석에서 라이브로 연주되는 한국 전통악기 태평소는 작품의 강렬한 인상을 더해 주고 있는데 이는 서양의 악기 트럼펫의 라이브 재즈 연주를 연상시킨다는 점에서 특수성과 보편성의 전략적인 교차 지점이라 볼 수 있다.

또한 〈마담 프리덤〉은 가정주부의 열정과 자유, 자아 탐색이란 구체적이고도 특수한 주제로부터 오늘날 현대인 자신을 제한하는 규범, 고정관념 틀 등에서 벗어나 진정한 자유와 자아를 찾고자 하는 인간의 갈망이란 보편적 주제로 확대한다. 〈마담 프리덤〉에서 원작 영화의 댄스홀 장면에서 오선영과 춘호의 대화, 명옥(춘호의 애인)과 춘호의 대화, 오선영과 한 사장의 대화 장면이 영상으로 제시되면서 그들의 대화는 영어 자막으로 처리되어 현실의 관객에게 제공되고 있는데, 이는 명옥이에 대한 오선영의 질투를 인간의 보편적 감정의 하나인 질투로 전환시켜 안무자가 제시하는 것이다.[42] 이러한 특수성과 보편성의 전략적인 공존은 원작 소설과 영화에서 볼 수 없는 미디어 퍼포먼

42 김효진과의 전화 인터뷰, 2016년 4월 11일.

스의 특성이라 할 수 있다.

4. 나가는 말

본 연구는 융복합 미디어 퍼포먼스 〈마담 프리덤〉(2013)에 나타난 주인공 여성의 재현과 의미를 살펴보기 위해 원작 소설『자유부인』과 영화 〈자유부인〉에서 여성 주인공이 각각 어떠한 방식으로 나타나는지를 살펴보고, 미디어 퍼포먼스 장르 안에서는 여성 주인공이 어떻게 재해석되어 전환되는지, 그리고 그것의 의미는 무엇인지를 탐색하였다.

그 결과 미디어 퍼포먼스 〈마담 프리덤〉은 영화나 소설과 마찬가지로 당대의 보편적인 한국인 가정주부의 자아를 탐색하고, 열정과 섹슈얼리티, 자유를 향한 갈망을 보여주고 있음을 알 수 있었다. 우선 전형적인 한국인 가정주부를 보여주기 위해서 소설과 영화가 가정주부로서의 삶 즉, 가사일, 자식을 돌보거나, 남편의 뒷바라지, 남편의 의견에 따라 의사결정을 하는 등의 모습을 보여줬다면, 미디어 퍼포먼스에서는 가체라는 상징적 도구, 태평무, '타향살이' 음악을 통해 가부장적 사회 안에서의 전통적인 여성을 암시하고 있었다.주인공 여성의 열정과 섹슈얼리티가 실현되는 방식은 소설과 비교해 볼 때 오히려 영화에서 남편의 밀애 장면을 삭제시키고 카메라의 '트래킹 숏' 기법을 활용하여 댄스홀에서의 여성 주인공의 능숙한 춤을 부각시킴으로써 보다 적극적으로 보여주고 있었다. 특히 영화에서는 소설보다 춤 장면을 볼거리로 제공하고 있다. 예를 들면 댄스홀에서 나복희의 춤이나 여러 남녀 커플들의 춤 장면이 그러하다. 그리고 바로 이러한 장면 영상들은 미디어 퍼포먼스 〈마담 프리덤〉에서 안무자에 의해 의도적으로 선택된다. 과거와 현재, 현재와 미래, 현실과 가상, 현실과 상상, 전통과 현대, 구속과 자유, 여성성과 인간성을 연결하는 매개체로 선택되어 차용된다. 즉, 영화가 소설을 최대한 그대로 재현하고 있는 것에 비해, 미디어 퍼포먼스는 영화를 그대로 재현, 해석하는 것이 아니라 주체적으로 선택하여 특수성과 보편성의 공존을 전략적으로 활용하고 있음을 알 수 있다.

뿐만 아니라 소설은 주인공 여성에 대한 정비석 작가의 가치판단을 화자로서 적극 개입시키고 이를 독자가 수용하게끔 하는 특성을 지녔지만, 영화에서는 남성 작가의 직접적인 평가를 배제하고 남성 및 여성 관객들이 주인공 여성을 판단하고 해석할 수 있는 여지를 제공하고 있었다. 하지만 영화는 주인공 여성이 가부장적 사회 질서를 깨뜨린 '위험한 여성'이기에 반드시 자신의 잘못을 깊이 뉘우치고 남편의 용서를 받은 후에야 다시 가정으로 돌아올 수 있었다는 결말을 여전히 보여주고 있었다. 이를 통해 가부장적 시각이 영화에서도 여전히 지속되고 있음을 알 수 있었다.

미디어 퍼포먼스에서는 영화 속 댄스홀 장면이나 댄스홀 나복희의 춤 장면을 그대로 보여주면서 동시에 가상과 상상, 회상의 무대공간을 창출한다. 소설에서 댄스홀은 주인공 여성이 전통과 현대의 차이를 경험하는 공간이자 서양문화를 경험하면서 일탈을 꿈꾸게 하는 공간이었다. 반면 영화는 댄스홀 안의 사람들의 다양한 모습을 보여주면서 그 공간을 구체화시키고 여성 주인공의 욕망을 실현시키는 공간으로 발전시킨다. 미디어 퍼포먼스에서 댄스홀 장면은 주인공 여성을 무대 위, 그리고 좌우, 뒤 배경 막 공간에 보여줌으로써 남녀 간의 만남과 사랑, 열정과 같은 보편적 감정을 재발견하는 공간으로 전환시킨다. 이러한 점은 하이힐을 신은 주인공 여성의 춤을 통해 드러난다. 이후 그녀는 하이힐을 벗고 남녀 듀엣에서 자신만의 솔로 춤을 춤으로써 이성과의 관계에 매이지 않는 독립적인 인간으로 자유에 대한 갈망을 재현한다. 이러한 자유에 대한 갈망이 소설에서는 오선영이 자신의 마음을 발화하지 않고 화자로서 작가가 오선영의 속마음을 기술함으로써 나타났지만, 미디어 퍼포먼스는 이러한 자유의 갈망을 무대 위에서 확장된 다차원의 공간 속 춤으로써 은유적으로 실현시키고 있었다.

특히 소설과 영화 그리고 미디어 퍼포먼스 장르에 따라 오선영에 대해 처벌하는 장면이 확연하게 구분되고 있었다. 소설에서는 유부남과의 밀애 장면이 발각되면서 구타, 욕설, 공개적인 망신을 당함으로써 가부장제의 처벌을 받지만, 영화에서는 이러한 부분들이 최소화 되어 한사장의 부인에게만 망신을 당하는 장면으로 대체된다. 반면 미디어 퍼포먼스에서는 오선영의 밀애 장면이나 처벌에 대한 장면이 완전히 배제된다. 이는 미디어 퍼포먼스가 1950년대에 비해 여성의 지위가 변화되었음을 적극적으로 반영한 점이라 생각된다. 결말에 있어서도 소설과 영화는 여주인공이 잘못을 뉘우치고 남편의 용서를 받은 후 가정으로 돌아갈 수 있었지만, 미디어 퍼포먼스에서는 명확한 결말을 전략적으로 제시하지 않음으로써 오늘날 관객의 입장에 따라 또 다른 해석을 가능하게 만들었다. 이는 영화나 소설이 제작된 시기에 비해 미디어 퍼포먼스라는 공연 장르의 특성이 반영된 것이다. 또한 소설 작가와 영화 감독이 각각 남성 창작자이기에 남성 중심의 시각이 반영되었다고 볼 수 있고, 미디어 퍼포먼스의 경우, 여성 안무자와 남성 예술감독의 협업이었기에 남성 중심의 영화, 소설과 달리 여성의 행위주체성과 이에 대한 열린 해석이 가능할 수 있었으리라 본다.

〈마담 프리덤〉은 영화의 등장인물들, 미디어 퍼포먼스의 등장인물들, 그리고 현실의 극장무대 관객들과의 복합적 상호작용과 몰입, 재해석을 가능케 하고, 춤과 무용수, 안무, 공연, 시간과 공간에 대한 기존 인식을 해체, 재구성, 확대하고 있음을 알 수 있었다.

'자유부인'이란 대명사는 1950년대부터 오늘날에 이르기까지 소설과 영화, 그리고 다양한 장르의 주요 소재가 되면서 창작자, 남성 관객, 여성 관객들에게 인간의 욕망과 자유에 대해 다양한 방식으로 생각해 볼 수 있는 계기를 제공하기 때문에 대중의 인기와 관심이 여전히 지속되어 왔다고 볼 수 있다. 본 연구는 '문학과 무용', '영화와 무용'의 복합적이고도 다양한 결합 방식에 대한 탐구가 가능함을 보여주고 있고, 각 장르의 특성에 따른 여성 주인공의 재현 방식과 그 의미를 비교분석하였다는 점에서 연구의 가치를 갖는다. 문학과 영화가 무용가들에게 어떠한 안무적 영감을 제공하는지, 안무자들은 문학과 영화를 어떻게 재해석 하는지에 대한 연구가 후속 연구로 발전되기를 기대한다.

5장

움직임의 형태와 감정: 가상(Virtual) 공간 속의 조형요소들을 위한 안무[1]

김혜란

1. 움직임의 형태

우리는 시간성을 통해 연속적인 움직임을 인식할 수 있고 움직임이 일어나는 공간의 지각을 통해 그 형태를 인식하게 된다. 움직임 자체는 비물질적이고 일시적인 것이므로 회화나 영상매체를 통해 대상의 형태 패턴에서 벗어난 움직임의 궤적을 가시화하고자 하는 다양한 미학적 시도들이 있어 왔다. 이러한 시도들이 내포하는 광의의 사회적 철학적 의미들을 차치하고서라도 회화 작품 속의 평면적 공간, 영상의 가상적 공간, 신체가 움직이는 실제적 공간들에서 나타나는 움직임의 형태는 시각적인 측면에서 흥미롭다. 하지만 그

1 이 글은 이화여자대학교 무용학연구소 제1회 국내학술심포지엄에서 구두발표 한 논문을 기반으로 하며, 2017년『한국영상학회논문집』. 제15권 5호(pp. 37-48)와 2017년『예술인문사회 융합멀티미디어 논문지』. 제 7권 3호(pp. 371-381), 그리고 2015년 서강대학교 영상대학원 박사학위논문의 일부를 수정, 보완한 것이다.

형태적, 물리적인 속성들이 감상자나 행위자의 심리적인 변화에도 영향을 끼칠 수 있다는 점에서 더욱 중요하게 다루어질 수 있다.

1) 회화 속의 정지된 공간

전통적인 회화에서는 2차원 평면에 3차원의 공간을 압축적으로 표현하며 직접적인 시간성이 배제된 정적인 공간을 다룬다. 먼저 공간의 깊이감을 다루는데 있어 조형예술 영역에서 조각이나 건축은 실제 3차원 공간에서의 재현을 다루지만 회화에서의 공간은 인위적으로 만들어지므로 실재감을 재현해내기 위한 다양한 시각적 장치들이 고안되었다. 대표적인 것으로 르네상스 시대에 알베르티(Leon Battista Alberti)에 의해 이론화 된 선 원근법(Linear Perspective)이 있다. 이것은 3차원의 공간을 2차원 평면 위에 압축적으로 투사하기 위해 고안된 과학적인 표현기법이다. 광학적으로 볼 때 우리의 망막에 투영되는 물리적인 실제는 2차원의 그림들이다. 또한 1인칭 시점에서 어느 한사람의 눈높이를 기준으로 깊이감을 시각화하는 투시 원근법적 재현은 현실에서 사람들이 사물을 지각하는 방식과는 다소 차이가 있다. 이렇게 서양화법에서 나타난 원근법적 재현이 일관적이고 체계적인 이론에 기반하고 있다면 한국화에서 나타나는 원근법은 보다 다양한 양상들을 보여준다. 대표적인 사례로 조선시대 책거리 그림들에서 나타나는 역 원근법적 표현들을 살펴보면 원근의 표현에 따라 사물의 크기가 뒤로 갈수록 작아지거나 명암이 어두워지는 등의 일관적인 규칙을 따르지 않는다. 때로는 거리의 멀고 가까움과 상관없이 현실 속의 실제 사물들 간의 절대적인 크기 관계에 따라 표현되기도 한다. 김홍도의 풍속화에서는 원근 표현에 사용되는 인물들의 크기가 신분이나 권력 고하의 관계를 나타내는 데 사용되는 등 대상들 간의 상대적 크기의 대비는 광학적이라기보다는 심리적인 방식으로 나타난다.

회화에서의 시간성은 주로 잠재적으로 암시되는데 미래주의(Futurism), 입체주의(Cubism) 회화들에서 다양한 기법상의 시도들을 찾아볼 수 있다. 미래주의 화가들이 움직임과 속도감을 정지된 화면 속에 표현하기 위해 움직임의 단계들을 순차적으로 중첩하여 보여주는 방식을 택하였다면 입체주의의 대표적 화가인 피카소(Pablo Picasso)는 다양한 시점에서 본 대상의 형태들을 한 화면 속에 조각적으로 결합했다. 발라(Giacomo Balla)의 그림[2]에서 중첩되어 반복적으로 그려지는 개의 다리 형상들, 피카소의 그림[3] 에 등장한 잠든 여인의 얼굴에서 측면과 정면 시점이 합쳐진 사례들과 같이 중첩과 반복, 다 시점의 공존 등 시간성을 공간화 하려는 기법적인 시도들이 등장했다. 이러한 기법들은 시간성을 매개로 한 영상매체를 통해 좀 더 직접적으로 표현될 수 있었다. 다음 장에서는 영상에서 나타난 시간의 흐름에 따라 변화하는 유기적인 공간의 형태에 관해 다루어 보고자 한다.

2) 영상기술을 활용한 움직임의 시공간적 기록

현실세계의 움직임과 속도감을 표현하기 위해 고안된 회화적 기법들은 시간성을 매개로 한 영상매체를 통해 보다 효과적으로 시각화 될 수 있다. 일반적으로 현실세계의 시공간을 그대로 복제하는 비디오 영상기술은 촬영기법과 편집, 합성 등의 과정을 거쳐 가상적인 시각적 결과물을 만들어 낸다. 고정된 프레임 공간 안에서 시간 축 상에 연속적으로 배치된 이미지들의 전환을 통해 의미를 구축하고 감상자는 시간 구조를 통해 공간 요소가 변화하는 것처럼 느끼게 된다.

앞서 소개된 회화기법들에서 나타난 반복과 중첩의 미학은 영상 매체를 통해 보다 직접적으로 표현될 수 있다. 시간성과 결부된 공간 속 움직임을 미학

2 Balla, Giacomo. (1912). Dynamism of a Dog on a Leash.[oil on canvas]. Buffalo, New York Albright-Knox Art Gallery.

3 Picasso, Pablo. (1932). The Dream. [oil on canvas]. Private collection of Steven A. Cohen.

적으로 재현하는 영상기법들 중 대표적인 것은 다중노출(Long Exposure) 기법과 슬릿스캔(Slit Scan) 기법이다.

디지털 영상제작기술이 나오기 이전, 필름의 개별 프레임 위에 옵티컬 프린터[4]를 사용하여 연속된 무용수의 다중적 움직임을 기록한 노만 맥라렌의 작품 "파드되(Pas de deux)"는 고전적 영상기술 중 하나인 크로노포토그라피(chronophotography)[5] 기법의 범주에 속한다. 연속된 움직임을 독립된 하나하나의 정지된 동작들로 출력하는 대신 시간적 조작을 통해 한 프레임 안에서 동시적으로 중첩되도록 연출함으로써 움직임의 신체언어를 통한 새로운 미학적 접근을 시도하였다.

슬릿스캔기법은 중첩과 반복보다는 형태자체를 점진적으로 왜곡시켜 새로운 조형적 표현을 가능하게 하는 기법이다. 슬릿은 가는 띠 모양을 말하며 카메라를 움직이며 이 틈으로 필름위에 이미지들을 다중 노출시켜 제작하는 고전적 방식에서 시작되어 최근 디지털 기술을 활용한 다양한 기법들로 확장되어왔다. 일반적으로는 수평이나 수직축으로 가는 띠(slit)가 지나가며 해당 위치의 이미지를 시간에 따라 순차적으로 변화시키고 과거의 것들과 결합한다. 이렇게 시간요소들은 공간화되고 시간의 흐름에 따라 변화하는 이미지의 띠들을 한 화면에 붙임으로써 왜곡된 움직임의 유체적인 형상이 나타난다. 아래 소개된 그림(그림1)과 같이 서로 다른 시간대가 한 공간에 공존하게 되고 움직임의 변화가 많은 부분에서 이미지 공간의 부피와 형태 왜곡의 강도가 높아지는 결과가 나타난다.

---

4 광학인화기. 오리지널 흑백필름을 프로젝트에 걸어 놓고 렌즈를 통해 카메라로 필름을 찍어 복사하는 방식의 인화기.

5 움직임을 연속된 프레임으로 캡처해서 출력하는 기법, 일정한 시간과 간격을 두고 일련의 스틸사진을 일정한 간격을 두고 촬영하여 피사체의 동작을 분석하는 방법.

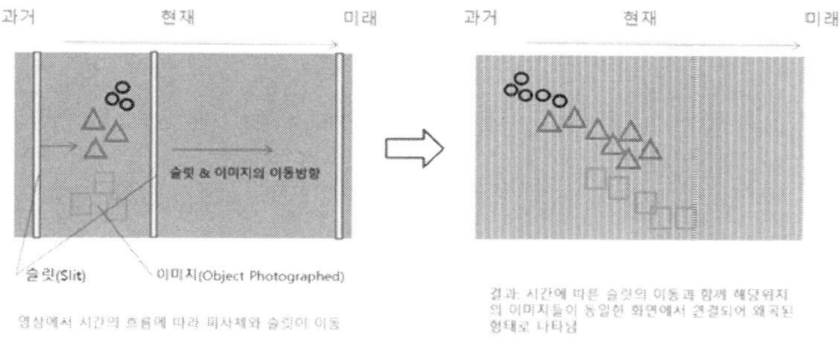

그림 1. 슬릿스캔(Slit Scan) 기법 도식화

또 다른 사례로 윌리엄 포사이스(William Forsythe)의 코레오그래픽 오브젝트(Choreographic Objects)가 있다. 신체의 움직임이 만들어 내는 공간의 형태를 다루는 대표적인 사례로 컴퓨터 그래픽을 활용하여 신체가 만들어내는 공간의 기하학적 형태를 가시화하여 보여줌으로써 움직임의 형태를 인지하여 즉흥안무를 할 수 있는 시각적인 방법론을 제시하였다[6]. 컴퓨터 그래픽스에서는 기하학을 기초로 2차원 혹은 3차원 가상공간에 직교 좌표계를 도입한다. 공간 속 대상의 위치는 좌표계 상의 임의의 점들의 위치로 표현되고 다시 이 위치는 실수들의 순서쌍으로 나타나며 공간의 관계는 수의 함수 관계로 변화 한다. 실세계의 고유하고 특정한 공간의 개념은 이러한 수학적 정의를 통해 임의적인 공동의 영역으로 표준화 되었다. 다음에 소개 될 라반의 움직임 이론에서는 기존의 극 중심의 무용영역에서 심층적으로 다루어지지 않았던 기하학을 도입하여 공간의 형태에 따라 조화로운 움직임을 디자인하는 새로운 안무법을 위한 기반을 마련하였다.

3) 신체의 움직임이 만드는 공간

라반의 공간 정의는 움직이는 인간의 신체를 기반으로 한다는 것이 기존의

6 Forsythe, William (1949). Lectures from Improvisation Technologies.

공간에 관한 일반적인 정의들과 차별화되는 부분이다. 또한 그의 이론에서 기존의 공간에 대한 보편적인 개념들을 포괄하기도 하는데 이에 따르면 공간은 크게 일반 공간, 개인 공간, 역동 공간의 3가지 개념으로 정의될 수 있다.[7]

표 1. 라반의 공간정의

일반공간(General Space)	개인공간(Kinesphere)	역동공간(dynamosphere)
개인공간이 움직일 수 있는 무한대의 공간.	인간의 몸을 둘러싸고 있는 공간. 신체의 사지를 최대한 뻗어 닿을 수 있는 신체를 중심으로 한 주변 공간.	움직이는 인간의 에포트나 긴장감 등이 개인공간을 채울 때 창조되는 공간.

공간 조화(Space Harmony)는 라반의 공간이론에서 핵심적인 개념이다. 단순히 공간의 형태를 정의하는 것이 아니라 공간을 배경으로 움직임이 '의미 있는' 형태를 가지게 되는 것으로 기하학적 체계를 기반으로 하지만 정신적이고 감성적인 내용들이 함께 결합되어 있다[8]. 이는 라반 움직임 분석(Laban Movement Analysis)의 에포트 셰이프(Effort & Shape) 이론과 연결된다. 셰이프는 움직임의 외면적 형태를, 에포트는 움직임의 내적동기를 말하며 마치 뫼비우스의 띠처럼 유기적으로 안과 밖이 연결되면서 움직임의 질적 표현을 가능하게 한다. 이러한 움직임의 질적 표현을 위한 다양한 요인들에 관한 내용은 2장에서 더욱 자세히 다루어질 것이다.

공간 조화 이론에서는 보다 심층적인 접근을 통해 고대 기하학에서 정의된 플라톤의 정다면체 공간을 움직임의 형태를 만드는 기본 틀(뼈대, Scaffolding)로써 규정하였다. 정다면체들에서 움직임의 경로를 만드는 것은 각 꼭지점들 간의 연속적인 연결이다. 그리고 이러한 과정에서 공간을 가르는 조각난(Crystalline) 평면들이 더 많이 생겨나면서 국소적으로나 전체적으로 더욱 다양

7 신상미.김재리(2009).『몸과 움직임 읽기』. 이화여자대학교출판부. pp.144-146.

8 Laban, R. (2011). *Choreutics*. annotated and edited by Lisa Ullmann. Dance Books. pp.3-5.

한 움직임들이 생성될 수 있다. 결국 공간이 자잘하게 나누어진다는 것은 다면체에서 면들의 수가 더욱 증가되는 것으로 연결되고 마침내 구의 형태에 거의 가까워지면서 움직임은 보다 부드럽고 다채롭게 변화한다. 대표적인 사례로 라반은 정팔면체의 도형 공간에서 직선 형태의 1차원적 움직임이 생성되고, 정이십면체에서 수평면, 수직면, 시상면의 2차원적 움직임, 정육면체에서 3차원적 대각선 형태의 움직임이 생성되는 것을 공간 속의 조화로운 움직임으로 정의하였다.

움직임에 관한 기하학적 이상화는 근대과학의 발전과정에서 나타난 세계관을 반영하고 있으며 우리는 시간의 의식을 통해 움직임의 과정에서 나타나는 공간 속의 형태적인 특성을 인지하게 된다. 그러나 매 순간 동적인 상태에 있는 움직임들이 순간적으로 사라지고 변화하는 과정에서 어떤 고정적인 형태를 인식하다는 것은 쉽지 않은 일이다. 이러한 움직임의 속성은 앞 장에서 소개 된 비디오, 컴퓨터 애니메이션과 같은 시간매체들의 활용을 통해 공간 속의 움직임들을 보다 효과적으로 화면 속에 고정시킬 수 있었고 마침내 움직임의 잔상들이 우리 눈앞에 머물 수 있게 되었다.

또 다른 측면으로 실제 무용수들이 공간에서 안무를 할 때 기존의 기하학적, 수학적 관점으로 정의된 추상적 개념들을 신체 지각적으로 인식하게 되면서 좌표축과 기하학 공간의 개념이 보다 직관적이고 자연스럽게 이해될 수 있다는 교육적 측면도 고려해 볼 수 있다[9].

2. 움직임의 질적 표현을 위한 장치들

1) 움직임의 추상화와 힘의 표현

기하학적 형태의 조형요소들을 활용하는 추상 애니메이션의 움직임 시각

9 윗글 p.141. 그림55a-그림55c 참조

화 방식은 러시아 출신의 화가 칸딘스키(Wassily Kandinsky)가 작곡(Composition)이라고 명명한 그림들에서 사용한 방식들과 유사하다. 그림에서의 형과 색은 외부세계를 재현하기 위한 것이 아닌 작품 내에서의 조화로운 관계와 질서, 이를 통한 음악적 하모니를 연출하기 위해 동원되었다. 마찬가지로 움직임의 대상이 어떤 구체적인 의사표현을 하거나 내러티브를 전달하기 위해, 그리고 특정한 목적을 수행하기 위해 움직이는 것이 아니라 추상화 된 형태의 비목적적인 움직임을 시각화 하려는 경우에는 그 움직임 자체의 내적 필연성과 같은 핵심적인 속성 자체에 더욱 집중하게 된다. 더불어 조형적 표현의 자유도는 커진다.

철학자이자 교육자인 수잔 랭거(Susanne K. Langer)는 자신의 저서 『감정과 형식(Feeling and Form)』에서 무용을 "상징적인 형식을 통한 힘의 환상을 제시하고 창조하는 활동" 이라고 기술하고 있다. 어떤 상황을 설명하는 일상적이고 구체적인 움직임들보다는 무용에서 존재하는 창조적인 움직임들에서 이러한 잠재적인 힘의 작용들이 효과적으로 표현될 수 있다는 것이다. 실질적 목표를 가진 행동이나 상황적 맥락에 따른 움직임들은 결국 움직임의 실질적 구성요소에 불과하게 됨으로써 가상의 힘의 특성만으로는 나타내기 어렵다. 현실적 맥락과의 분리를 통해서만이 힘이 존재하는 형태의 조형성에 집중하여 움직임을 바라볼 수 있게 된다. 그리고 조형성은 움직임의 실질적 구성요소라기 보다는 특성에 해당하는 표현적인 것이기 때문에 형태적, 미학적 요구에 따라 자유롭게 창조되고 발전될 수 있다고 설명하였다[10].

한편, 라반이 고안한 신체 움직임의 기록체계인 라바노테이션은 그 시각적인 특징이 조형예술의 기하학적 추상과 닮아 있다. 기존의 무보들 중에는 무용수들의 발 움직임의 추적을 통해 전반적인 동작의 패턴을 기록한 사례[11]나

10 Sheet-Johnstone, Maxine(1994).『무용의 현상학』. 김말복 역. 예전사. pp. 73-74.

11 Raoul Auger Feuillet's Dance Notation. 1700. (https://en.wikipedia.org/wiki/Raoul_Auger_Feuillet#/media/File:Feuillet_notation.jpg) 참조

사실적인 삽화를 통해 무용의 동작을 기록한 사례[12]들이 있었으나 라바노테이션은 기본적으로 기호처럼 통일된 언어체계- 예를 들면 움직이는 신체부위의 방향, 높이, 지속시간을 도형의 모양, 색칠, 길이 등으로 표기하는 식의- 를 지니고 있다. 이러한 구조적 기록법의 특성은 움직임의 규칙을 고안하기에 매우 적합한 특성들이다.

특정한 목적을 가진 움직임들은 대체적으로 일반적인 순서에 따른 기계적인 움직임들의 연속과 조합으로 정의될 수 있지만 무용과 영상에서와 같이 추상적이고 표현적인 움직임들의 고안을 위해서는 움직임의 경로를 규정할 수 있는 특별한 규칙이 필요하다. 그리고 컴퓨터 매체를 활용하여 움직임 생성 규칙을 프로그래밍하기 위해서는 움직임에 대한 수치적 단계의 접근과 분석이 필요해진다. 다음의 설명에서 움직임을 모사하기 위해 일반적으로 어떠한 단계들이 존재하는지 살펴보고 실질적 움직임이 단계적으로 단순화되고 추상화되는 과정의 이해를 돕고자 한다.

움직임을 다루는 대표적인 예술형식 중 하나인 무용이나 영상에서 움직임을 묘사할 때 크게 3단계에서의 접근이 가능하다. 첫 번째 상위단계(High-Level)의 묘사는 인간의 언어와 가장 유사한 형태를 말하여 일반적으로 사람들이 주관적인 언어로 움직임에 대해 이야기할 때 감정을 포함하는 질적 표현의 형태로 나타난다. 두 번째, 좀 더 일반화 된 중간단계(Intermediate-Level)에서는 어느 정도 객관적으로 움직임을 전달하는 방식이 나타난다. 주로 형태와 같이 외형적이거나 시각적인 묘사들이 여기에 포함되며 앞서 소개된 라반 움직임 분석은 이 단계에 속한다고 볼 수 있다. 마지막으로 하위단계(Low-Level)에서는 일반적으로 컴퓨터 등의 기계가 이해할 수 있는 묘사들이 포함되는데, 예를 들어 현실 속 움직임의 정보를 그대로 복제하는 모션 캡처 기술을 보면 모든 움직임들은 수치적인 데이터들의 집합으로, 다시 말해, 움직임의 속도, 방향,

12 Thoinot Arbeau.『Orchesographie』. 1558. 참조

크기 등과 관련된 숫자들의 정보로 표현된다. 컴퓨터 언어의 로우레벨 단계로의 추상화 과정을 거쳐 움직임의 속성들은 컴퓨터 알고리즘의 고유한 질서를 통해 제어될 수 있다. 이러한 움직임의 알고리즘 디자인에 관해서는 3장의 제작과정에서 더 자세하게 다룬다.

다음으로 소개할 전통적 애니메이션 기법에서는 정지된 일련의 그림들을 한 프레임씩 연결하여 움직임의 환영을 창조한다. 따라서 그 결과물이 현실 속의 움직임들을 모방하려는 목표를 가지고 있더라도 제작과정상 제작자의 주관적인 개입이 커질 수밖에 없다. 이러한 과정에서 다양한 기법상의 실험들이 이루어져왔고 가상적 힘의 표현이라는 움직임의 질적 표현의 관점에서 이 기법들을 소개하고자 한다.

2) 전통적 애니메이션 기법

고전적인 트릭영화에서부터 시작된 애니메이션 기법은 1930년대에 디즈니와 같은 대형 스튜디오 시스템이 등장하면서 주로 어린이들을 위한 장편 만화영화의 제작에 사용되기 시작했다. 주로 의인화 된 동물 캐릭터들의 과장된 움직임의 창조와 슬랩스틱(slapstick) 코미디[13] 에서와 같이 극대화 된 감정의 신체적 표현을 위해 초창기 전문 작화가들에 의해 다양한 작화 기법들이 고안되었다. 그 대표적인 것으로 '스트레치 앤 스쿼시(Stretch and Squash)'기법[14]과 '퍼스낼리티(Personality) 애니메이션 기법'[15]이 있다.

작화가들은 애니메이션 영화 속의 가상적 움직임들을 통해 내러티브의 전달 뿐 아니라 감각적인 즐거움을 주기 위한 효과적인 표현을 시도해왔다. 스

13 '철썩 때린다.'는 의미로 액션과 소리를 과장한 희극의 한 형태를 말한다.

14 스트레치 스쿼시 기법은 더욱 현실감 있는 움직임을 표현하기 위한 작화의 한 방법으로 대상의 찌그러지고 늘어남의 효과들을 과장되게 활용 한다.

15 퍼스낼리티 애니메이션은 행동과 목소리의 발달을 통해 각각의(사람이 아닌 동물 등의) 캐릭터를 묘사하는 작품을 가리키는 개념이다.

트레치 앤 스쿼시 기법에서처럼 현실세계의 물리적 법칙을 준수하지 않는다 하더라도 현실의 것보다 더 생생한 경험을 관객들에게 전달할 수 있도록 시도하였고 생명이 없는 사물들에 움직임을 주어 인공적인 생경력을 표현해내기도 하였다. 공이 바닥을 치고 튀어오를 때 비현실적으로 공이 찌그러지고 부풀어 오르는 등의 표현과 동물 캐릭터에 고유의 개성을 부여하여 인간의 것과 유사한 움직임을 부여하는 등 다양한 사례들을 떠올려 볼 수 있을 것이다. 어느 날 지하철 안에서 보았던 영상에서와 같이 털실로 만들어진 뇌가 풀리면서 계속해서 뽑아져 나오는 실을 감고 있는 인물 캐릭터의 손의 움직임이라든지 어떤 여우 캐릭터의 살랑거리는 꼬리의 움직임 등은 보는 사람들로 하여금 그것이 의미하는 서술적인 내용은 간과하더라도 그 움직임의 생생한 표현이나 반복된 리듬에 쉽게 빠져들게 만든다. 이렇게 반드시 실용적이거나 서사적인 측면과 결합되지 않더라도 움직임의 질적 표현을 위한 장치들은 보는 사람들에게 어떠한 정서적인 측면을 환기시킬 수 있다는 점에서 중요하다. 그리고 움직임을 시각화 하는데 있어서 최종 목표가 무엇인가에 따라, 다시 말해서 움직임의 실질적인 목표가 있는지 아닌지에 따라서 움직임의 기계적인 측면에 더 집중할 것인지 아니면 정서적인 표현에 더 집중할 것인지를 결정하게 된다.

3) 움직임의 내적충동과 가치의 표현

라반의 저서인 "The Mastery of Movement" 에서는 78개의 발이 달린 지네가 잘 지내다가 어느 날 갑자기 그 수많은 다리들 중 특정한 몇 번째의 다리를 언제, 어느 순서에 맞게 움직여야 할지 생각하게 되면서 영원히 멈추어 버렸다는 중국의 우화를 소개하고 있다[16]. 이 우화가 시사하는 점은 크게 두 가지 정

16 Laban, Rudolf(1971).『동작분석과 표현』. 신상미 역. 금광. p.5.

도로 요약해 볼 수 있겠는데, 먼저, 우리가 살아가면서 의식하지 않고도 자연스럽게 반사적으로 이루어지는 많은 움직임들이 있는데 실제로는 이들이 뇌와 신경망이 연결된 매우 복잡한 구조와 과정으로 이루어지고 있다는 사실을 깨닫지 못하고 산다는 것이다. 따라서 숨쉬기, 눈 깜빡거리기, 걷기 등을 하나하나 의식적으로 인지하여 수행해야 한다면 엄청난 혼돈에 빠지게 될 것이라는 것이다. 또 다른 측면에서 이 우화를 통해 자동적이고 기계적인 움직임에 대비되는 것으로 움직임의 동기가 되는 의식, 내적 가치들이 더욱 중요하다는 사실을 반증하는 것이기도 하다.

라반은 그의 연구의 과정에서 움직임을 채우는 역동성의 본질을 발견하였고, 에포트로 정의되는 내적 충동(Inner Impulse) 혹은 내적 동기(Inner Attitude)가 다시 외형적인 표현, 즉 움직임의 형태로 나타나는 것을 분석하였다[17]. 에포트를 표현하기 위한 인자들로 흐름, 무게, 시간, 공간의 네 가지 개념을 소개하였는데 움직임의 기본 형태로 3차원 좌표축을 기준으로 움직임을 나타내는 방향지향적 셰이프에 대치되는 각각의 특징은 다음의 표와 같다.

표 2. 에포트(Efforts)와 방향지향적 셰이프(Shape)의 상호친화도

방향 지향적 셰이프(shape)		에포트(Effort) 인자	
1. 수평축	(옆으로) 열리거나 - (옆으로) 닫히는	1. 공간	간접적 - 직접적
2. 수직축	상승하거나 - 하강하는	2. 무게	가벼운, 약한 -무거운, 강함
3. 시상축	앞으로 나아가는 - 뒤로 내려가는	3. 시간	빠른, 갑작스러운 - 느린, 지연된

수직선 상의 움직임은 올라갈 때 무게는 가볍고 내려갈 때 무거움을, 수평선상의 움직임은 왼쪽으로 움직일 때 공간은 닫히고(직접적이고) 오른쪽으로 움

17 신상미.김재리(2009).『몸과 움직임 읽기』. p. 80.

직일 때 열림(간접적인)을, 시상선상의 움직임은 앞으로 나아갈 때 시간이 빠르고 뒤로 내려갈 때는 느림을 나타낸다. 결국 이들을 종합하면 3차원의 정육면체 공간에서 어느 한 꼭지점 위치로의 이동은 일반적인 좌표값의 변화로 표현되는 것이 아니라 예를 들면 '공간은 직접적이고 가벼운 무게를 지닌, 그리고 시간적으로는 느려지는 움직임' 으로 표현될 수 있다. 혹은 위의 표에서 나타나는 서로 대치되는 관계들을 역행하면 안정적인 움직임에서 긴장감 있고 극적인 느낌의 것으로의 변화를 줄 수 있다. 무게 에포트의 경우 수직축으로 하강할 때 무게는 강하고 무겁게 인식되지만 낭떠러지로 떨어지려는 캐릭터의 극적인 순간에 잠시 이 관계를 역행하여 가벼운 무게로 다시 허우적거리며 떠오르게 하는 식으로 움직임의 변화를 적용해 새로운 효과를 볼 수 있을 것이다[18].

3. 컴퓨터 추상 애니메이션에서의 움직임 디자인

1) 움직임 경로의 디자인과 긴장감의 표현

라반이 정의한 공간에서 중요하게 다루어지는 공간조화는 조화로운 움직임의 형태를 정다면체의 기하학적인 형태들로 설명하였다. 그리고 이러한 다양한 다면체들의 꼭지점들을 통과하는 여러 경로들을 조직화하는 과정에서 공간상의 스케일(Scale)개념을 이용하여 움직임의 사례들을 분석하였다.

여기에서 스케일의 개념은 사전적인 의미로는 '일이나 계획 따위의 틀이나 범위, 규모' 등을 말하며 다면체의 꼭지점들을 지나는 몸의 움직임을 결정하

18 김혜란(2015). 라반 움직임 이론에 기반 한 애니메이션 생성기법 연구: 무용기보법의 해석과 시와 각 사이 붙이기 시각화 벙법론을 중심으로. 서강대학교 영상대학원 박사학위논문. pp30-31

는 일련의 연속적인 순서들(Sequences)과 유사한 의미로 사용되기도 한다. 음악에서의 스케일이란 각 음계의 조화로운 흐름에 따라 음악이 만들어지며 이것의 원칙은 마지막 음계가 처음 시작했던 음계로 돌아와 안정적인 음을 만들어내는 것을 말한다. 라반의 스케일도 움직이는 사람의 조화로운 흐름에 따라 결정체의 각 꼭지점을 지나가며 움직임을 만들고 마지막에 처음 시작했던 꼭지점으로 되돌아온다[19].

본서에서는 라반 공간이론에서 소개된 것과 같이 정육면체와 정이십면체를 공간의 뼈대로 설정한 움직임의 경로와 스케일을 실험하였다. 실험에 앞서 두 경우의 차이를 예측해 본다면 대체적으로 사면체 공간에서 구의 형태로 공간이 더 쪼개지고 더 많은 수의 꼭지점들이 생성될 것이고 이를 통과하는 경로들은 다양화됨으로써 보다 부드럽고 곡선적인 움직임이 나타날 것이었다. 또한 원형 또는 구 형태에서의 점들의 위치는 직각좌표계보다는 극좌표계를 활용할 때 보다 효과적으로 연산될 수 있었다.

표 3. 정육면체에서 대각선(Diagonal) 스케일 특성 [20]

정육면체 cube, hexahedron		
정의	8개의 꼭짓점과 6개의 면, 12개의 모서리 한 꼭짓점과 만나는 면의 개수: 3개, 면의 형태: 사각형	
스케일	움직임 경로들	움직임 특성
Diagonal	정육면체의 중심(원점)에서 8개의 각 꼭지점으로의 대각선 이동	에포트와 공간의 친화성에 기반 공간(수평), 무게(수직), 시간(시상) 에포트 요소들이 모두 결합된 최상의 특징을 지닌 움직임의 표현
대표동작	8개의 에포트 동작(미끄러지기,뜨기,튕기기,살짝두드리기,누르기,비틀기,내리베기,때리기)	

19 신상미.김재리(2009).『몸과 움직임 읽기』. pp.161-162.

20 윗글 pp.164-166.

다음은 위의 표에서 나타난 정육면체 공간에서 총 8개의 꼭지점들을 연결하는 복합적인 경로들을 실험한 사례이다(그림 2)[21]. 각 꼭지점을 통과하는 8개의 기본 에포트 동작을 기반으로 대각선의 강한 움직임이 아닌 꼭지점 사이의 변들을 거쳐 지나가는 주변적 경로를 곡선의 형태로 시각화 하였다. 이와 함께 꼭지점 사이를 가로지르는 중심적 경로등도 함께 실험하였다. 추상적 움직임의 디자인에 있어서 움직임 경로를 일차적으로 얻고 곡선의 곡률을 변화시키거나 속도감의 변화를 통해 긴장감의 변화를 주었고 이를 통해 나타나는 움직임의 뉘앙스의 차이를 관찰하였다.

중심적 경로 (시작점① - 목표점②)	주변적 경로 (시작점① - 목표점②)		
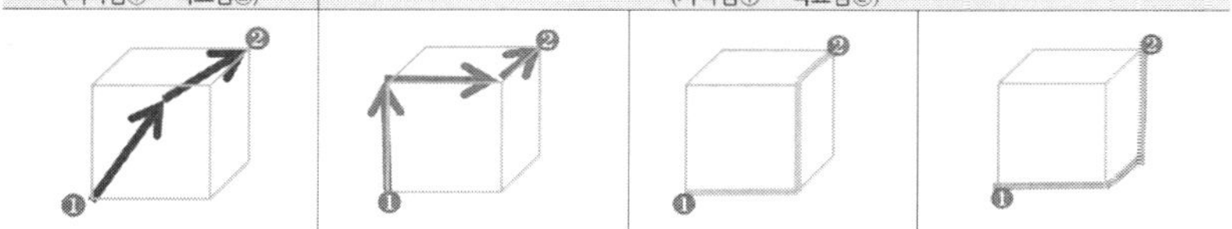			
적용사례			
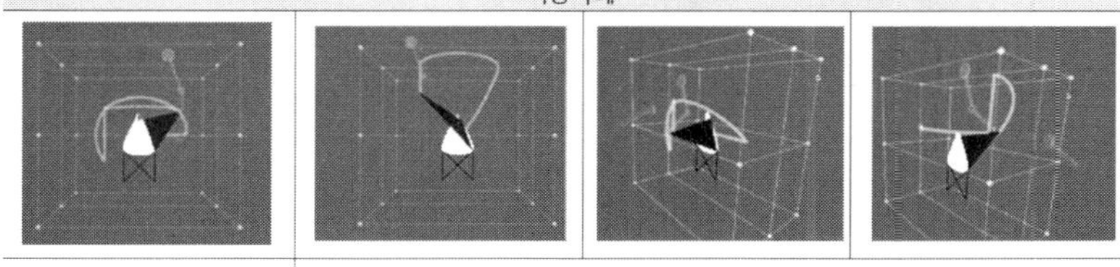			
적용 기술	- openFrameworks, openGL라이브러리 활용 - Labanotaion 방향기호들을 Euler Angle로 행렬화		
주요 특징	- 각 화면 및 오브젝트 Class 설계 및 Animation 프로그래밍 - 움직임 경로의 배열, 회전행렬(Matrix) 및 긴장감 표현을 위한 변수들의 적용 (속도, 곡률 등) - 중심적 경로와 주변적 경로의 차이 실험		

그림 2. (상)움직임의 복합적경로, (하)김혜란. (2015). 코레오그래피(Choreography). 컴퓨터 애니메이션. 스틸 이미지

21 김혜란(2017). 라반의 공간조화이론 "코레우틱스(Choreutics)"를 활용한 신체 움직임의 추상적 시각화 연구. 『예술인문사회 융합멀티미디어 논문지』 제 7권. p. 379

표 4. 정이십면체에서 스케일들의 특성[22]

정이십면체 icosahedron		
정의	12개의 꼭짓점과 20개의 면. 30개의 모서리 한 꼭짓점과 만나는 면의 개수: 5개, 면의 형태: 삼각형	
스케일	움직임 경로들	움직임 특성
Axis	수직면, 수평면, 시상면에 있는 꼭지점을 차례로 지남	지그재그로 반복적 느낌 움직임에서 가장 완벽한 조화
Girdle	정이십면체 외부(대각선 위의 6개의 꼭지점) 에서 주변적 경로를 그리는 움직임	움직임이 완만하고 부드러우며 흐름이 강조 몸 주위를 감싸는 듯한 몽상적인 분위기의 움직임
Primary	엑시스 스케일과 거들 스케일을 이루는 꼭지점들을 모두 지남	횡단적 경로와 주변적 경로를 모두포함 지그재그의 움직임
A	수직면, 시상면, 수평면을 차례로 정해진 꼭지점들의 순서에 따라 12개의 꼭지점을 모두 지남	프라이머리 스케일이 주변적 경로를 지나는 반면 A스케일은 횡단적 경로를 지남 대각선의 강한 에포트가 빠지면서 부드러운 분위기, 여성적인 느낌
B	수직면, 시상면, 수평면을 차례로 정해진 꼭지점들의 순서에 따라 12개의 꼭지점을 모두 지남	대각선의 강한 에포트가 짧게 유지되는 움직임 제외. 거칠고 활동적인 분위기 남성적인 스케일
대표동작	Axis: 술취한사람의 비틀거림, 놀이터의 시소의 움직임 등 Girdle: 부채나 리본등의 소품을 사용해 원을 그리는 춤, 한국무용에서의 승무나 살풀이 Primary:일상생활 속 사지를 활용하는 걷기 등	

22 신상미.김재리(2009).『몸과 움직임 읽기』. pp.166-177.

모션경로의 곡률 정도의 변화에 따른 움직임 특성 실험

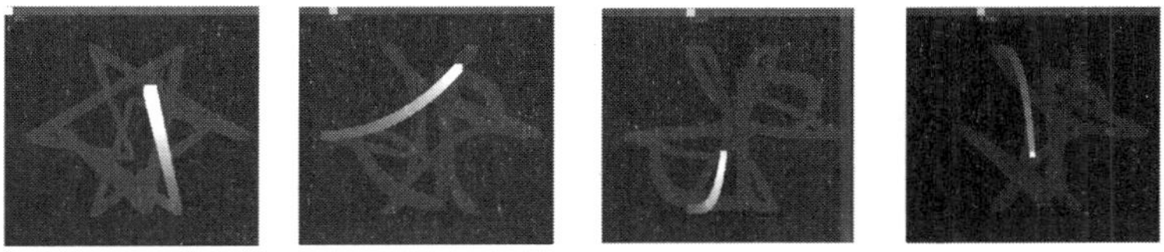

곡률: 1 | 곡률: 2 | 곡률: 3 | 곡률: 1~4 순차적 적용

적용기술	1. 움직임 경로(정이십면체의 A스케일, 라바노테이션)  - 라바노테이션 방향기호들을 3차원 위치좌표(x,y,z)들의 배열(Array)로 구성 - Processing 프로그래밍 라이브러리 활용 2. 에포트 기본인자 • 수직축: 무게-강하고 → 무게-약하고 • 수평축: 공간- 직접적 → 공간- 직접적 • 시상축: 시간- 빠르게 → 시간 느리게 세고 빠르게 올리고 → 미끄러지듯이 가볍게 떨어지게 3. 모션곡선 곡률 변수 제어 - 지수함수 활용($y = a^x$) - 지수값(x) 변수화, 곡선에서 곡률의 변화로 움직임 긴장감 변화 - 화면UI 설계(슬라이더로 변수값 실시간 조정)
결과	• 지수값(곡률 변수)이 커질수록 - 직선에서 곡선으로 부드러운 움직임 생성, - 가속 및 감속의 속도 변화 효과 커짐 • 하나의 애니메이션 속에 결합하여 시간 흐름에 따른 움직임 특성의 변화 연출 - 안정적인 움직임에서 긴장감 있는 움직임으로의 변화 • 긴장감을 높이거나 낮추는 효과의 의도적 활용(그래픽 요소의 상승시 감속, 하강시 가속이라는 일반적 다이나믹스 원칙의 ~~친화적 혹은~~ 반친화적 적용, 그래픽 요소 크기를 통한 무게감 표현 등)

그림 3. 김혜란. (2015). 정이십면체의 A스케일 실험. 프로세싱 프로그래밍. 스틸 이미지

본 실험에서는 정이십면체 공간에서 공간의 형태를 없애고 해당객체가 각 꼭지점들 사이를 움직이는 궤적을 그리도록 하였다. 그리고 라반의 움직임 이론에서 언급된 일종의 '매듭(knot) 과 같은 형태'를 만들기 위해 지수(Exponential) 함수를 활용하였다. 에포트 시간 인자를 표현하기 위한 가속과 감속의 효과는 지수값의 변화에 따른 움직임 곡선의 곡률의 완급을 조절하여 표현하였다. 그림 3의 상단의 슬라이드 바를 움직이며 지수값을 제어할 수 있도록 하여 점진적, 혹은 급격한 움직임의 연출이 가능하였다.

이러한 공간과 스케일 정의에 따른 움직임의 디자인에서 그 경로가 동일하더라도 그 표현에 있어서는 차이가 생길 수 있다. 이러한 변화를 주기 위해 에포트 인자들의 특성을 응용하고 이를 강조하거나 축소하여 적용하였다.

4. 결론

'공간은 움직임의 숨겨진 특징이며 움직임은 공간의 가시적인 측면이다.' 라고 라반은 그의 저서에서 말했다[23]. 본 연구에서는 화면 속의 객체가 어떤 움직임을 통해 어떤 서사적 내용을 관람자에게 전달하도록 연출하는 것에 주안점을 두기보다는 라반 움직임 분석과 공간조화이론을 기반으로 해당 속성들을 적용한 움직임들을 통해 관객들이 어떠한 차이를 느끼는지 무엇을 느끼는지에 관심을 가지고 접근하였다. 그리고 이러한 형태적, 표현적 특성을 적용한 움직임들에서 차이를 만드는 요소들을 밝히고 컴퓨터 애니메이션 제작에 적용해보고자 하였다. 또한 다양한 운동성의 실험을 위해 신체와 사지의 것처럼 위계적 연결 관계에 따라 그 범위가 제한될 수밖에 없는 사실적인 움직임들보다는 이러한 제한을 벗어난 추상화 된 조형요소들을 활용하여 자유로운 움직임들을 표현할 수 있도록 하였다. 구체적이고 특정한 목적이 없는 움직임을 표현하기 위해 다면체 공간을 활용한 움직임의 스케일이 일차적인 알고리즘의 규칙이 되었다. 움직임의 목적이 어떤 것이냐에 따라 단순히 기계적인 것이 아닌 질적 가치의 표현이 필요하였고 에포트로 정의 된 인자들의 내용적 해석을 통해 물리엔진에서 사용되는 매개변수들로의 전환이 가능하였다. 또한 전통적 애니메이션 기법에서도 움직임의 표현적 가치들에 관한 기법적 실험들을 찾아볼 수 있었다. 공간의 정의에 있어서 라반은 전통적인 매체들에서 다루어진 것과 차별화되는 것으로 역동공간의 개념을 제시하였고 신체의 긴장감, 공간을 채우는 힘과 에너지의 인식을 통해 공간을 인식할 수 있도록 하였다. 컴퓨터 애니메이션 제작 실험에서는 동일한 경로의 움직임들에 어떻게 차이를 만들 수 있는지가 중요한 문제가 되었고 이를 위해 보다 세분화된 질적 표현의 요소와 수치들의 규정이 필요하였다. 원의 성질을

23 Laban, R. (2011). *Choreutics*. annotated and edited by Lisa Ullmann. Dance Books. p.4.

기반으로 하는 극좌표계의 수식들을 활용하거나 이에 따라 나타나는 다양한 변이곡선들에 라반의 움직임 인자들을 대입하여 움직임의 변화를 탐구하는 연구를 진행하기도 했다[24]. 향후에는 움직임 경로의 곡률을 실시간으로 변화시키는 방식과 공간 속 조형요소들 간의 상호작용을 추가적으로 고려하는 방식으로 연구를 발전시켜나갈 계획이다.

라반의 움직임 분석은 도상화 된 기호들, 필름, 시각적 구조물, 최근의 디지털 매체들까지 다양한 시각적인 분석을 통해 더욱 효과적으로 표현 될 수 있다. 이러한 특징으로 조형예술과 컴퓨터 아트의 심미적 목표와도 쉽게 연결될 수 있었다. 또한 실시간 프로토타이핑을 가능하게 하는 컴퓨터 그래픽 소프트웨어들을 통해 보다 향상된 시각적 결과물들을 얻을 수 있을 것이다.

컴퓨터를 도구로 하는 예술창작활동은 논리적이고 절차적인 사고와 연산의 과정에 따라 기계적인 결과물들을 생성하는 것처럼 보이지만, 예술가들이 바라보는 수학과 컴퓨터 공학의 세계는 언제나 수학자나 공학자의 그것과는 다르게 나타난다. 특히 효율성이라는 경제적인 원칙에 의거하여 어떤 하나의 성공적인 확정된 해결책을 구한다기보다는 오히려 더 나은 예술적 표현을 위한 무한히 확장된 가능성들에 주목한다는 점에서 더욱 그러하다.

라반이론은 추상적인 3차원 가상공간 속 움직임의 해석을 실제 인간의 몸을 통해 보다 직관적으로 인식할 수 있도록 하였고 움직임에 대한 시각적이면서도 과학적인 분석방식을 통해 향후 예술과 공학이 결합된 미디어아트의 제작에 폭넓게 활용될 수 있는 기반을 마련해 주었다.

---

24 김혜란(2017). 라반의 공간조화이론 "코레우틱스(Choreutics)"를 활용한 신체 움즈임의 추상적 시각화 연구. 『예술인문사회 융합멀티미디어 논문지』제 7권. p. 379

6장

모이스트 미디어(moist media)와 미래예술패러다임[1]

태혜신

1. 들어가는 말

디지털화는 다양한 콘텐츠가 자유롭게 이동하여 놀 수 있는 환경을 제공했다. 이미지와 사운드와 데이터와 텍스트는 모두 자유롭게 이동하고 편집되고 압축되고 재생되는 혼융의 세계를 조합해 낸다. 기존의 아톰의 세계가 비트의 세계로 편입되면서 단지 수단의 변화뿐 아니라 일종의 변종을 위한 자유로운 교배를 이룬다. 앤드류 달리(Andrew Darley)는 이런 과정에서 디지털 기술이 기존의 예술을 '해독'과 '해석'의 체험에서 '감각적 충족', '놀이적 체험'으로 바뀌고 있다고 말한다. 또한 '커뮤니케이션 학자 피에르 레비(Pierre Levi)의 견해

1 이 글은 이화여자대학교 무용학연구소 제1회 국내학술심포지엄에서 구두발표한 논문이며, 이를 수정·보안한 논문이 『한국무용과학회지』 34(4)에 게재됐다.

에 따르면 사이버 문화의 많은 작품은 한계가 선명하지 않은 '열린 작품'이라는 특징을 지을 수 있다. 그러나 이런 '개방', 즉 작품이 교류와 상호 연결 그리고 집단 창작의 기제를 통해 제공된 가능성들을 개발하면 할수록, 그것은 사이버 문화의 전형이 될 것이고, 이는 고전적인 의미의 '작품' 개념에 이의를 제기한다. 사이버 문화의 작품이 통신망의 편재성, 다른 작품과의 동시적 연결성, 그리고 물질적 개방성에 의해 보편성에 도달하기 때문이다.[2]

이런 관점에서 디지털 매개 예술이 창출하는 작품을 고전적 의미의 예술작품과 다르다고 말한 로이 에스콧(Roy Ascott)의 '테크노에틱 아트(technoethic arts)' 개념은 디지털 매개 예술의 현상론을 설명하는데 풍부한 아이디어를 주고 있다. 그는 '생물학적 지평을 넘어선 미디어 아트(『월간미술』 2000년 1월호)'라는 글을 통해서 21세기 디지털 세상은 인공 생명체나 연결 의식, 생물학적 텔레매틱 개념이 도입되면서 다시금 물질화의 경향으로 복귀할 것이라는 예견했다.[3]

텔레매틱 예술은 하이퍼미디어, 비디오텍스, 팩스밀리, 인터렉티브 비디오, 컴퓨터 애니메이션, 시뮬레이션, 원격회의, 텍스트 교환, 이미지 전송, 음성 합성, 원격 측정이나 원격센서, 가상공간, 사이버네틱 구조체 그리고 인텔리전트 건축 등 광대한 미디어를 포괄하고 있다. 이는 인간의 지각을 증폭시킬 뿐 만 아니라, 지각 그 자체를 변화시켜 가고 있다. 텔레매틱 예술의 내용은 거의 인터페이스적 성격에 의존하는 부분이 많다. 인터페이스의 핵심은 그것의 잠재적인 유연성에 있다. 정지화상이나 동화상, 구조화된 사운드와 합성음, 샘플링 된 소리, 기록되거나 말하여진 텍스트, 그 어느 것도 수신 혹은 발신을 할 수 있게 된다. 나중에는 뜨겁게 신체에 감응하고 신체적인 반응을 하

2 최효민(2006). 디지털 매개 공연예술에서의 '몸'의 재해석과 감성적 소비코드 연구. p. 13 : 박명숙, 태혜신, 오하영(2014). 감성논리 관점에서 본 국내 최근 융복합 무용작품분석. 『한국체육학회』. 53(5). p. 396 재인용.

3 최효민(2006). 디지털 매개 공연예술에서의 '몸'의 재해석과 감성적 소비코드 연구. p. 13 : 박명숙, 태혜신, 오하영(2014). 감성논리 관점에서 본 국내 최근 융복합 무용작품분석. 『한국체육학회』. 53(5). p. 396 재인용.

는 등, 환경을 각성하는 능력을 가지게 될지 모른다. 그리고 발걸음이나 무용수의 아라베스크 또는 관객의 시선 방향에 대해 대응할 수도 있다. 움직임, 소리, 빛을 동반하는 물리적인 환경을 표현할 뿐 만 아니라 인터페이스 자체가 하나의 환경이며, 데이터베이스의 장인 것이다.[4]

현재 매체 사용의 의미는 인간의 감각기관을 연장한 몸(도구 또는 인터페이스로 해석)의 확장이라는 기준에서 맥루한은 인간의 몸을 인터페이스와 동일시시키고 있다. 맥루한이 말하는 인간의 확장은 정보를 입력하는 인터페이스의 물리적 확장이기 때문에 인간을 하나의 기계화된 물성의 개체로 취급하고 있다.[5] 무용 영역에서 보면, 이는 살아있는 인간 신체로부터 생성되는 무용움직임이 디지털기술 매체의 하나로서 생명력을 지닌 유기체적 기술매체로 환원될 수 있음을 의미한다. 즉 무용은 과학기술에 살아있는 생명력을 부여하는 모이스트 미디어(moist media)의 새로운 창조적 원천이다.[6]

이에 본 장에서는 미래예술로 대두되고 있는 모이스트 미디어의 개념과 특성을 살펴보고, 현재 진행되고 있는 다양한 모이스트 미디어 예술양상들을 살펴봄으로서 미래예술의 패러다임과 그 발전방향성을 예측해본다.

2. 로이 에스콧(Roy Ascott)의 기본개념과 나비철학

로이 에스콧은 1934년 10월 영국 바스 태생으로, 사이버네틱스, 텔레커뮤

---

4 Ascott, R.(2000).『테크노에틱 아트』. 이원권 역 (2002). 서울: 연세대학교 출판부. pp. 60~63 : 박명숙, 태혜신, 오하영(2014). 감성논리 관점에서 본 국내 최근 융복합 무용작품분석.『한국체육학회』. 53(5). pp. 396~397 재인용.

5 정충모(2012). 인터렉티브 미디어의 미래 융합과 혁신에 관한 연구. 한양대학교 대학원 박사학위논문. pp. 1~16 : 박명숙, 태혜신, 오하영(2014). 감성논리 관점에서 본 국내 최근 융복합 무용작품분석.『한국체육학회』. 53(5). p. 399 재인용.

6 박명숙, 태혜신, 오하영(2014). 감성논리 관점에서 본 국내 최근 융복합 무용작품분석.『한국체육학회』. 53(5). p. 394.

니케이션과 인터랙티브 미디어를 사용한 창의적 작업을 해온 예술가이자, 이론가이면서, 전지구적 네트워크를 사용하여 텔레매틱스(telematics), 인터액티브 미디어 분야의 개척자이다.[7] 이를 반증하듯이 미디어학자인 프랭크 포머는, 로이 에스콧을 예술에 관객 참여를 가져온 최초의 예술가로 평가하고 있다.[8]

로이 에스콧은 19세기 사람들은 불확실성을 혐오했지만, 현대인들은 거기서 기쁨을 찾는다고 강조했다. 과거에는 화가나 조가가가 고정불변의 작품을 만들어서 관람객에게 일방적으로 메시지를 전달했지만, 오늘날 미디어 아트가 발전하면서 관람객의 참여에 따라 작품 내용이 달라지는 미술작품들이 나오고 있다. 로이 에스콧이 말한 즐거움은 바로 이런 것들이다. 따라서 그는 인간이 나비처럼 살아야 한다고 주장한다. 나비가 이 꽃에서 저 꽃으로 날아다니며 꽃가루를 퍼뜨리고 꿀을 얻듯 인간도 현실세계와 인터넷에서 다양한 네트워크에 접속하며 정보와 의미를 퍼뜨리고 축적해야 한다는 것이다. 예를 들어, 〈텍스트의 주름(1983, 파리 근대미술관)〉은 전세계의 사람들로부터 이야기가 들어 있는 전보를 받아 그것들을 가지고 이어 붙여 만든 그의 대표작품이다. 중요한 점은 예술작품에 있어 감상자와 예술가가 동등한 위치를 점하며, 감상자와 작품의 상호작용만이 의미를 생성한다는 자신의 생각을 투입한 것이다. 그런 까닭에 로이 에스콧은 전 세계에 작가를 배분하고, 전 지구적 동화를 만들어내고자 시도했다.[9] 이외에도 〈행성 네트워크(1986,베니스 비엔날레)〉, 〈예술의 정체성/사이버 정체성(1999, 브라질)〉 등의 전시에 참여했으며, 『레오나르도 저널 (Leonardo journal)』, 『디지털 크리에티비티 (Digital Creativity)』의 편집위원을 역임하는 등 세계를 무대로 활발한 활동을 보이고 있다. 1970년대 온타

7 아트센터나비(http://nabi.or.kr/archive/creator_db_read.nab?idx=17&pg_page=12&category=&keyword). (2016년 12월 1일).

8 로이 에스콧, 인간은 이제 나비처럼 살아야 한다. (http://namwiya.blog. me/140202966532) (2016년 12월 1일).

9 로이 에스콧, 인간은 이제 나비처럼 살아야 한다. (http://namwiya.blog. me/140202966532) (2016년 12월 1일).

리오 예술대학(San Francisco Art Institute)의 학장을 거쳐 현재 CAiiA-STAR[10]의 학장으로 재직 중이다.[11]

그의 철학을 이해하기 위한 몇 가지 기본 개념은 다음과 같다. 첫째, 텔레매틱스(telematics)는 데이터 처리시스템과 원격 센서 장비, 큰 용량의 데이터뱅크 등을 통해 연결되어 지리적으로 멀리 떨어진 개인이나 조직을 연결하는 전화나 케이블, 위성 등이 컴퓨터에 의해 중개되는 커뮤니케이션 네트워크를 의미한다. 둘째, 사이버네틱스(cybernetics)는 인간과 기계, 장치 등간의 관계를 새로운 방향으로 검토해 보고 체계를 세워서 만든 이론이다. 이는 곧 제어와 통신에 대한 학문이라 할 수 있다. 셋째, 인터렉티브(interactive)는 말 그대로 상호작용성을 뜻한다. 넷째, 테크노에틱스 (technoetics)는 기술과 의식의 합성어다. 이 용어는 테크노로지의 발전에 따른 현대 예술의 진보적 복잡성을 이해하고 하이퍼미디어(hypermedia)를 매개로 고유의 영역에서 벗어나 확장되어 가는 예술과 과학, 의식의 관계를 고찰해보기 위해 로이 에스콧이 만들어낸 단어다.[12]

그에 의하면, 디지털 상호작용 예술(interactive art)의 가장 큰 5가지 특징은 접속성 · 몰입 · 상호작용 · 변형 · 발생이다. '접속성'은 개인, 혹은 시스템 사이에서 일어나는 것으로 인터넷이 그것을 가능하게 한다. '몰입'은 사용자가 멀리서도 몰입할 수 있는 시스템을 의미하는데, 가상현실에서는 특히 심오한 의미를 지닌다. 그리고 사용자의 몰입에 반작용하고 있는 것이 '상호작용'이며 이러한 상호작용 예술에서는 이미지와 시스템, 구조, 환경이 모두 변한다. 그중에서도 사용자의 의식 '변형'이 가장 중요하다. '발생'은 사용자들이 이 시

10 CAiiA-STAR는 웨일즈대학의 「인터렉티브 아트 고등연구센터」(CAiiA: Center for Advanced Inquiry in the Interactive Art, 1994~)와 플리마우스 대학의 「과학과 기술 그리고 예술에 관한 연구센터」(STAR: Center for science, Technology and Research, 1997~)의 연합체로서 로이 에스콧이 책임지고 있다.

11 아트센터나비.(http://nabi.or.kr/archive/creator_db_read.nab?idx=17&pg_page=12&category=&keyword). (2016년 12월 1일).

12 로이 에스콧, 인간은 이제 나비처럼 살아야 한다. (http://namwiya.blog. me/140202966532). (2016년 12월 1일).

스템을 통해 볼 수 있는 시각적 발생물들을 의미한다.[13]

3. 모이스트 미디어(moist media)의 정의와 특성

1) 정의

모이스트 미디어는 실리콘이라는 마른(dry) 컴퓨터와 젖은(wet) 식물적 시스템의 결합을 뜻한다. 즉 '테크노에틱스(technoetics)'는 예술과 과학, 정신과 기술과의 결합을 상징하는 말로서, 인간이 물질과 기술적인 것에 치우치는 것을 피하고, 정신적인 것까지 포함해 균형있게 발달해 가고자 하는 의미를 담고 있다. 이와 같은 내용을 담은 새로운 표현매체(미디어)를 개발해야 한다고 주장한 로이 에스콧은 '테크노에틱스'를 추구하면, 기계가 중심이 된 컴퓨터 미디어의 '건조함'을 극복하고, 인간의 냄새가 나며 생명의 기운이 느껴지는 '촉촉한' 미디어(moist media)를 개발할 수 있다고 주장한다. 이것은 우리 세기의 예술을 상징하는 것으로 나노기술의 디지털적, 생물학적, 화학적 측면들은 가변현실을 세우기 위한 토대가 된다.[14]

2) 특성

로이 에스콧이 제시한 모이스 미디어의 개념은 크게 3가지의 특성으로 범주화될 수 있다. 첫째, 모이스트 미디어는 인공적인 것과 자연적인 영역을 연

13 안진석. 로이 에스콧의 모이스트 미디어 그리고 의식. (http://ironyfunny.tistory.com/161). (2016년 12월 1일).

14 심소미. Works.music.columbia.edu/organism_webreview. (http://aliceon.tistory.com/14). (2016년 12월 1일) : 박명숙, 태혜신, 오하영(2014). 감성논리 관점에서 본 국내 최근 융복합 무용작품분석. 『한국체육학회』. 53(5). p. 397 재인용.

결하며 의식과 유형적 세계의 관계에 변화를 가져온다.'자연=인공적 공간(natrificial space)'은 자연과 인공의 혼성 프로세스의 부산물로서 모이스트 미디어의 영역이기도 하다.[15]

예를 들어, 테크놀로지와 자연 그대로의 솔직함이 뒤섞여 색다른 경험을 제공하는 다른 사운드 작업으로는 모토미야 가오루의 〈캘리포니아 레몬은 노래를 한다(California Lemon Sings a Song)〉가 있다. 강력한 산이 전기를 발생시킨다는 단순한 과학적 지식을 이용해 미디어 아트에서 필수적인 전기 소켓을 없애버리고도 사운드, 즉 레몬의 노래를 만들어 냈다. 복잡한 인터페이스와 컴퓨터회로를 숨기고 있는 작업들보다 사람들의 발길을 붙잡을 수 있었던 것은, '수단'을 앞세우는, 즉 새로운 테크놀로지 자체를 이용하는데 경도되어 그 예술적 목적을 상실하거나 이를 전달하는데 실패하는 경우들 때문이다. 또한 다양한 인터랙티브 설치작업들 가운데서도 컴퓨터의 마우스나 키보드, 기계적 인터페이스에서 벗어나 직접 우리의 몸(만지기, 움직임, 소리내기 등)을 이용하고 통감을 확장시키는 작업이 더 친화적으로 다가갔다. 그 외에도 연상 작용을 이용해 각기 다른 소리와 색채를 연결시킴으로써 새로운 음악을 만들어내는 온라인 작업인 넌섹션(nonsection)의 〈색깔듣기: 마사키(Hearing Colors)〉나 닫힌 언어체계를 좀 더 본능적이고 직관적인 방식으로 재구성하는 마사키 야마베의 〈새로운 히라가나를 위한 실험(An Experiment for New Hiragana)〉 등은 관람자의 능동적인 참여와 상상력을 통해 완성되는 작업들이었다.[16]

둘째, 모이스트 미디어는 디지털 시스템의 정보 단위인 비트와 생명체의 원자-신경 유전자로 이루어지게 된다. 예를 들어, 호주의 에드워드 퀴크 작업은 살아있는 조직체의 생성구조를 가지고 현미경으로 들여다 보면서 이루어

15 Ascott, R.(2000).『테크노에틱 아트』. 이원권 역 (2002). pp. 185~188 : 박명숙, 태혜신, 오하영(2014). 감성논리 관점에서 본 국내 최근 융복합 무용작품분석.『한국체육학회』. 53(5). p. 397 재인용.

16 허서정. 예술과 과학기술 그리고 사람의 만남. ISEA 2002. (http:// www.nabi.or.kr). (2017년 1월 10일) : 박명숙, 태혜신, 오하영(2014). 감성논리 관점에서 본 국내 최근 융복합 무용작품분석.『한국체육학회』. 53(5). p. 397 재인용.

지는 작업인데, 그의 작품은 수소원자 구조를 소위 벅키 볼(Buck Ball)이라고 불리는 인공 피스톤 형태 속에 넣어 재구성하여 수소원자구조들을 시각화한 것이다. 이것은 앞으로 10-15년 내에 나노테크놀로지의 발전에 의해 예상되는 예술의 한 예라고 할 것이며, 물질구조를 극소 단위까지 접근하여 시각적으로 재구성하는 방식이다.[17]

셋째, 모이스트 미디어는 생물학적 텔레매틱스를 통해 궁극적으로 인간의식의 분산과 연결 그리고 무한대의 자유를 실현시키고 나아가 무의식의 세계까지 분석하고자 한다. 로이 에스콧은 브라질 비엔날레에서 최근 웹 작품, 〈예술의 ID/사이버 ID〉를 출품하였다. 모니터에는 참여한 예술가들을 의미하는 정사각형 로고들이 있는데, 이 작품은 모호하고 주관적인 작가들의 정체성을 같은 준거 기준으로 측정하여 한자리에서 비교 파악할 수 있다는 장점을 지니고 있다. 이 작품을 위해 먼저, 로이 에스콧은 초대된 작가들에게 84개의 주요 단어 목록을 보여주고 자신의 예술가적 정체성을 가장 잘 표현할 수 있는 9개의 단어들을 선택하게 했다. 그 선택된 단어들로 그에 연결된 이미지 데이터들이 뜨게 되면 각 예술가는 자신의 예술적 정체성을 말해주는 9개의 이미지, 음향 데이터 조합을 받게 된다. 그 이미지들을 누르면 다른 종류의 음향과 이미지들이 몇 단계 걸쳐 열리며 사이버 공간상에서 정체성을 풀어 설명해 주는 것이다. 텔레마틱 연결망은 본질적으로 개개인 정신간의 관계를 맺어주기 위해 탄생한 것이다. 그리하여 일단 우리가 텔레마틱 연결망(mind on line의 상태)상에 의식을 분산시키면 인간 두뇌의 주성분이 지닌 물리적 한계를 넘어서 정신이 자유로워지는 단계에 도달하게 된다.[18] 미지의 것과 만나고 연결시키는 것이 인터액티브 예술에서 가장 중요한 역할이다.[19]

---

17 안진석. 로이 에스콧의 모이스트 미디어 그리고 의식. (http://ironyfunny.tistory.com/161). (2016년 12월 1일).

18 안진석. 로이 에스콧의 모이스트 미디어 그리고 의식. (http://ironyfunny.tistory.com/161). (2016년 12월 1일).

19 그냥그냥, 의식의 연결다리 - 로이 에스콧 강의중에서.(http://blog.naver.com/ PostView.nhn? blogId=

4. 모이스트 미디어(moist media) 예술작품

21세기 디지털 기술개념은 단순히 인간이 사용하는 도구의 의미를 넘어서 스스로 생각하고 발전하는 일종의 유기체, 즉 감성과 상상력을 겸비한 생명체로서 기술자체가 인간과 융합되는 양상을 보이고 있으며. 나아가 인간의 감성에 대한 인식들이 디지털 미디어시대에 전반적으로 확장됨으로서 디지털 콘텐츠와 감성기술이 융합한 감성콘텐츠들이 다양한 형태로 발전되어지고 있다. 공연예술에서도 이러한 뉴미디어 시대의 경향에 따라 예술이 디지털과 융합한 새로운 형태로 변형과 확장을 통해 확대되어 실험적인 공연형태[20] 즉 모이스트 미디어의 예술형태가 나타나고 있는 추세이다.

ISEA 심포지엄은 1988년 네덜란드에서 시작된 이래, 미디어아트 페스티발 가운데서도 그 규모와 역사를 자랑하는 심포지엄이다. 2002년 10월 일본 나고야에서 열린 ISEA 2002 심포지엄 주제는 '왕래(Orai, 往來)'였다. 이는 단어 그대로 오고감, 소통, 만남 그리고 이러한 활동들이 이루어지는 물질적 공간을 의미한다. 출품된 작품들 중에 이노마타와 츠토부야마토의 〈이야기하는 나무(Talking Tree)〉는 잘려진 나무 등걸을 쓰다듬으로서 단절된 나무의 기억을 시각적 내러티브로 재현해내는 인터랙티브 설치미술이다. 전시장 내에 드리워진 침렵수의 그림자, 잘려진 나무 등걸, 그리고 그 위로 떠다니는 나무의 이야기, 이를 듣고 있는 관람자가 실제와 가상, 삶과 죽음의 경계를 넘어 서로 교류하고 있었다. 빔프로젝터와 센서, 나뭇등걸 설치라는 단순한 인터스페이스지만 자칫 미디어아트가 드러내기 쉬운 '뇌'의 느낌이 아닌 따뜻한 '마음'의 경험을 가능케 하는 작업으로 눈길을 끌었다.[21]

---

xenamc21&logNo=70006480113). (2017년 1월 10일).

20 이정모(2010). 인지과학이 인문사회과학, 자연과학, 공학융합에 주는 시사.『지식의 지평』. 9, pp. 154-166 : 박명숙, 태혜신, 오하영(2014). 감성논리 관점에서 본 국내 최근 융복합 무용작품분석.『한국체육학회』. 53(5). p. 406 재인용.

21 허서정. 예술과 과학기술 그리고 사람의 만남. ISEA 2002. 아트센터 나비. (http:// www.nabi.or.kr). (2017

미디어 음악영역의 경우, 선 덕커(S. Decker)의 〈스크래치 스터디 #3:나방(Scratch Studies #3: Moths)〉가 있다. 전자음으로 뒤덮인 전시장 안에서 유독 기계음을 내고 있는 이 작품은 작은 모터에 연결된 피아노줄이 각기 다른 떨림으로 다른 크기의 쇠판을 긁음으로써 소리를 내는 작업이다. 관객과의 상호작용성을 강조하는 대부분의 미디어아트와는 달리, 여러 개의 장치가 소리를 듣고 이를 모방하도록 프로그램 되어 있다. 즉, 기계와 기계간의 상호작용성에 초점을 맞춤으로서 '기계적'이고 '자연적인' 행위의 구분을 모호하게 한 것이다.[22]

뉴미디어 미술영역의 경우, 일본 유체역학의 시각화로 창조된 뉴미디어 아트를 들 수가 있다. 일본 쿄토대학교의 토사 나오코 교수와 나카츠 료헤이 교수의 협업연구팀에 의해 탄생된 새로운 비디오 아트 〈제네시스〉는 물리학의 오랜 연구주제인 유체메카닉스 혹은 유체역학을 예술 창작의 주된 컨셉으로 삼고 있다. 이 연구팀은 장애물을 이용해 예술 작품창작을 위해 불안정하거나 예측불가능한 다양한 유체 움직임을 생성해 내는 방법으로 액체속에 페인트 주입, 드라이아이스의 사용, 그리고 폭발효과를 내기 위한 에어건(air gun)의 사용을 시도했다. 즉, 유체 경로상에 이 3가지 장애물질이 투입될 때 생성되는 아름다운 유체의 움직임을 초고속카메라로 촬영 및 편집하여 새로운 유형의 미디어 아트를 창작한 것이다. 이는 규칙과 패턴을 찾는 '기계적' 과학이 불규칙성의 '자연미'를 탐구한 예술작업으로, '무작위성'이라는 물리적 현상의 근본 속성을 예술의 '순수미'로 환원[23]한 물리학의 미디어아트로 볼 수 있다.

년 1월 10일) : 박명숙, 태혜신, 오하영(2014). 감성논리 관점에서 본 국내 최근 융복합 무용작품분석. 『한국체육학회』. 53(5). p. 398 재인용.

22 최효민(2006). 디지털 매개 공연예술에서의 '몸'의 재해석과 감성적 소비코드 연구. pp. 17~20. : 박명숙, 태혜신, 오하영(2014). 감성논리 관점에서 본 국내 최근 융복합 무용작품분석. 『한국체육학회』. 53(5). p. 398 재인용.

23 토사나오코, 나카츠 료헤이, 팡 유난, 와타나베 케이스(2016). 제네시스: 유체역학의 시각화로 창조된 뉴미디어 아트. 2016 한양대학교 제10회 우리춤연구소 국제학술대회〈융복합 교육시리즈 I 〉 Art & Technology 융복합 교육과 실천을 위한 미래담론. pp. 63~75. 한양대학교 올림픽체육관 302호.

뉴미디어 무용의 경우, MIT 미디어 랩(MIT Media Lab)의 연구진들 보고에 의하면 미디어 아트 프로젝트 중 〈댄스 스페이스(Dance Space)〉는 가상현실과는 다른 확장 현실을 보여주고 있다. 보조안무가로서 컴퓨터의 위치를 설정하고 가상의 연주자들을 프로그램에 넣은 후 무용수들의 손, 발, 몸통 등을 맵핑하여 음악에 따라 무용수가 다른 움직임을 보일 때마다 공간 안에 커다란 스크린에 다양한 빛깔의 트레일이 남겨진다. 이러한 실험은 현재 실제 무용 현장에서 다양하게 응용되고 있으며, 미디어 댄스의 시각적 이미지에 천착해 비디오로 소개하는 무용영상축제 등을 통해 비디오 댄스 등 독립장르로 선보이고 있다. 국내에서는 서울세계무용축제(SIDance)의 일환으로 2004년부터 디댄스(DIDance: Digital Dance Festival)를 통해 다큐멘터리, 미디어아트, 혹은 영화나 CF처럼 편하게 감상할 수 있는 다양한 콘텐츠로 바꿔 무용인과 인접분야 예술인을 비롯하여 영상매체에 익숙한 관객들이 함께 즐길 수 있는 행사가 열렸다.[24]

〈S.U.N〉은 프랑스에서 활동하는 한국인 현대무용 안무자 남영호의 작품으로 프랑스 과학 예술가들과의 협력으로 만들어진 무용과 뇌과학 접목 작품이다. 세계적 미디어 아트 페스티벌인 '벵 뉴메리크 극장'의 2011년 시즌 오프닝 작품으로 공연되었던 이 작품은 남영호가 한국 고유의 전통 무예를 기반으로 안무하고 프랑스 무용수들과 프랑스 컴퓨터 프로그래머인 스테판 쿠조(Stephane Cousot), 세계적인 뇌 생리학자 프랑시스 레스티엔느(Francis Lestienne) 등이 참가해 무용수들의 움직임을 첨단 과학 기술인 EMG 시스템(근육활동 신호녹화기)을 이용해서 투시하는 과정을 관객에게 보여주는 것이었다. 현대무용가 남영호는 인터뷰에서, "무용수들이 하루에 2번 연습을 하는데, 첫 번째 연습을 할 때는 기계에서 작고 잔잔한 소리만 들렸어요. 그런데 한참 쉬고 나서 오

24 최효민(2006). 디지털 매개 공연예술에서의 '몸'의 재해석과 감성적 소비코드 연구, p. 22 : 박명숙, 태혜신, 오하영(2014). 감성논리 관점에서 본 국내 최근 융복합 무용작품분석. 『한국체육학회』. 53(5). pp. 398~399 재인용.

후에 연습을 시작하려는데 기계에서 시끄럽고 큰 소리가 나는 거예요. 분명 쉰다고 쉬었지만 우리 몸은 쉰 것이 아니라는 것을 기계가 소리로 들려준 셈이었죠."라는 그녀의 생생한 경험을 전한다. 음악 역시 무용수들의 근육이 움직임에 따라 즉석에서 신디사이저가 음악을 만들어 낸다. 무대도 무용수의 숨소리에 따라 부풀어 오르기도 하고 줄어들기도 한다.[25] 한마디로, 인간과 상호작용이 가능한 기계활용을 목표로 삼고 있는 미래기술, 뇌생채역학이 무용예술로 한국에서 탄생한 것이다.

최근에는 뇌파전위기술(EEG)을 이용하여 자신의 생각을 소리로 만든 연주회가 시도되었다. 분노, 슬픔, 미움, 욕망, 행복 등 감정이 연주된 것이다. 미디어아티스트 리사박(Lisa Park)은 작품 〈유노이아(아름다운 생각)〉에서 물이 담긴 그릇과 연결된 스피커를 매체로 삼아 자신의 신체상태를 물로 표현하였다. 그녀가 움직이면 신비로운 음들은 물의 파동을 형성하였는데, 이는 그녀가 퍼포먼스를 하는 동안 모인 뇌파 정보로 음의 속도, 크기, 높낮이를 조정했기 때문이다. 즉, 머리에 쓴 헤드셋을 통해 그녀의 생각이 뇌파로 측정되고 그 뇌파가 소리의 음량과 높낮이, 속도를 조정하여 물결을 일으킨 것으로, 그녀의 생각이 물방울을 진동시킨 것이다. 악기없이 생각만으로 음악이 연주되고, 음악이 시각화된 이 공연은 인간의 생각과 감정이 기계와 의사소통하는 4차 산업혁명의 예술로 평가받고 있다.[26]

이러한 예시 작품들을 통하여 현재 모이스트 미디어 예술의 대상영역이 '식물에서 인간으로' 또한 '기계력에서 작동원리'로 전환하고 있음을 알 수 있다.

25 『ScienceTimes』 2011. "몸의 변화를 직접 보고 들을 수 있다? 남영호무용단 융합무용 「S.U.N」", 대학로 예술극장에서 공연. 10월 18일 : 박명숙, 태혜신, 오하영(2014). 감성논리 관점에서 본 국내 최근 융복합 무용 작품분석. 『한국체육학회』. 53(5). p. 400 재인용.

26 KBS. 2016. 「KBS 미래기획 2030: 4차 산업혁명, 경계를 무너뜨리다 [2부] 인간의 뇌에 접속하라」. 11월 27일. http://www.kbs.co.kr/1tv/sisa/future2030/view/preview/2508285_ 123159.html.

5. 로이 에스캇(Roy Ascott)이 제시하는 미래예술패러다임

로이 에스캇은 새로운 제2의 자연 즉, 미디어의 변형에 따라 앞으로 계속 부상이 예상되는 개념으로 양자 텔레포테이션(혹은 양자 컴퓨테이션), 생명체의 근본 메카니즘, 사이버개념 등 세가지를 제시하고 있다.

첫째, 양자 텔레포테이션이란 한 개체의 양자가 다른 개체로 전자 이동할 수 있는 상황을 의미하며, 1997년 로마 인스브룩 칼 테크의 실험실에서 처음 실현되었다. 일본의 ATR에서 연구원으로 일하고 있는 소머러와 미뇨노의 작품 〈발브(A Volve)〉는 90년대에 매우 중요한 작품으로 부각되었다. 이 작품의 관객, 즉 사용자가 모니터 위에 그림을 그리면 시스템이 그 모양의 살아있는 생물 형태를 만들고, 그 형태들은 물 안에서 움직이면서 사용자의 손동작을 따라 움직인다. 그러면서 각 자 독립적인 생명체로서의 생명주기를 그리면서 서로 잡아 먹거나 교미하며 주기도 한다.[27] 유사한 예로 크리스타 좀머러와 로랭 미그노뉴의 〈라이프 스파시즈(Life Species)〉을 들 수 있다. 〈라이프 스파시즈(Life Species)〉는 온-오프의 플에이어와 상호작용하는 동시에 컴퓨터 프로그래밍을 통해 생성된 종들 스스로 상호작용하며 진화해가는 생명시스템이다. 이로써 창조과정을 예술가의 내적 창작의 표현으로 한정짓지 않고 하나의 생명계의 역동작인 과정으로 포착하고 있다.[28]

둘째, 컴퓨터 과학과 생물학에서 생명체에 대한 개념이 많이 진척됨으로서 기본적으로 생명체가 어떻게 조직되어 있는지, 그 미세단위인 살아있는 작은 형태의 부분들이 구체적으로 어떻게 작동하여 생명체의 에너지를 만들어 내는지 하는 문제들이 심도있게 논의되고 있다는 점이다. 생명체와 인공생명체

27 안진석. 로이 에스콧의 모이스트 미디어 그리고 의식. (http://ironyfunny.tistory.com/161). (2016년 12월 1일).

28 미국여행자카페. 예술의 테크놀로지화...생명으로 진화. (http://cafe.daum.net/WehGukBang/ JOw6/156?q=%B7%CE% C0% CC%20%BF%A1%BD%BA%C4%E0). (2017년 1월 10일).

에 대한 여러 발견에서 예술가와 건축가, 디자이너 등에게 시사되는 점은 예전의 '위부터 아래로' 진행하는 디자인의 패러다임이 이제는 '아래로부터 위로' 변하고 있다는 방향의 변화다. 이 변화는 예술가들에게 디자인의 진화 과정을 조정하는 역할 대신, 형태가 자연스레 진화될 수 있도록 씨를 뿌리는 사람의 역할을 하도록 요구할 것이다.[29]

예를 들어, 에드와르 케의 작품은 종(種)간의 대화를 보여주는 것으로 미국 서부에 있는 나무와 미국 동부에 있는 새를 텔레마틱 시스템으로 연결하여 새의 노래와 식물의 성장이 일정한 기호 데이터로 전달, 해석되어 상호 성장과 감정을 교환하게 하였다. 혹은 박테리아로 한 작업에서는 인터넷을 이용해 박테리아 조직이나 세포의 정보를 바꾸기도 하였다. 척 데이비스는 특별히 고안된 접속 매체를 사용하여 인체의 내면 구조나 메커니즘에 따라 개인이 가상공간에 몰입하게 되는 작업을 하고 있다. 관객이 마구처럼 생긴 장비를 머리에 쓰면, 그의 호흡에 맞춰 가상공간 중의 움직임에 영향을 미치도록 되어 있다. 가령, 숨을 들이쉬면 시야에 보이는 가상공간에 본인이 뜨는 장면을 보게 되고, 숨을 내쉬면 몸이 가라앉는 것을 보게 된다. 이 경우는 관객이 몰입과 상호작용을 전혀 의식하지도 못하는 상이 이루어지는 등 밀접하고 친근한 장점이 있다.[30]

셋째, 기술은 근본적으로 생각하는 방식이나 시스템 차원의 변화를 야기하게 될 것이기 때문에 이 새로운 인지방법, 즉 총제적인 패러다임을 사이버개념으로 전환해야 할 것이다. 최근 MIT Media Lab에서 실현한 바 있는 공간 제한을 넘어선 컴퓨팅 개념(Ubiquitous Computing)은 여러 시스템과 장비들을 이용해 상품, 환경 등에 이르는 모든 영역에 인간 의식을 고루 분산되게 하는

29 미국여행자카페. 예술의 테크놀로지화...생명으로 진화. (http://cafe.daum.net/WehGukBang/JOw6/156?q=%B7%CE% C0% CC%20%BF%A1%BD%BA%C4%E0). (2017년 1월 10일).

30 안진석. 로이 에스콧의 모이스트 미디어 그리고 의식. (http://ironyfunny.tistory.com/161). (2016년 12월 1일).

것이다. 이런 환경 하에서 예술가들은 생물학적 텔레매틱스라는 매트릭스에 처하지 않을 수 없게 되었고, 이 환경에서는 'hypercortex' 즉, '하이퍼 대뇌피질'이라고 명한 분산된 의식 상태가 요구된다. 이 의식은 그것을 담는 적절한 '하이퍼 신체'를 필요로 하는데, 이것 또한 인간의 의식을 재고하여 새로운 분산된 의식 상태를 이끌어낸 것에 비견되는 신체에 대한 재고 과정이 필요할 것이다.

이러한 재고와 발견이 가능한 미래예술은 전통적인 영역만을 고집하는 순수예술에 비했을 때, 아마도 더욱더 '미묘한 예술'로 보이게 될 것이다. 예술로서 미묘하다고 불릴 수밖에 없는 까닭은 그것이 생물학, 예술, 인간의 의식 연구, 인공생명, 공학, 신비주의, 컴퓨터 과학 등 전혀 연관이 없어 보이는 상이한 분야들이 미세한 고리로 모두 연결되어 있는 종류의 예술이기 때문이다. 분산된 의식을 갖는 예술가들이 연결망 속에서 다양한 활동을 벌여 '텔레노니아(telenonia)'라는 사고방식을 공유하게 될 것이다. 이것은 개방되고, 포용적이며, 협조적이고 건설적인 사고방식으로서, 온 지구상의 개개인들이 의식을 분산시켜 모두 연결되어 있음을 환영하는 마음가짐이라 할 수 있다. 또한 이런 환경 속에서 예술가들이 개념(conception)을 잡는 마음가짐도 달라지게 되는데, 이 새로운 환경에의 개념이 곧 '사이버개념(cyberception)'이다. 기술은 단순히 어떤 문제를 더 깊이 볼 수 있는 정신적 능력을 키워주는 것이 아니라, 근본적으로 인지방법 즉, 생각하는 방식이나 시스템 차원의 변화를 야기하게 될 것이기 때문이다. 이것은 다소 해부학적이나 존재론적인 영역도 포괄하면서 신종 사이버 인간의 주요한 새 신체기능 중의 하나로 부상하게 된다.[31]

---

31 안진석. 로이 에스콧의 모이스트 미디어 그리고 의식. (http://ironyfunny.tistory.com/161). (2016년 12월 1일).

6. 맺음말

우리 주변의 기계와 사물이 학습하는 능력과 지능을 갖게 되고 500억 개의 사물이 인터넷으로 연결되는 '초지능, 초연결 사회로의 진화'라 말하는 4차 산업혁명이 일어나고 있다. 그 중에서도 우리의 삶에 가장 큰 혁명을 일으킬 것은 최첨단 기술을 통해 인간과 기계의 경계, 그리고 가상과 현실의 벽이 무너지는 세상이다. 생각만으로 자동차가 움직이고, 컴퓨터에 있는 전문지식을 두뇌로 다운받는 이런 공상과학소설에서만 일어날 것만 같은 일이 이미 상용화되기 시작했고, 우리도 이런 초연결사회를 대비해야 한다. 미국에서는 현재 감정에 따라 뇌파를 읽어 자동으로 음악을 틀어주는 뇌파 헤드셋과 어플이 출시됐고, 중국의 난카이대학 연구팀과 자동차제조사 '그레이트월 모터스'는 운전자의 뇌파를 읽는 자동차를 개발 중이다. 바야흐로 아무런 작동없이 단지 생각만으로 기계를 작동시킬 수 있는 세상이 눈앞에 다가온 것이다. 국내 연구진에 의해서 뇌파로 움직이는 휴먼로이드, 로봇팔 등도 개발되고 있고 소비자의 마음도 읽어내는 기술도 연구 중이다. 이는 인간이 무엇을 느끼고 생각하는지를 기계에 전달하는 BCI(Brain Computer Interface/뇌 컴퓨터 인터페이스), BMI(Brain Machine Interface/뇌 기계인터페이스)기술을 통해 현실화되어 가고 있다.[32]

로이 에스콧은 이미 50여 년 전에 4차 산업혁명을 통한 미래사회의 변화를 '모이스트 미디어(moist media)'라는 '생물학적 텔레매틱스의 출현(Bio-telematics Emergence)'의 예술개념으로 예견하였다. 그가 제시한 예술의 생물학적 텔레매틱스 출현 개념은 곧 4차 미래사회구조의 특성인 초연결사회의 철학적 기반이 되기 때문이다. 그에 의하면, 바이트(bits), 원자(atoms), 뉴런(neurons), 그리고 유전자(genes)의 결합에 의해 생성된 빅뱅(Big b.a.n.g)은 '반은 사이버 공간에, 나

32 KBS. 2016.「KBS 미래기획 2030: 4차 산업혁명, 경계를 무너뜨리다 [2부] 인간의 뇌에 접속하라」. 11월 27일. http://www.kbs.co.kr/1tv/sisa/future2030/view/preview/2508285_123159.html.

머지 반은 현실세계에 있는 네트워크'에서의 삶을 성찰하게 한다. 기술은 우리로 하여금 자연에 보다 가깝게 다가갈 수 있도록 도와줄 것이고, 반대로 자연은 후기 생물학적 자각에 대해 새롭게 정의되고 인식될 것이다. 이 새로운 제2의 자연이 예술가의 활동 영역이 되며, 이 안에서 리얼리티는 단순히 반영되거나 표현되거나 새롭게 창조된다. 또한 모든 모이스트 미디어의 출현과 새로운 예술이 도래한 결과, 필연적으로 예술과 건축과 같은 분야 간의 경계가 없어지고, 각 분야의 원칙들은 모두 통합될 것이다. 이에 따라 예술은 새로운 학습의 패턴이 요구된다. 예를 들어, 새로운 미디어로 설계한 건축은 보는 이와의 상호작용을 통해 사고하고 느끼며, 보는 이의 반응을 반영한 후 자신의 반응도 되돌려 줄 수 있는 건축이 될 것이다. 이러한 건축물이 들어선 도시 자체는 새로운 형태의 의식과 후기 생물학적 개념이 도입된 사회구조를 표현해주는 하나의 거대한 매트릭스가 될 것이다.[33] 따라서 디지털로부터 모이스트 미디어로 이해하는 예술에서 나타나는 미학은 이제 형태의 행동보다는 행동의 형태에 주목해야 한다. 즉, 20세기 예술이 '자아표현(self-expression)'과 '경험에 대한 반응' 에 관한 것이라면 우리가 맞이하는 금세기 예술은 제작자와 관람자의 구분이 모호한 양상을 띠면서 형성되는 '자아구성(self-constuction)'과 '경험과 창조'에 관계된 것이다.[34]

한편, 그가 제시한 미래예술패러다임-양자 텔레포테이션(혹은 양자 컴퓨테이션), 생명체의 근본메카니즘, 사이버개념은 이미 4차 미래산업의 원리 혹은 방법론으로 실제 적용되고 있다. 예를 들어, 최근 가상현실을 넘어서 4차 산업의 하나인 증강현실(AR: Augmented Reality) 기술이 '닌텐도'라는 게임으로 실제화되고 상품화되었다. 증강현실은 현실에 존재하는 이미지에 가상 이미지를 중

33 안진석. 로이 에스콧의 모이스트 미디어 그리고 의식. (HYPERLINK "http//ironyfunny.tistory.com/161 "http://ironyfunny.tistory.com/161). (2016년 12월 1일).

34 Ascott, R.(2000).『테크노에틱 아트』. 이원권 역 (2002). p. 189.: 박명숙, 태혜신, 오하영(2014). 감성논리 관점에서 본 국내 최근 융복합 무용작품분석.『한국체육학회』. 53(5). pp. 39~398 재인용.

첩시켜 하나의 영상으로 보여주는 기술이다. 즉 증강현실은 '현실'이라는 거시세계와 '가상현실'이라는 미시세계가 중첩됨으로서 존재하는 인간이 창조한 '가상'과 '현실'의 '중첩세계'인 것이다. 일본의 미디어 아티스트 케이츠 마츠다는 작품 「하이퍼리얼리티(Hyper-Reality)」라는 영상을 만들어 앞으로 우리가 직면하는 중첩의 증강현실을 미디어아트로 보여주고 있다. 한 사람이 버스를 타고 내려 거리를 걷는 동안 내내 뷰파인더나 전자표시장치를 통해 보이는 특정 인터넷 사이트에서 광고를 보거나, 영상통화와 게임을 하고, 건물 주소와 부동산 동향, 소매 판매 할인, 식당 이용 후기 같은 정보를 본다. 수퍼에 다다르면 카터위에 사이버 애견을 띄우고 물건을 사며 함께 대화를 한다. 수퍼를 거닐면 진열된 상품의 정보들이 눈 앞에 펼쳐지고, 수퍼의 사이터 매니저에게 상품에 대한 영상문의를 한다. 수퍼에서 물건을 사는 도중에 갑자기 어디가 아픈지 신체상태에 대한 정보와 경고가 띄워지고 가장 가까운 약국의 위치를 알려준다. 길안내에 따라 약국에 도달하고 십자가 모양의 영상을 클릭하면 신심안정의 상태를 수치로 제시해준다.[35] 이 모든 것이 미래 한사람이 기계와 의사소통하며 살아갈 '반은 사이버 공간에, 나머지 반은 현실세계에 있는 네트워크', 즉 증강현실 세계인 것이다.

결론적으로, 로이 에스콧이 제시한 미래예술패러다임인 양자 텔레포테이션(혹은 양자 컴퓨테이션), 생명체의 근본 메카니즘, 그리고 사이버개념의 세가지 요소를 예술구조의 측면에서 보면, '예술구조 방향성의 아래서부터 위로의 전환'과 '예술구조의 중첩성'으로 집약될 수 있다. 이와 같은 예술구조의 특성은 예술 향유층의 '무한대적 집단성'과 동시에 '예술의 개인화' 르 그 패러다임을 전환시킬 것이다. 동시에 인간과 기계가 의사소통하는 미래현실은 무의식을 포함하여 인간 정신세계를 예술 콘텐츠로 활용 및 사이버 공간상에서 공유하

35 류운. VR 호접지몽: 인문학에서 본 VR(1). (http://blog.naver.com/PostView.nhn?blogId=jinguk2016&logNo=220873540198). (2017년 1월 10일).

게 될 것으로 예측된다.

이제 이 시대를 살아가는 예술가들의 지적, 창의적 개척 활동에서 가장 관건이 되는 것은 그들의 의식이다. 21세기를 맞아 우리가 다루게 되는 공간은 르네상스부터 지난 20세기까지 줄곧 의식의 저변에 깔려 있던 유클리드적 공간(Euclidean space)[36]이 아닌 사이버 공간이다. 유클리드적인 공간이 시점이나 원근법 등 우리의 몸을 단위로 측정해 온 시스템으로 이루어져 몸과 분할, 확실성과 같은 가치가 지배하는 공간이었다면, 사이버 공간은 이와는 대조적으로 정신 불확실성과 연결성이 두드러지는 공간이라 말할 수 있다. 현재 예술가나 철학자들을 비롯한 모든 사람들이 직면해 있는 현실은 모호하고 불확실한 무엇으로, 해석자의 은유에 따라 변하는 것이다.[37] 심광현이 지적했듯이,[38] 문제는 사이버문화가 기존의 예술에 대해 던지는 긍정적인 자극들을 오프라인에서의 창작작 중심의 텍스트 생산과 일방향적 전달이라는 제도적 절차에 익숙해진 예술가들이 어떻게 소화할 것인가에 달려 있다. 이제 4차 산업혁명시대의 도래와 함께 디지털 예술패러다임의 본격적인 전환이 필요한 시점이다.

---

36 유클리드 공간은 '카테시안 공간'이라고도 하며, 좀 더 간단히 n-space라고 한다. n차원 공간으로 구성되어 있으며, 각 점이 n개의 성분을 포함한 좌표로 표시되는 점들의 집합이기도 하다. 아인슈타인과 다른 과학자들은 상대론적 물리학에 대한 개념을 사용하지 않는 2차원, 3차원이 포함된 공간을 유클리드 공간으로 인정한다(다음 백과사전, http://100.daum.net/encyclopedia/view/24XXXXX77058). (2017년.1월 7일).

37 안진석. 로이 에스콧의 모이스트 미디어 그리고 의식. (http://ironyfunny.tistory.com/161). (2016년 12월 1일).

38 심광현. 사이버시대의 문화와 예술향방.(http://blog.naver.com/PostView.nhn?blogId=joyslee77&logNo=140034007327). (2017년 1월 7일).

7장

디지털 퍼포먼스 〈모탈 엔진(Mortal Engine)〉 (2008)에서의 포스트휴먼 몸에 대한 연구

- 포스트 메를로-퐁티 철학 관점에 근거하여[1]

한석진

1. 서론

공연예술과 테크놀로지와의 조우는 오랜 역사를 지닌다. 무대 위 공연자의 신체성(corporeality)과 극장성(theatricality)을 강조하기 위한 도구로서 테크놀로지는 무대 디자인, 조명, 분장 효과를 위해 활용되어 왔다. 1990년대 이래 텔레매틱스(telematics), 3D 이미지, 모션 캡쳐와 트래킹, 로보틱스, 가상현실, 인공지능과 같은 디지털 기술의 급격한 발전과 공연에서의 디지털 문화의 적극적 수용은 새로운 공연 방식 등장 및 안무 영역의 확대로 이어졌다. 컴퓨터로 구현된 이미지, 사운드, 로봇과 같은 비인간(nonhuman)과 인간(공연자 또는 관객) 움직임의 상호작용을 만들어내는 다양한 실험이 시도되었다. 이때 생물학적 몸

1 이 글은 2017년 『대한무용학회논문집』 제75권 3호에 게재한 것을 수정, 보완한 것이다.

의 움직임을 컴퓨터로 전달하여 이진법 코드로 체화된(embodied) 자아를 통해 세상을 지각, 인지, 체화하는 혼종적(hybrid) 인간, 즉 포스트휴먼(posthuman)을 재현할 뿐 아니라 관객들로 하여금 포스트휴먼으로 존재하게 만드는 환경을 디자인하기도 한다.

포스트휴먼은 포괄적 용어로서 존재론적, 인식론적 환경이 테크놀로지와 밀접하게 연관되어 존재하는 인간상을 지칭한다. 포스트휴먼 이론의 대표적 학자 캐서린 헤일즈(Katherine Hayles)에 의하면 포스트휴먼은 인간 몸에 보조 장치를 실제로 부착, 이식하는 사이보그에 국한 되지 않으며, 현대 사회에서 기계(예를 들어, 자동문, 전자시계와 같은 기술부터 인공지능, 3D 기술까지 포함)와 함께 살아가는 인간 모두를 지칭한다고 말한다. 헤일즈는 인간의 인지, 지각체계가 컴퓨터 시스템과 연계되어 있는 삶을 살고 있는 우리는 스스로 깨닫지 못할지라도, 이미 포스트휴먼으로서 살고 있다고 주장한다.[2]

세계를 지각하고, 생각하고, 타인과 소통하는 모든 삶의 부분에 디지털 미디어가 침투한 현대사회에서 살고 있는 동시대 공연예술가들이 이러한 사회문화적 현상을 반영하여 가상화 또는 사이보그화된 인간 몸을 다루는 것은 지극히 당연한 결과일 것이다. 하지만 공연예술에서 인간 주체의 탈신체화, 기계화 현상은 어떠한 관점에서 보느냐에 따라 디스토피아적 비전으로 해석될 여지가 있다. 기계의 물리적, 인지적 능력의 발달로 인해 기계가 인간의 생물학적 몸을 대신하고 신체성과 인간성을 상실하게 하며, 이는 곧 공연예술의 존재론적 위치를 흔들어놓을 수 있다는 우려를 낳기 때문이다.

본 연구는 디지털 퍼포먼스로서 호주 무용단 청키무브(Chunky Move)의 〈모탈 엔진(Mortal Engine)〉(2008)에서 재현된 포스트휴먼 몸의 형태와 그 속에 내재된 몸에 대한 개념을 분석하는데 목적을 둔다. 공연자가 가상화된 몸으로 존재할 때 신체성이 부재한 상태이며 이러한 몸을 통해서는 인간이 체화된 주

2 Hayles, N. K.(1999). *How We Became Posthuman: Virtual Bodies in Cybernetics, Literature and Informatics*. Chicago: University of Chicago Press.

체적 경험을 만들어내는데 실패하게 된다는 시각에 의문을 제기하고자 한다. 포스트휴먼으로서 인간의 몸이 가상 속 자아 또는 인공적 기계와의 상호작용을 통해서 체화되어 기계가 체화의 일부가 된다면, 이때 몸은 더 이상 유기적, 물리적 실재로만 규정할 수 없다. 즉, 인간 몸의 경계를 어디까지로 규정하느냐에 따라 기계 역시 체화된 자아의 일부로 바라볼 수 있게 된다. 안무가들은 근본적으로 몸과 함께, 몸에 대하여 작업을 하는 예술가이며 신체와 정신이 통합으로서 몸에 대한 체화된 지식을 바탕으로 하고 있다. 따라서 안무가들이 작업 속에서 미디어와 신체와의 관계를 어떻게 인식(긍정이든 부정이든)할 수 있는가에 대한 보다 새로운 시각을 제공할 수 있다고 본다.

연구방법으로 현상학적 관점, 특히 메를로-퐁티 철학을 계승한 철학자들의 이론을 바탕으로 디지털 퍼포먼스에서의 가상의 몸을 분석할 것이다. 피부를 경계로 뼈와 근육으로 구성된 물리적 존재로서 정신에 의해서 통제되는 몸이 아니라 지각하고 사유하는 몸, 즉 물질적이자 비물질적 몸의 역할을 주장하는 모리스 메를로-퐁티(Maurice Merleau-Ponty) 이론은 생물학적 몸과 기계적 몸이 결합된 형태로서 포스트휴먼의 몸을 분석하는데 있어서 유용한 이론적 근거를 제시한다고 본다.

연구문제와 그에 따른 연구내용은 다음과 같다. 첫째, 디지털 퍼포먼스에서 재현된 몸을 설명하는데 있어서 메를로-퐁티와 그의 계승자들의 이론이 어떻게 유용한가? 몸과 기계와의 관계를 중심으로 메를로-퐁티를 비롯한 돈 아이디(Don Ihde), 피터 폴 버빅(Peter-Paul Verbeek), 마크 한센(Mark Hansen)와 같은 현상학자들의 이론을 바탕으로 포스트휴먼의 몸이 의미하는 바를 개념화한다. 둘째, 청키 무브의 〈모탈 엔진〉에서 나타나는 가상의 존재가 무용수의 체화된 경험에서 있어서 어떠한 의미를 지니며 이때 물리적 몸과 어떠한 관계를 형성하는가? 디지털 퍼포먼스의 사례연구로서 인터랙티브 이미지, 사운드, 레이저를 무용공연과 결합한 작품 〈모탈 엔진〉을 분석하는데 있어서 자율성을 지니는 가상의 존재가 갖는 의미를 미디어 이론가 마크 한센의 '코드 안의 몸(Bodies-in-Code)' 개념을 적용하여 파악할 것이다. 또한 무용수의 체화된 경험을 하는데 있어서 물리적 몸과 가상적 몸이 어떠한 관계를 형성하면서 작용하는지 현상학자 드류 레더(Drew Leder)의 '몸의 사라짐/이상-출현(bodily dis-/dys-appearance)' 개념을 중심으로 분석할 것이다.

2. 포스트 메를로-퐁티(Post-Merleau-Ponty) 철학 관점에서의 포스트휴먼 몸

본질주의와 심신이원론에 반하는 철학운동으로서 20세기 초반에 에드문트 후설(Edmund Husserl)로부터 시작된 현상학은 현상에 대한 인간의 경험을 인식론적으로 탐구하고 대상이 우리에게 어떻게 나타나게 되는지를 대상의 객관성을 아닌 우리의 주관적 경험을 중심으로 설명한다. 메를로-퐁티는 인간의 주관적 경험은 '체험된 몸(the lived body)'에 의해 수행되고 주체성과 상호주체성의 확립하는데 주된 역할을 한다고 주장하면서 몸이 수행하는 지각, 인지적 활동에 대해 탐구한다.

메를로-퐁티 철학의 주된 내용을 간략하게 살펴보면, 몸이 인간 경험을 구성하는 선험적 근거라고 보고 인간과 세계를 연결하는 단서가 몸이라고 말한다. 인간이 몸의 지각활동을 통해 세계를 인식할 때 주체와 객체와의 경계가 흐려지는데, 이것은 몸이 내적 주체도 경험의 외적 객체도 아닌 상태로 존재하기 때문이라고 말한다. 미완성 저서 『보이는 것과 보이지 않는 것(The Visible and the Invisible)』(1968[1964])에서 그는 교차(chiasm)의 개념을 통해 인간 몸과 그것을 둘러싼 환경, 타인, 사물과의 관계를 설명했다. 몸의 지각, 특히 시각과 촉각은 이중의 감각, 즉 가역성(reversibility)을 가진다고 말한다.[3] 우리는 보는 동시

3 Merleau-Ponty, M.(Ed.)(1968[1964]). *The Visible and the Invisible.* (A. Lingis, Trans.). Evanston, IL:

에 보이고, 만지는 동시에 만져진다. 메를로-퐁티는 이러한 교차를 주체와 객체, 감각적인 것과 감각을 느끼는 것, 체험된 몸과 경험된 세계와의 '상호엮임(intertwining)'으로 설명한다. 이러한 관계가 가능한 것은 우리의 몸이 살(flesh)로 되어 있기 때문이다. 살은 단순히 피부, 뼈, 근육의 조직을 지칭하는 것이 아니라 몸과 세계를 연결하는 교차적 관계를 설명한다.[4] 부드럽고 다공성을 지닌 피부조직을 통해, 몸은 감각작용을 거쳐 몸 윤곽을 벗어나 확장될 수 있으며, 따라서 물질적 몸은 단순히 "기관으로 채워진 그림자"[5]라고 말한다. 메를로-퐁티의 살 개념은 가상세계를 경험하는 몸과 연결시켜 생각해볼 수 있다. 가상세계를 경험하기 위해서는 테크놀로지가 몸과 가상세계의 상호 엮이는 관계에 개입하게 되며, 가상 속에 존재하는 비물질적 몸은 '이진법 코드로 채워진 또 다른 그림자'라고 이해할 수 있다. 즉, 인간은 체험된 몸을 통해 물리적 세계뿐만 아니라 가상적 세계까지 상호 엮여 있으며, 이때 물리적 몸과 가상적 몸을 통해 체화되는 것이다.

메를로-퐁티는 물리적 세계와 가상세계가 공존하는 시대의 인물이 아니었기 때문에 가상화된 몸 혹은 지각, 인지하는 기계에 대해 설명하지 않았다. 하지만 그는 인간 몸의 인공적 개입은 인간성을 위협하는 것으로 보고 그것에 대한 두려움을 표출한 바 있다.

> [인간] 지향성은 인간 몸의 물질적 배치(arrangement)로부터 나오는 것이지 그것보다 선행되는 것이 아니다. 우리의 눈이 우리 몸의 일부를 보지 못하도록 만들었다면? 끔찍한 기계가 우리 자신의 몸에 접촉하는 것을 막은 상태에서 손을 물체로 옮겨놓는다면? 아니면 몇몇 동물들처럼 우리가 시야의 교차-조합(cross-blending)이 없는 측면눈을 가진다면? 이러한 몸은 그 자체에 대해 반성하지 않는다. 이것은 살 또는 인간 몸이 아닌 금강석 몸이나 다름없을

Northwestern University Press. p.142.

4 Ibid. pp.135-136.

5 Ibid. p.138.

것이다. 거기에는 인간성이 존재하지 않는다.[6]

메를로-퐁티 철학은 인간 몸과 기계간의 관계를 다루지 않았지만 위의 말을 추정해보면 그는 기계와 결합되거나 기계에 의해 확장된 몸에 대해서 비관적으로 보았던 것을 추정해볼 수 있다. 그의 철학은 인간의 몸과 기계적으로 구성된 몸 사이를 분명히 구분 짓고 있으며 기계적 지향성 또는 기계적 체화에 대해서는 설명할 수 없다는 제한점을 지닌다.

미국 현상학자 돈 아이디(Don Ihde)는 메를로-퐁티의 철학을 계승하면서 테크놀로지가 지각적, 체화된 경험에 어떠한 영향을 미치는가에 대해서 설명하면서 몸과 기술의 관계를 다음과 같이 네 가지로 분류하여 제시한다.[7] 안경 또는 장님의 지팡이와 같이 기계 자체가 체화의 한 부분이 되는 경우(체화 관계), 체온계와 같이 기계가 나타나는 정보를 통해 현실을 지각하게 되는 경우(해석 관계), 셀프 티켓 판매대와 같이 기계가 인간과 직접적 상호작용을 하는 경우(타자 관계), 자동난방시스템과 같이 기계를 직접적으로 경험하지 않지만 지각 활동의 배경이 되는 경우(배경 관계)이다. 기계는 현실을 경험하게 하는 방법 또는 상황을 인간에게 제공하며, 이러한 경험은 세계에 대한 몸 지각활동의 기술적 중재를 통해서 가능하기에 우리의 몸은 기계와 연계되어서만 존재한다고 말한다. 하지만 아이디는 근본적으로 기계가 인간이 세계를 경험하는데 도움을 주는 역할을 한다고 보지만, 기계만의 방식으로 세계를 경험하거나 인간이 경험할 수 없는 새로운 현실을 만들어낼 수 있는 존재, 즉 인간과 동등한 존재로서 기계를 설명하지 않는다.

하지만 2000년대 이후로 등장한 포스트 메를로-퐁티 철학자들은 기계의 우

---

6 Merleau-Ponty, M.(1993[1964]). 'Eye and Mind', (M. B. Smith, Trans.). In G. A. Johnson (Ed.). *The Merleau-Ponty Aesthetics Reader: Philosophy and Painting.* (pp. 121-149). Evanston, IL: Northwestern University Press. p.125.

7 Ihde, D.(1990). *Technology and the Life World: from Garden to Earth.* Bloomington: Indiana University Press. p.99.

위에 있는 존재로서 인간의 개념, 인간과 기계와의 종속관계를 벗어나 인식의 주체로서 기계와 그것의 의식작용을 논의한다. 철학자 피터 폴 버빅(Feter-Paul Verbeek)은 그의 저서 『Moralizing Technology: Understanding and Designing the Morality of Things』(2011)에서 인간 몸이 기계를 통해서 세계를 경험하는데 그치지 않는다고 말한다. 인공심박조율기와 의족, 의수와 같이 기계가 인간 몸 속으로 이식되면서 인간 몸과 기계는 더 이상 분리가 불가능한 하나의 생명체로 존재하게 된다.[8] 또한, 산과 초음파나 첨단 운전자 보조 시스템과 같이, 기계가 인간의 지각활동만으로는 인식할 수 없는 현실을 경험하거나 새로운 차원의 현실을 구성하는 등의 역할을 하게 된다.[9] 이때, 기계는 단순히 인간의 경험을 도와주는 차원을 넘어서, 인간과 기계가 세계를 경험하는 공존, 협력적 관계를 형성하게 된다.

미디어 학자 마크 한센(Mark Hansen)은 저서 『Bodies in Code』(2006)에서 몸이 물리적 현실과 가상현실을 경험하게 해주는 중심의 역할을 한다고 말한다. 가상세계에서 인간은 코드 안의 몸으로 존재하는데 이것은 순수 정보화된 몸 또는 디지털 비체화된 몸이 아니라 기계와 결합되어서만 존재할 수 있는 또 다른 형태의 체화된 몸이라고 본다.[10] 그는 몸과 기계의 대립을 부정하면서 인간의 체화된 경험을 사라지게 하는 것이 아니라 오히려 강조하는 동시에 인간과 기계의 공동기능을 통해 인간 행위 주체의 증강을 가져온다고 말한다.

위의 학자들은 스스로를 포스트휴머니스트라고 지칭하지 않지만 테크놀로지와 인간 몸과의 관계에 관한 현상학적 논의를 펼치는 데 있어서 포스트휴머니스트의 태도를 보인다. 포스트휴머니즘은 근본적으로 인간의 보편적 특성과 가치를 비인간의 것보다 우위적 위치에 놓으면서 계급구조를 만드는 인

---

8 Verbeek, P.(2011). *Moralizing Technology: Understanding and Designing the Morality of Things*. Chicago and London: The University of Chicago Press. pp.144-145.

9 Ibid. pp.145-150.

10 Hansen, M.(2006). *Bodies in Code: Interfaces with Digital Media*. New York: Routledge. p.20

간중심적(anthropocentric) 사고를 거부한다. 근대 철학의 대전제, 인간/기계, 인간/자연, 인간/동물의 대립 및 계층구조를 거부한다는 포스트휴머니즘 관점에서 포스트휴먼은 타자/객체인 기술에 의해서 인간의 몸이나 정신이 강화되는 것이 아니라 기술이 자아/주체의 일부로서 존재한 상태로, 확장된 인간의 개념을 제시한다.

포스트 메를로-퐁티 철학자들은 전통적 현상학의 원리로서 주체/객체, 몸/정신 분리에 대한 거부를 넘어서 물질성/가상성 대립구조에 대한 논의로까지 확장시켰다. 인간의 경험에서 테크놀로지의 역할에 주목하면서, 테크놀로지가 스스로의 방법으로 세계를 경험하거나 새로운 현실을 구성할 때, 인간의 주체성은 인간과 기계와의 동등한 협력적 관계를 통해 확립되고 체화된다고 본다. 이러한 시각은 포스트휴머니즘이 주장한 기계가 인간의 몸의 일부로 존재하고 동등한 관계를 형성하는 포스트휴먼의 체화와 같은 맥락에서 이해될 수 있다. 포스트 메를로-퐁티 철학자들의 논의는 동시대 안무가가 디지털 퍼포먼스에서 구현한 가상의 몸 또는 사이보그의 몸에 대해서 비인간화, 비체화된 몸이라는 인식에서 벗어나서 인간 주체성의 체화의 부분으로 설명할 수 있는 이론적 근거를 제공한다.

3. 〈모탈 엔진〉에서의 포스트휴먼 몸에 대한 현상학적 해석

1) 물리적 몸과 가상의 몸의 공존

청키 무브의 전(前) 예술감독(1995-2012)이었던 기든 오바자넥(Gideon Obazanek)이 안무한 〈모탈 엔진〉은 인터랙티브 시스템 디자이너인 프리더 바이스(Frieder Weiss), 레이저 및 사운드 아티스트 로빈 폭스(Robin Fox)와의 협업작품이다. '무용-비디오-음악-레이저 퍼포먼스'로 불리는 이 작품에서 모션트래킹 센서, 카메라, 프로젝션, 인터랙티브 시스템을 이용하여 무용수의 움직임이 시각 이미지, 사운드, 레이저를 작동시키거나 변형하게끔 한다. 공연 환경은 끊임없이 충돌하고 변화하는 공간이 된다. 작품 제목에서 드러나듯, 인간 무용수는 시각, 청각 효과를 만들어내는 유기적-기계적 기관의 엔진 역할을 하게 된다.

2004년 모나코 댄스 포럼에서 처음 만난 오바자넥과 바이스는 움직이는 몸과 비디오 프로젝션 사이에서 무엇이 가능할지 실험했다. 그 결과 2006년 〈글로우(Glow)〉라는 30분 가량의 여성 솔로 작품을 만들었는데 이것은 안무와 디지털 테크놀로지를 결합한 오바자넥의 첫 작품이었다. 〈모탈 엔진〉은 〈글로우〉의 업그레이드 버전으로서, 여섯 명의 무용수에 의해 약 한 시간 가량동안 공연되는 작품이다. 〈모탈 엔진〉에는 폭스가 참여하여 오실로스코프 프로젝션과 레이저를 디자인하였는데 사운드에 직접적으로 영향을 끼치고 동시에 무용수의 움직임에 반응하였다. 〈글로우〉와 〈모탈 엔진〉의 가장 큰 차이는 퍼포먼스 공간이었다. 전자는 관객들이 무용수가 공연하고 디지털 이미지를 투사하는 흰 바닥의 무대를 내려다보는 방식이었다. 하지만 이러한 시각을 제공할 수 있는 공간이 제약되었기 때문에 안무가와 컴퍼니 프로덕션 매니저는 〈모탈 엔진〉을 위해 가파르게 기울어진 사각형 모양의 흰색 플랫폼을 고안했다. 이것은 무대 바닥으로 쓰이면서 동시에 프로젝션 스크린으로도 이용되었다.[11] 공연 중간에 플랫폼의 아래쪽은 수직으로 세워져 무용수들이 기대고 움직일 수 있는 벽으로도 활용되었다.

소용돌이, 직선, 타원, 물결과 같은 기하학적 형태의 빛나는 이미지들이 캔버스같은 플랫폼에 투사되고 삐 소리, 비트 소리, 진동 소리로 무대가 가득차면서 공연이 시작된다. 플랫폼 위에 누워 있는 여성 무용수는 쭈그리고 있거나 사지를 뒤틀거나 펼치는데 이때 회색빛 구름 이미지는 점점 커져 여성을

11 Gallasch, K.(2007). After Glow. *Realtime Arts*. 81.

포함한 플랫폼 전체를 뒤덮는다. 이때 다른 무용수들이 플랫폼 위로 굴러 들어온다. 이들은 서로 뒤엉켜 있어 마치 하나의 거대한 검정색 타란툴라와 같은 모습을 보인다. 그들은 여성 무용수에게 서서히 다가가 덤벼든다. 이 작품에 명암은 무용수와 프로젝션 사이의 충돌 그리고 무용수들간의 갈등 관계를 통해 강조된다. 예를 들어, 빛이 나는 한 여성의 몸은 한 남성의 어두컴컴한 몸과 부착되어 있는데 마치 그는 그녀의 그림자처럼 보인다. 그녀가 그와 떨어지기 위해서 몸부림치지만 그들은 계속 붙어있고 결국 하나가 된다.

가파르게 기울어진 무대 위에서 공연하기 때문에 상당한 체력을 요구함에도 불구하고 무용수들은 그로테스크하고 기교적인 움직임을 수행하여 관객의 눈을 사로잡는다. 공연의 대부분 시간동안 무용수들의 움직임은 흑백 조명으로 활용되는 시각 프로젝션과 겹쳐지거나 공존한다. 조명의 패턴은 무용수들과 다양하고 역동적 관계를 형성하면서 전시된다. 몸은 그림자로 윤곽이 잡히거나 뒤덮이거나 자국을 남긴다. 또는 기하학적 형태는 무용수 몸에 반응하여 퍼붓거나 떼 지어 움직이거나 산산이 흩어진다.

변화하는 조명은 작곡가 벤 프로스트의 사운드트랙과 결합되어 공상의 세계를 만든다. 프로스트의 음악은 거칠고 강한 소음과 고요하고 비조의 사운드가 균형적으로 구성되어 있다. 그가 미리 작곡한 시퀀스는 어느 정도는 무용수 움직임에 따라 활성화시키는 방식이었다고 하지만 이 둘의 연결성을 관객에게 거의 감지되지 않는다. 대신에 전자기기에서 나오는 탁탁거리는 소리와 불꽃 튀는 소리부터 천천히 흐르는 끈적거리는 액체소리까지 다양한 사운드 효과가 움직임에 의해서 작동된다. 예를 들어 공연 중간쯤 초록색으로 덮힌 한 남녀커플이 벽에 기대어 서있는데 이들이 움직일 때마다 벽에 어두운 그림자 자국이 남겨지면서 동시에 늘어나는 끈적거리는 도우 반죽과 같은 소리를 낸다.

공연은 초록색 레이저 빔이 공연장을 마치 매트릭스와 같은 초록빛의 터널 세계로 변모시키면서 마무리된다. 객석은 갑자기 희뿌연 연기로 가득 메워지고 레이저가 플랫폼 위쪽에서 방사되어 관객들의 머리 위를 통과하면서 객석을 관통한다. 레이저의 속도, 방향, 사이즈가 변화되고 이때 귀가 찢어질 듯한 소음이 터져 나온다. 무용수들은 레이저 속에 서있으면서 초록빛 터널과 벽을 자유자재로 만든다. 남녀 무용수가 레이저가 방출되는 방향으로 다가가는데 마치 이것은 가상의 터널 속 소용돌이로 들어가는 듯하다.

2) 가상의 몸과 그것의 행위자성 - 마크 한센의 '코드 안의 몸(Bodies in Code)' 개념을 중심으로

〈모탈 엔진〉의 인간-컴퓨터 인터페이스를 구성하는 안무적 방법을 살펴보면, 디지털 이미지, 사운드 효과, 레이저의 움직임은 고정되어 있거나 미리 결정되어 있지 않는다. 그것들은 무용수들의 움직임에 대한 신체적 데이터가 컴퓨터 시스템에 전달되자마자 이에 반응하여 생성된다. 공연 중반에 폭스의 오실로스코프 이미지가 무용수가 없는 빈 무대에 투사되는 장면이 있다. 격하고 때때로는 고막이 터질 듯한 사운드와 동시에 나타나는 휘황찬란하고 흔들리는 이미지들은 번쩍거리고 빠르게 변화한다. 폭스의 비디오 이미지와 레이저가 무용수의 물리적 움직임 그리고 사운드와 상호관계를 맺을 수 있는 것은 바이스가 개발한 칼립소(Kalypso)라는 인터랙티브 시스템에 의해 가능했다. 전(前) 산업 엔지니어였던 프리더 바이스는 무용공연작품을 위해 특별히 고안된 아이콘(Eyecon)과 칼립소와 같은 모션 트래킹 소프트웨어를 개발하였다.[12] 〈모탈 엔진〉에서 무용수의 움직임은 무대 앞에 설치된 적외선 비디오카메라로 촬영되고, 칼립소 소프트웨어의 컴퓨터 알고리즘을 통해 그들 몸 윤곽은 시각 이미지를 변형시키며 동시에 다시 몸 위로 이미지가 투사된다. 칼

12 아이콘과 칼립소 모두 무용수의 움직임을 추적하여 다양한 매개화된 형태를 만들어내는 것을 주 목적으로 하지만 그들은 차별화된 인터페이스를 위해 만들어졌다. 아이콘은 오퍼레이터가 설정해놓은 프레임 내에서 움직임의 방향, 위치, 사이즈, 높이를 분석하여 이에 따라 사운드를 생성해놓는 방식이라면, 칼립소는 몸 윤곽이 시각 이미지를 변화시키고 이러한 이미지가 다시 몸에 투사되는 형식이다.

립소 소프트웨어는 운동적 감각을 이진법 정보로 전환시키기 방식이기 때문에 몸, 조명, 비디오, 사운드, 레이저가 실시간으로 서로 반응할 수 있도록 하는 보편적 언어를 제공한다.

오바자넥은 디지털 테크놀로지를 인간 몸과 동등한 또 다른 매개체로 여긴다. 그의 안무는 인터랙티브 테크놀로지와 긴밀하게 연결되어 있으며, 이때 물리적 몸이 가상의 대응물로 계속적으로 변화하고 또 반대로 영향을 작용하는 "형성되지 않은 존재의 움직임(movement of unformed beings)"[13]에 중점을 두었다고 말한다. 즉, 가상의 존재와 그것의 행동 패턴 역시 그의 안무의 일부인 것이다. 물리적 몸과 디지털 요소들이 교차하는 방식에 있어서 오바자넥과 바이스는 이 둘의 상호관계가 〈글로우〉에서 보여준 직접적 또는 인과관계를 넘어서야 할 필요가 있다고 의견을 모았다. 가상의 존재가 "살아있는 것처럼 스스로 작동해야 한다"[14]고 여겼다.

〈모탈 엔진〉에서 나타나는 시각 이미지들은 움직이는 몸을 그대로 모방하거나 그것에 대해 수동적으로 반응하는 방식이 아닌 자가-조직화(self-organised)하는 방식으로 즉흥적으로 재배열된다. 바이스에 따르면, 물리적 존재와 가상적 존재의 관계가 너무 정확하고 명확하면 가상의 움직임이 쉽게 예측가능해지면서 긴장감과 흥미를 떨어뜨리는 결과를 낳는다. 따라서 가상의 재현은 그것 자체의 행위자성(agency)에 의해서 제어되면서 유동적이고 무질서하며 불확실한 면을 가질 필요가 있다고 주장한다.[15]

디지털 이미지와 그것들의 혼돈적(chaotic) 움직임은 무용수 몸의 역동적 변형의 재현이라는 미학적 가치뿐만 아니라 인간과 비인간사이의 관계에 대한 질문을 던진다는 점에서 존재론적 의미를 지닌다. 디지털 이미지는 인간 주체로부터 나오지만 동시에 그것은 자체적 자율성 또는 행위자성을 가지는 타

13 Obarzanek, G.(2012). A Note from Gideon Obarzanek. Chunky Move. www.chunkymove.com
14 Gallasch, K.(2007).
15 Clark, L.(2012). Industrial Algorithms Inspire Interactive Contemporary Dance. wired.co.uk

자로서 존재한다. 인간-컴퓨터 인터페이스에서 기계적 존재의 혼돈적 움직임은 인간의 체화가 몸 경계와 그것의 표상적 이미지에서 벗어날 수 있다는 점, 그리고 가상의 공간에 존재할 때 체화된 행위자성의 유형이 신체적 존재에 한정되지 않는 점을 시사한다. 연구자는 가상의 더블을 만들어내는 인터랙티브 시스템과 그것의 자율성이 함의하는 바를 체화된 행위자성과 연관 지어 살펴볼 것이며 이때 마크 한센의 '코드 안의 몸' 개념을 적용하여 설명하고자 한다.

한센은 그의 책 『코드 안의 몸: 디지털 미디어와의 인터페이스(Bodies in Code: Interfaces with Digital Media)』(2006)에서 모든 현실은 혼합현실이며 몸은 어떤 유형의 현실에서든 지각 경험에서 원초적 역할을 수행한다고 주장한다. 우리가 가상성의 공간에 들어갈 때 우리는 우리의 몸을 잃거나 비체화되지 않는다. 왜냐하면 우리 몸의 감각-운동 기능은 가상 영역에서도 작동하기 때문이다. 한센은 "가상과 물리적 영역 사이의 유동적, 기능적 교차"를 만들어내기 위해서는 "표상주의적 사실성" 또는 선진화된 시뮬레이션이 아닌 "체화된 인간 행위자성의 확장된 범주"가 요구된다고 말한다.[16] 〈모탈 엔진〉에서 디지털 이미지는 시각적으로 무용수와 동일하지 않지만 무용수의 운동 활동이 만화경, 유령같은 이미지를 변형시키고 있다는 점에서 그들의 체화된 행위자성이 가상 환경에서 작용하고 있음을 알 수 있다. 연구자는 이러한 디지털 이미지들이 한센이 말하는 '코드 안의 몸'이 나타나는 것이라고 주장한다. 더 구체적으로 말하면, 무용수의 체화가 기술적 변형으로 인해 탈영토화(deterritorialised)된 것이다. 또한 무용수의 물질적 몸이 가상환경을 경험하는 방식은 컴퓨터가 그 환경을 경험하는 방식과 동일하지 않기 때문에 무용수가 세계를 지각하고 그것에 따라 행동하는 방식은 변화할 수밖에 없게 된다.

기술이 우리의 감각경험의 본질을 어떻게 변화시키는지 설명하기 위해서

16 Hansen, M.(2006). *Bodies in Code: Interfaces with Digital Media*. New York: Routledge. pp.2-3.

한센은 철학자 숀 갤러거(Shaun Gallagher)가 개념화한 몸이 지니는 이중화된 시스템인 몸틀(the body schema)과 몸 심상(the body image)의 차이점을 인용한다. 갤러거에 따르면,

> 몸 심상은 자신의 몸을 관련한 지각, 사고방식, 생각의 체계로 구성된다. 반면에 몸틀은 인지 또는 지각적 관찰 없이도 기능하는 감각-운동 능력 체계이다.[17]

몸틀이 자세와 움직임을 관찰하고 통제하기 위한 조작 체계로 특징지어질 수 있으며 이것은 우리의 몸에 대한 의식적 인지로부터 독립적으로 작용한다. 하나의 통일된 체계로 일관성 있으며 총체적으로 작동하는 몸틀은 우리가 세계와 상호작용하기 위한 전-반성적 상태(pre-reflective)로서 감각-운동 과정을 수행한다. 반면에 몸 심상은 의식에 의해 통제되는 표상적 대상이자 내용을 지칭한다. 이것은 우리의 눈을 통해 물리적으로 그리고 개념적으로 이해되거나 다른 이의 눈을 통해서 개념적으로 이해된 것으로서 근본적으로 몸에 대한 시각적 이해를 말한다. 몸틀에 의해서 감각-운동기능은 의식과 상관없이 계속 작동하고 있으나 몸 심상은 우리가 몸의 특정 부위에 주의를 기울일 때 부분적으로 나타나거나 몸에 주의를 기울이지 않을 때는 사라지기도 한다.

또한 갤러거는 무의식적 몸틀과 의식적으로 지각된 몸 심상의 차이를 보철물의 사례를 통해 설명한다. 몸 심상이 종종 그 환경에서 구별되어 나타나기 때문에 몸 심상의 경계는 상대적으로 분명하게 구별된다. 반대로 몸틀의 감각-운동 기능은 환경과의 상호작용 안에서 작동하기 때문에 몸틀의 범주는 고정되어 있지 않으며 경계 지어지지 않는다. 한 사람이 손을 잡는 물체를 사용할 때, 그 물체는 그 사람의 몸틀 작용 범위 내로 포함된다. 이때 몸틀은 물

17 Gallagher, S.(2005). *How the Body Shapes the Mind.* New York: Oxford University Press. p. 24.

체까지 확장되지만 몸 심상의 경계는 손가락 끝으로 규정된다.[18] 도구의 사용으로 통해 확장될 수 있는 몸틀에 대한 갤러거의 생각은 메를로-퐁티에 의해서 제시된 바 있다. 메를로-퐁티는 기계적 물건을 사용할 때 몸틀은 재배열된다고 말했다.[19] 그는 맹인의 지팡이를 그 예시로 설명했는데 지팡이는 의식적 통제없이 사용되어지고 이때 맹인의 감각-운동 행동은 지팡이와 함께 작용한다고 분석한다. 다시 말하면 지팡이가 맹인의 몸틀의 일부가 된 것이다. 지팡이를 통해서 맹인의 몸이 환경과의 결합하는 범주와 능력은 확장되었다고 할 수 있다.

〈모탈 엔진〉에서의 무용수의 '코드 안의 몸'에 대한 현상학적 분석은 시각적 몸 심상과 운동적 몸틀 사이의 구별 및 사물의 활용에 따른 몸틀의 확장에 대한 메를로-퐁티와 그의 계승자 갤러거의 개념을 바탕으로 한다. 하지만 연구자는 두 가지 이유로 그들의 개념이 〈모탈 엔진〉에서의 무용수들의 몸에서 일어나는 작용을 설명하는데 불충분하다고 보았다. 첫째, 신체적 틀 뿐만 아니라 기술적으로 생성된 틀 역시 가상 환경에서의 무용수들의 체화된 경험에 작동하고 있기 때문이다. 앞서 논의했듯이, 바이스의 인터랙티브 시스템은 자율성을 지니고 있어서 가상환경을 스스로의 방식으로 감지하고 그것에 따라 행동할 수 있다. 다시 말하면, 인터랙티브 시스템은 무용수의 몸틀에 포함될 뿐만 아니라 그것을 재설정(reconfigure)하는 것이다. 둘째, 무용수의 몸 심상은 표상적 이미지를 보유하지 않는다. 시각적 몸 심상이 몸의 표피 세포를 경계로 나타나는 맹인의 사례와는 달리, 가상에서의 무용수들은 그들의 표상적 몸 심상에서 벗어나 디지털 이미지 형태로 나타나기 때문이다.

바로 이것이 코드 안의 몸은 "메를리-퐁티의 체화된 현상학의 중심이 되는

18 Gallagher, S. & Cole, J.(1995). Body Image and Body Schema in a Deafferented Subject. *The Journal of Mind and Behavior.* 16(4). p.372.

19 Merleau-Ponty, M.(1962[1945]). *Phenomenology of Perception.* (C. Smith, Trans.). New York and London: Routledge. pp.142-145.

기술의 (제한적) 비전으로부터 중대한 분리"를 필요로 한다고 한센이 주장한 이유이기도 하다.[20] 한센이 의미하는 "몸틀의 기계적 (재)배치"[21]는 메를로-퐁티의 '신체적 몸틀을 재배열하고 새롭게 하는 것'을 급진화시킨 것이다. 한센에 의하면

> 가상 환경에서 [몸 심상과 몸틀] 사이의 차이점은 완전하게 사라져버렸다. 다시 말하면, 이러한 환경에서는 인간은 몸 자신(body proper)에 대한 어떤 경험을 하든지 (표상적) 이미지 형태를 가지지 않으며 대신에 몸 움직임의 데이터의 대리적(representative) 기능, 즉 이러한 데이터가 몸을 재현하는 방식을 통해 나타나기 때문이다.[22]

한센은 우리의 몸이 가상의 영역으로 들어가면 몸 자신의 경험에서 의식적으로 이해한 시각적 몸 심상은 기계가 우리 몸 움직임의 데이터를 재설정하는 방식에 따라 나타나게 된다고 말한다. 결과적으로, 컴퓨터 시스템이 감각-운동 과정에서 어떻게 기능하는지가 바로 데이터가 몸 움직임을 어떻게 재현하는가를 의미하게 된다.

〈모탈 엔진〉에서의 무용수의 체화된 경험은 몸 심상과 몸틀의 구별점이 와해되었음을 드러내며 더 나아가 "기계적으로 작용하는 몸틀의 창조적 배열 가능성"을 보여준다.[23] 무용수의 몸틀은 인터랙티브 시스템과 그것의 감각-운동 기능에 의해서 탈영토화되고 재영토화되는데 이때 신체적 몸틀은 단순히 조율(메를로-퐁티의 용어로는 재배치)되거나 또는 급진적으로 재배치된다. 디지털 이미지, 즉 무용수 움직임의 재설정된 데이터는 몸 심상으로 나타나며, 무용수들을 이러한 몸 심상을 의식적으로 지각하고 가상 환경 속 자신의 몸으로

20 Hansen, M.(2006). p.48.
21 Ibid. p.48.
22 Ibid. p.49.
23 Ibid. p.49.

생각하게 된다.

〈모탈 엔진〉에서 나타나는 코드 안의 몸으로서 가상 더블은 기계가 무용수의 경험에서 있어서 구성요소로서의 역할을 한다는 것을 보여준다. 인터랙티브 시스템과의 결합을 통해서만 경험할 수 있는 새로운 수행적(performative) 현실에 들어가기 위해서 무용수는 자신의 체화된 행위자성을 확장시킨다. 작품에서 무용수의 행위자성의 범주의 확장은 무용수의 몸 경계가 단순히 확장된 것만이 아니라 그들의 몸 심상이 몸 자신에서 벗어난 형태를 가지며 인터랙티브 시스템의 자율성은 그것의 몸틀 작동을 통해 무용수 몸틀을 근본적으로 재배치시킨다. 즉 무용수들의 경험이 그들의 신체적 몸과 인터랙티브 시스템에 의해 공동으로 구성된다는 점에서 무용수는 포스트휴먼으로 존재하다고 볼 수 있다.

3) 포스트휴먼 주체성의 이중적 체화 - 드류 레더의 '몸의 사라짐/이상-출현(bodily dis-/dys-appearance)' 개념을 중심으로

앞서 비체화된 존재로서의 가상 이미지에 대한 개념을 재고했다면, 다음은 무용수의 주체성이 체화되는데 있어서 신체적 몸과 가상 이미지가 어떠한 관계를 형성하여 작용하는지에 대해서 탐구할 것이다. 공연 내내 디지털 이미지가 무용수의 움직임에 즉각적으로 반응하는데 반해 무용수들은 그들의 가상 대응물을 인지하지 않고 있으며 그것으로부터 직접적 영향을 받지 않는 것처럼 보인다. 무용수들의 움직임 시퀀스는 고정되어 있기 때문에 디지털 이미지의 비예측적, 혼돈적 행동을 반영하여 즉흥적으로 움직이는 경우는 거의 없다. 무용수는 마치 가상의 이미지와의 관계를 맺지 않고 자기-표상에만 의식을 두고 있는 것처럼 보인다. 연구자는 무용수가 자신의 신체와 가상화된 몸을 어떻게 지각하고 인지하며 체화하는지를 살펴보기 위해 현상학자 드류 레더가 개념화한 '사라지는 몸(disappearing body)'과 '이상출현하는 몸(dysappearing body)'을 바탕으로 분석할 것이다.[24]

레더는 그의 책 『부재한 몸(The Absent Body)』(1990)에서 인간 경험의 토대로서 몸은 일상적 상황 속에서는 경험적으로 부재한 상태인 경향이 있다고 말한다. 몸의 세계와의 관계의 근본적 원리로서 체험된 몸의 탈자적 성격을 발전시키기 위해 레더는 "밖에 나가 섬(standing out)"을 의미하는 하이데거의 탈자(ecstasis) 개념[25]을 바탕으로 설명한다. "몸의 진짜 본질은 위치에 서있는 곳에서 밖을 향하고 있다는 것이다. 근거리와 원거리의 지각하는 세계가 '여기'로부터 나타난다. 우리는 활동과 목표의 과거와 미래 세계를 '현재'에서 산다"[26]. 우리가 물리적 또는 인지적 활동을 할 때, 우리의 몸은 세계의 어떤 것을 지각하기 위해 밖으로 향한다. 이때 몸은 자기-인지에서 멀어지면서 체화된 경험 안에서 부재하게 된다. 예를 들어, 독자가 자신의 신체적 감각 또는 자세가 아닌 책의 내용에 자신의 주의를 기울이는 것, 또는 스포츠 선수가 그의 몸이 재빠르고 정확하게 상대편의 움직임에 반응하고 있음에도 불구하고 자신의 움직임이 아닌 상대방 움직임에 바라보고 있는 것과 같다.[27] 중요한 것은 몸의 부재가 "단순히 효력이 없거나" "순전히 무효"하다는 것이 아니다. 오히려 몸의 부재는 몸이 지각작용을 하지만 그동안에 "간접적이거나 미미하게" 존재하는 중심점으로서 역할하고 있음을 의미한다.[28]

레더는 몸의 자기-은폐(self-concealment)에 있어서 두 가지 상호보완적 형태, "초점적 사라짐"과 "배경적 사라짐"을 제시한다.[29] 예를 들면, 어떤 이가 시골을 돌아다니다가 한그루의 나무를 응시할 때, 그의 눈은 시야의 중점이다. 그

24 Leder, D.(1990). *The Absent Body*. Chicago and London: The University of Chicago Press. p.84.

25 Heidegger, M.(1962[1927]). *Being and Time*. (J. MacQuarrie and E. Robinson, Trans.). New York: Harper & Row. p.377.

26 Leder, D.(1990). pp.21-22.

27 Ibid. p.1.

28 Ibid. p.22.

29 Ibid. p.26.

의 눈은 시야 내에서 절대 나타나지 않는다. 눈의 자기-은폐는 레더가 말하는 초점적 사라짐을 의미한다. 동시에 울타리 기둥 사이에 뻗어진 다리, 이동하는 머리 등 그의 몸 대부분 역시 체화된 경험에 관여한다. 하지만 이러한 몸은 분명한 인지로부터 사라진다. 레더는 이러한 몸을 배경적 사라짐으로 간주하면서 몸이 배경화되는 것은 몸이 감각운동 활동에 관여하지 않아서가 아니라 주어진 경험에서 몸의 초점이 아니기 때문이라고 설명한다.[30]

레더는 "떨어져 있음(being-away)"으로서 부재의 또 다른 방식으로 이상출현(dys-appearance)을 제시하는데 이것은 문제적 순간을 의미한다. 즉, 몸의 일상적 기능에서 벗어날 때 우리의 몸은 "현존(presence)"하게 된다. 우리 몸 자체가 또는 몸을 다루는 방법이 일상적인 것에서 벗어나면 우리는 몸을 인지하게 되고 그것은 "타자(the Other)"로 나타난다.[31] 이상출현한 몸은 기능장애 그리고 문제적 상태에서 등장하고 사람들로 하여금 그들의 몸에 주목하게 만든다. 이상출현은 병리학적 물리적 생리학적 문제 뿐만 아니라 정서적 장애, 지각적, 운동적 장애에 의해서도 나타난다.[32] 레더에 의하면 "고통뿐만 아니라 특별한 감정이 없거나 즐거운 체감(coenesthesias)" 역시 몸에 집중하게 만들지만 그렇다고 몸에 주목하는 모든 방식이 몸의 이상출현을 내포하는 것은 아니다.[33] 특별한 감정이 없거나 즐거운 운동감각적, 시각적, 촉각적 자기-경험은 자신의 자유의지에 의해 이행되고 개인적 문화적 차이에 따른다. 하지만 반대로 몸의 이상출현은 피할 수 없는 강화된 신체적 인지를 요구하며 이것은 감각적 힘, 세계와의 관계 재조직, 자기-해석 및 문제 해결을 동반하며 체화에 대한 존재적 문제를 제기하기도 한다.

'사라지는 몸'과 '이상출현하는 몸'에 대한 레더의 이론은 〈모탈 엔진〉에서

30 Ibid. pp.11-12.
31 Ibid. p.70.
32 Ibid. pp.84-54.
33 Ibid. p.91.

무용수의 그들의 가상 더블과의 경험을 해석하는데 가치있는 관점을 제공한다. 바이스는 라이브 공연 중에 무용수들은 투사된 디지털 이미지와 직접적으로 마주하지 않는 경향을 보이지만 안무과정에서는 자신의 움직임과 관계하여 인터랙티브 시스템의 잠재적 체화된 이행을 이해하기 위해서 이미지 경험에 완전히 몰두하고 있었다고 말한다.[34] 연습과정에서 무용수는 디지털 이미지가 어떻게 움직이고 자신의 움직임을 어떻게 반영하는지 집중하기 때문에 그들의 신체적 현존은 순간적으로 자기-인지에서 사라질지도 모른다. 이는 레더가 말한 "몸은 타자라는 것을 드러내는 행위에서 스스로를 감춘다"[35]는 것을 보여준다. 디지털 이미지는 무용수의 주의를 끄는 타자로서 경험된다. 하지만 그것은 인터랙티브 시스템에 의해 무용수의 몸이 탈/재영토화된 형태, 즉 앞서 말했듯이 무용수의 확장된 체화의 일부라는 점이다. 따라서 가상의 이미지는 기능장애 또는 문제적 상태를 만들고 몸의 자기-인지를 요구하기 때문에 레더가 말하는 이상출현 몸이라고 설명될 수 있다.

무용수의 가상더블을 이상출현한 몸이라고 볼 때 가상화된 몸의 문제적 상태란 컴퓨터 시스템이 잠재적으로 지내고 있는 바이러스, 작은 결함, 고장, 셋업과정 속 인간의 실수와 같은 기능장애에 의해 발생되는 것으로 추정할 수 있다. 하지만 인터랙티브 시스템의 작동이 문제가 없더라도 이상출현은 인터랙티브 시스템에 대한 무용수의 낯설음 그리고 발생되는 가상 더블의 혼돈적 패턴에 의해 발생 가능한다. 바이스가 말한 리허설동안 무용수가 인간-컴퓨터 인터페이스의 작동체계를 몸으로 이해하기 위해서 계속적으로 변화하는 디지털 이미지에 완전히 집중하고 있는 것, 이것이 레더가 말한 몸의 이상출현을 야기하는 "운동틀의 초기적 습득"으로 볼 수 있다.[36] 앞서 논의했듯이, 인터랙티브 시스템은 근본적으로 무용수의 운동성을 지닌 몸틀을 재배치하기

34 Clark, L.(2012).

35 Leder, D.(1990). p.22.

36 Ibid. p.85.

때문에 무용수는 가상환경에서 인터랙티브 시스템의 감각운동 기능작용에 적응하기 위해 시간과 훈련이 필요하다.

가상의 자아가 이상출현한 몸으로 지각되는 또 다른 이유는 인터랙티브 시스템의 복잡성에 기인한 가상더블의 혼돈적 패턴 때문이다. 작품은 독특한 움직임 특질과 행동 패턴을 지닌 다양한 디지털 이미지를 보여주는데 이것들은 무용수에 완전히 통제되지 않으며 자신의 방식으로 행동한다. 인터랙티브 시스템의 자율성은 예상 밖의, 돌발적 행동을 만들어내고 그것들은 무용수들이 의도하거나 원하는 방향이 아닐 수도 있다. 따라서 디지털 프로젝션은 무용수에게 당황스러움과 혼란을 가져올 수 있다. 이때 이미지의 혼돈적 패턴은 무용수에게 자신의 신체적 행동을 되돌아보고 조정하게 만든다. 이러한 작용은 레더가 설명한 "운동영역에서 기능장애는 신체적 자기-의식을 가져온다"는 것과 일치한다.[37] 무용수의 주의는 가상환경을 향하는 동시에 자신의 신체적 체화에도 향하는 상황이 벌어진다. 다시 말하자면, 가상환경의 경험에서 신체적, 가상적 자아는 자기-인지에서 사라지지 않는다. 대신에 그것들은 계속적으로 상호작용하고 서로에게 영향을 주면서 물리적 몸과 인터랙티브 시스템의 감각-운동 기능의 결합을 가져온다.

리허설의 과정과 달리 라이브 공연에서 무용수는 그들의 가상더블에 분명하게 주의를 기울이는 것 없이 그것과 독립적으로 움직이는 것으로 보인다. 무용수가 몸의 이상출현 경험 없이 가상 이미지와 함께 존재하게 된 것이다. 이러한 현상은 무용수가 새로운 테크닉을 배울 때 몸의 강화된 인지를 요구하지만 오랜 기간 동안 집중된 훈련 후에 자신의 몸에 대한 의식적 제어없이 테크닉을 수행할 수 있는 것과 유사하다.[38] 기술과 연관된 일련의 특정 움직임

37 Ibid. p.85.

38 Sutton, J.(2005). Moving and Thinking Together in Dance. In R. Grove, C. Stevens and S. McKechnie (Eds.), *Thinking in Four Dimensions: Creativity and Cognition in Contemporary Dance* (pp. 50-56). Melbourne: Melbourne University Press. p.52.

이 무용수의 운동영역에 가능한 완전히 체화될 때 그러한 움직임들은 주의에서 멀어지고 "암묵적(tacit)"[39]이 된다. 무용수는 디지털 이미지와의 상호작용을 오랜 기간 집중적으로 경험한 후, 더 이상 디지털 이미지에 주의를 기울이거나 자신의 신체적 몸에 대한 자기-인지를 할 필요가 없어진다. 왜냐하면 무용수는 가상더블의 혼돈적 패턴을 숙달했기 때문이다. 다시 말하자면, 무용수들은 기계적으로 재설정된 몸틀을 다시 배웠을 때, 인터랙티브 시스템은 하이데거가 말한 "손에 있는(present-at-hand)" 상태에서 "쓰이는(ready-to-hand)" 상태로 변모한 것이라고 볼 수 있다.[40]

하이데거는 도구의 기능을 인간과 실재 사이의 "연결고리"로 설명하고 이때 "쓰이고자 하는" 물체와 "손에 있는" 것의 개념을 구별한다. 그에 의하면 도구가 무엇을 하는데 쓰여질 때 사용자는 도구 그자체로부터 무엇을 하는 행위로 관심이 이동한다. 예를 들어, 고도로 숙련된 목수가 못을 박을 때, 망치는 더 이상은 손에 있는 것이 아니라 쓰이는 상태가 된다. 이러한 관점에서 무용수에게 인터랙티브 시스템은 쓰이는 상태가 되었다고 볼 수 있다. 공연 중이 일어나는 것은 가상더블이 신체적 자아와 별개로 존재하는 것이 아니라 배경으로 사라졌음을 의미한다. 가상의 영역과 행동은 무용수 몸틀안에 들어오지만 그것들은 감각-운동 관계에서 중점이 아니라 몸의 배경의 일부가 된다.

작품 속 무용수의 신체적 그리고 가상적 움직임은 무용수의 재체화 과정에서 서로에게 영향을 주면서 생성된다. 무용수들은 신체적, 기계적 몸틀의 결합을 통해 이중적 몸 심상을 가지면서 물리적, 가상적 공간 사이에 존재하고 있다. 따라서 그들의 동일하지 않지만 이중적인 현존은 하나가 다른 것을 대체하는 것이 아닌 상호 엮여서 존재한다는 점에서 포스트휴먼의 분열된 주체

39 Leder, D.(1990). p.85.

40 Heidegger, M.(1962[1927]). pp.95-107.

성이 아닌 통일된 주체성의 체화로 이해할 수 있다.

4. 결론

서구문화 속에서 기술은 인간성과 신체성을 위협하는 것으로 여겨져 왔다. 이러한 인간과 기술, 물리적인 것과 가상적인 것 사이의 대립적 관계는 서구사회에 뿌리 깊게 박혀있는, 그리고 무용을 비롯한 퍼포먼스 분야에서 격렬하게 저항해왔던 데카르트식 이원론을 토대로 한다. 이 연구는 정신과 신체, 인간과 기계, 실재와 가상의 이원론적 관점을 벗어나 디지털 퍼포먼스에서 나타나는 가상적 몸 그리고 그것과 물리적 몸과의 관계를 이해하기 위해서 현상학 이론, 특히 메를로-퐁티와 그의 계승자의 철학이 이론적 근거로서 유용함을 주장하였다. 그리고 〈모탈 엔진〉의 무용수와 디지털 이미지간의 실시간 인터페이스를 탐구함으로써 가상적 몸이 신체적 현존이 결여된 비체화된 것이 아닌 신체성이 재체화된 상태로서 가상적 몸을 개념화했다.

무용수의 체화된 행위자성은 가상성의 공간으로 확장되고 가상더블로서 디지털 이미지를 만들어낸다. 무용수의 몸 경계가 단순히 확장된 것만이 아니라 그들의 몸 심상이 몸 자신에서 벗어난 형태를 가지면서 디지털 이미지는 무용수의 '코드 안의 몸'이 된다. 동시에 자율성을 지니는 인터랙티브 시스템은 무용수 몸틀을 근본적으로 재배치시킨다는 점에서 무용수들의 가상공간에서의 경험은 물리적 몸의 지각체계와 인터랙티브 시스템에 의해 공동으로 구성된다고 볼 수 있다. 이때 중요한 사실은 무용수의 주체성이 체화되는데 있어서 신체적 몸과 가상 이미지가 분리되거나 대체되는 것이 아니라 서로 영향을 주고받으면서 생성된다는 것이다. 무용수들은 물리적, 가상적 공간 사이에 존재하면서 물리적인 동시에 가상으로 현존하는 이중적 현존의 상태, 즉 포스트휴먼으로서 존재하고 있다.

오바자넥은 안무가 디지털 테크놀로지와 혼합될 때 인간 움직임은 그것의 운동적 감각이 반영되는 조명, 음악, 레이저와 같은 다른 매체와의 상호작용을 통해 확장될 수 있다고 말한다. 이러한 몸과 기술의 통합은 유형, 무형의 세계 사이의 조화를 가능케 한다고 보았다.[41] 작품 속에서 오바자넥은 가상성의 잠재력에 대해서, 육체가 지니는 제약으로부터 해방된 정신의 영역으로서 유토피아적 비전이거나 실체가 없는 시뮬라크르, 독단적 망상의 세계와 같은 디스토피아적 비전을 드러내지 않는다. 오히려 가상성이 단지 또 하나의 세계 영역이며 확장된 인간의 체화된 행위자성을 통해 물리적 영역과 상호연결되어 있는 세계임을 말한다. 이러한 관점에서 그는 가상과 분리되는 물리적 몸, 물리적 현실에 대한 인본주의적 관념에서 벗어나 있다고 볼 수 있다.

41 Obarzanek, G.(2012).

8장

프로젝션 맵핑, 새로운 무용의 가능성을 펼치다

— 무용 공연 및 융복합 공연 사례를 중심으로[1]

허가영

1. 프로젝션 맵핑, 무용의 새로운 가능성

어느 날, 우연히 거리를 걷다가 빛과 어우러진 멋진 퍼포먼스를 마주한다면 그것은 얼마나 환상적인 경험일까? 이것은 꿈이나 상상이 아닌 현재 세계 각국 도시의 상징적인 건축물과 공연예술 무대에서 벌어지고 있는 현실이다. 새롭고 낯선 흥미를 느끼게 하는 '프로젝션 맵핑(Projection Mapping)'은 대중들에게 쉽게 다가가면서 깊은 인상을 남길 수 있는 미디어 기법으로 최근 가장 새롭게 떠오르고 있는 공연 트렌드이다. 건물 외벽을 스크린으로 활용하는 미디어 파사드(Media Façade) 기법 중 하나인 프로젝션 맵핑은 빛으로 이루어진 영

1 이 글은 이화여자대학교 무용학연구소 제1회 국내학술심포지엄에서 구두 발표한 논문이며, 2017년 『대한무용학회논문집』 75(3)에 게재한 것을 수정, 보완 한 것이다.

상을 고해상 프로젝터를 사용하여 건축물과 다양한 대상물에 투사하는 기술로 현실에 존재하는 대상을 새로운 모습처럼 보이도록 변화를 준다는 점이 매력적이다.[2]

최근 미디어의 발달로 침체기를 겪었던 전통적인 방식의 공연산업이 첨단 미디어와 융합하면서 다시 활기를 띠고 있다. 첨단 미디어를 활용한 퍼포먼스는 기존의 전통적 아날로그 방식의 공연보다 비교적 쉽게 다양한 효과를 구현할 수 있어서 풍성하고 화려한 볼거리를 제공하고, 관객들의 여러 감각을 자극하여 작품에 몰입을 이끌어내기 위해 사용된다.[3] 특히, 프로젝션 맵핑은 공연예술분야뿐만 아니라 한 도시의 얼굴까지 바꾸고 영화와 광고, 홍보, 패션쇼, 페스티벌, 인터렉티브 아트 등 다양한 분야에도 새로운 바람을 일으키며 활용되고 있다.[4] 이러한 흐름에 따라 최근 무용분야에서도 프로젝션 맵핑을 활용한 공연사례가 점차 늘어나고 있으며, 이러한 시도는 무용공연의 새로운 장을 열 수 있을 것이라 기대된다.

오늘날 문화예술에 대한 대중의 인식이 높아지고 소비가 증가함에 따라 다양한 예술분야에 대한 크나큰 관심으로 영화, 대중음악, 연극, 뮤지컬 부분은 호황을 누리고 있다. 그러나 무용분야를 살펴보면, 타 예술분야에 비해 관심이 저조하며[5] 공연시장이 전반적으로 침체되어있다.

2016년 문화체육관광부와 한국문화관광연구원이 전국 17개 시 · 도에 거주하고 있는 만 15세 이상 남녀 10,716명을 대상으로 실시한 『2016 문화향수실태조사』에 따르면, 2016년 한 해 동안 '무용'공연을 관람한 사람들은 1.3%에

---

2 김은수(2013). 프로젝션 맵핑(Projection Mapping)이 적용된 이벤트 공간 경향 분석. 『학술대회논문집』 11권. p.144.

3 조종학(2015). 첨단 미디어 기법을 활용한 공연 콘텐츠에 관한 연구.『한국디자인문화학회지』 21권2호. pp.638-639.

4 박진영,김운미(2014). 프로젝션 맵핑을 활용한 한국 전통춤의 활성화 방안. 『우리춤과 과학기술』 25권. p.108; 장정호(2010). 건물의 유래와 역사를 기반으로 한 스토리텔링/프로젝션 맵핑 연구. 국민대학교 석사학위논문. p.10.

5 박진영,김운미, 프로젝션 맵핑을 활용한 한국 전통춤의 활성화 방안. p.107.

불과하였다. 문화예술행사 연평균 관람횟수 변화추이를 살펴보면, 무용 공연은 2003년에 1.1%로 2003년부터 2016까지 약 13년 동안 큰 변화가 없고 타 예술분야(대중음악, 문학행사, 연극, 뮤지컬, 미술전시회, 서양음악, 영화, 전통예술)에 비해 가장 낮으며 2014년에 대비하여 -1.1%의 증감률을 보이고 있다.[6] 또한, 관람할 의향에 관한 응답에는 '무용'은 3.2%로 타 예술분야에 비해 최하위로 나타났다.[7] 그리고 '2016 공연예술실태조사'를 살펴보면, 2015년 한 해 동안 총 5가지 장르(연극, 무용, 양악, 국악, 복합) 중 무용장르의 국내공연건수는 3,727건이며 관객 수는 2,001,288명이었다. 이는 공연 건수에서는 세 번째로 가장 적은 공연이 상연되었고 가장 공연 건수가 많은 연극과 양악에 비해 약 1/4정도로 현저히 적으며 가장 적은 공연이 상연된 국악·복합과도 거의 차이가 없다. 또한, 관객 수에서는 네 번째에 해당하는 수치이며 최하위인 국악과 비교하였을 때 역시 큰 차이가 없다.[8]

다시 정리해보면, 무용분야는 다른 예술분야에 비해 관람률 및 관람 의향률이 최저이며 상연된 공연 수는 국악·복합장르 다음으로 가장 적었고 두 번째로 가장 적은 관객이 관람하였다. 이러한 조사결과에서 보이는 바와 같이, 무용분야의 저조한 상황은 앞으로도 계속될 것으로 보인다. 따라서 현재 무용분야는 볼 의향도 없으며 볼 기회조차도 적은 대중들의 관심을 이끌어내고 쉽게 다가갈 수 있는 새로움과 변화가 필요한 시점이다. 그러므로 최근 첨단 미디어와의 만남이 활발한 공연예술의 흐름에 따라 프로젝션 맵핑 기법이 정체되고 침체된 무용 공연시장에 활기를 줄 수 있을 것이라 예상된다.

프로젝션 맵핑과 관련된 선행연구를 살펴보면, 미디어와 영상, 디자인, 컴퓨터 분야에서 프로젝션 맵핑을 활용한 다양한 사례분석[9]과 함께 실제 연구

6 문화체육관광부(2016).『2016 문화향수실태조사』. 문화체육관광부. p.24.

7 문화체육관광부,『2016 문화향수실태조사』. p.34.

8 문화체육관광부(2016).『2016 공연예술실태조사』. 문화체육관광부. p.122.

9 천주은,박종일(2016). 3D 프로젝션 맵핑에 의한 무대 공간의 확장과 변형.『방송과 미디어』 21권2호. pp.80-89.

자가 프로젝션 맵핑을 활용하여 구현한 작품분석 연구[10]가 진행되었다. 실제 구현된 작품들은 스토리의 흐름에 따라 영상을 제작하여 일반적인 스크린이나 팝업북(Pop-up Book), 건축, 자전거 등 다양한 대상물에 투사하는 방식으로 전시하였다. 그리고 공연예술분야에서 이루어진 연구를 살펴보면, 공연무대에서 서브콘텐츠의 범위에 머물렀던 프로젝션 맵핑을 단독 콘텐츠로서의 활용 방안에 대한 연구[11]와 프로젝션 맵핑을 포함한 첨단 미디어와 기존 공연분야의 융합사례 조사 및 첨단 미디어를 활용한 공연콘텐츠의 중요성[12], 그리고 한국 전통춤의 활성화 방안으로 프로젝션 맵핑의 필요성[13]에 대한 연구가 진행되었다.

이처럼 선행연구의 시작과 연구된 분야를 살펴보면, 프로젝션 맵핑은 최근에 많은 분야에서 주목하기 시작했음을 알 수 있다. 대부분 미디어 아트 분야에서 활발하게 연구가 진행되어 왔으며 단순히 방안을 제시하는데 그치지 않고 실제 활용하는 연구로 이어지고 있다. 이에 반하여 공연예술분야에서 실시된 연구는 그 양이 현저히 적고 프로젝션 맵핑의 필요성을 제시하는 데에서 그쳤으며 실제 구현하는 단계에 있어서는 한계를 지니고 있었다. 특히 무용분야의 경우, 박진영 · 김운미(2014)의 연구를 제외하고는 거의 전무한 실정이다. 그러므로, 본 장에서는 프로젝션 맵핑이라는 낯설고 매력적인 기법에 대한 소개와 이 기법을 무용공연에 활용할 수 있는 방안에 대한 새로운 시각을 제시하고자 한다. 또한 이를 통해 무용공연의 활성화를 위한 하나의 방법

10 고은빈(2011). 프로젝션 맵핑을 활용한 공연콘텐츠 연구. 국민대학교 석사학위논문; 라경업(2011). 상호작용성을 통한 프로젝션 맵핑 연구작품'Views of us'제작과 전시를 중심으로. 국민대학교 석사학위논문; 바이사(2012). 미디어파사드의 인터렉티브 3D 프로젝션 맵핑의 활용에 대한 연구. 숭실대학교 석사학위논문; 박진형(2014). 관객의 몰입도와 스토리텔링 전달 향상을 위한 트랜스미디어 활용에 대한 연구3D프로젝션 맵핑을 이용한 팝업 북 퍼포먼스 연구 작품'History of Cyber Space'중심으로. 홍익대학교 석사학위논문; 이원철(2014). 움직이는 조형물을 활용한 프로젝션 맵핑의 조형요소의 인지적 특성에 관한 연구. 중앙대학교 석사학위논문; 장승은,김상욱(2012). 프로젝션 맵핑에 의한 미디어 파사드. 『한국HCI학회 학술대회』 2012-1호; 장정호, 건물의 유래와 역사를 기반으로 한 스토리텔링/프로젝션 맵핑 연구.

11 고은빈, 프로젝션 맵핑을 활용한 공연콘텐츠 연구.

12 조종학, 첨단 미디어 기법을 활용한 공연 콘텐츠에 관한 연구.

13 박진영,김운미, 프로젝션 맵핑을 활용한 한국 전통춤의 활성화 방안.

으로 프로젝션 맵핑의 가능성을 확인할 수 있을 것이라 생각된다.

이에 따라 본 장은 최근 국내 무용분야에서 프로젝션 맵핑이 활용된 공연 사례 살펴보고 향후 폭넓은 활용을 위한 방안을 제시하여 무용 공연의 새로운 가능성을 탐색해보고자 한다. 이를 위해 프로젝션 맵핑의 개념을 살펴보고 본 저자가 직접 관람한 국내 무용 공연 및 융복합 공연의 사례를 분석하여 최근 공연의 경향과 특징을 고찰해보고자 한다. 향후 미디어를 활용한 무용 공연은 점차 늘어날 전망으로 현 시점에서 보완점을 확립하고 방향성을 갖고 꾸준히 나아간다면 무용과 프로젝션 맵핑의 만남을 통해 침체된 무용 공연시장에 활기를 줄 수 있을 것이라 기대한다.

2. 프로젝션 맵핑, 움직이는 빛

1) 프로젝션 맵핑의 개념

오늘날 인간은 인터넷과 스마트폰 등 다양한 디지털 미디어를 통해 바깥세계와 접촉을 하며 세계를 인식하고 커뮤니케이션을 하는 방식에 변화를 겪었고, 고유한 사회적 · 문화적 현상을 야기하면서 디지털 시대에 살고 있다. 역사적으로 인간의 삶과 예술 양식이 그 시대의 사회, 문화적 변화와 함께 밀접한 관계를 맺어왔던 것처럼, 디지털 미디어의 등장은 현대예술에 큰 변화를 가져왔다.[14]

디지털 시대의 예술은 디지털 아트, 미디어 아트, 뉴미디어 아트 등 다양한 호칭으로 불리며 기존에 정확히 구분되었던 개별예술 장르와 달리 각 예술의 정체성이 모호해지고 다양한 장르간의 융합이 일어나고 있다. 그리고

14 박숙영(2016).『디지털미디어와 예술』. 이화여자대학교출판부. p.5.

신체를 이용하며 무대라는 한정적인 공간에서 이루어지는 공연예술도 마찬가지로 디지털 시대에 다른 장르와의 융합 속에서 변화하고 있다. 특히, 공연의 보조 수단이었던 무대 영상이나 음향이 컴퓨터 기술로 인해 통합되면서 멀티미디어 퍼포먼스 공연예술의 형태로 선보이고 있으며 이는 음악과 무용, 연극 등의 경계를 뛰어넘는 동시에 모두를 융합시켰다.[15] 현재 미디어와 예술의 만남으로 공연예술 영역이 확장되고 있으며 최근 프로젝션 맵핑이라는 미디어 기법이 등장하면서 뉴미디어 아트와 미디어 공연분야에서 폭넓게 활용되고 있다.[16]

새롭게 떠오르는 공연콘텐츠인 '프로젝션 맵핑'의 사전적 의미를 살펴보면, 프로젝션(Projection)은 투사라고 해석되어 '빛을 비추다' 혹은 '빛을 던지다'라는 뜻을 가지며 맵핑(Mapping)은 컴퓨터 애니메이션에서 모델을 보이기 위해 2차원의 이미지를 3차원 대상의 표면 위로 옮겨서 표현하는 것을 말한다. 따라서 프로젝션 맵핑은 프로젝션의 '빛을 던지다'와 맵핑의 '입히다'라는 두 가지 개념이 합쳐진 컴퓨터 그래픽 용어의 합성어로서 대상물의 표면에 실제 대상물과 동일한 비율로 제작된 영상을 빔 프로젝터를 활용하여 투사하는 영상 기법을 말한다. 이러한 효과는 대상물에 빛을 비추어 현실에 존재하는 대상을 달리 보여주면서 새로운 모습처럼 보이도록 만들어 착시를 활용한 기법이다.[17] 그리고 평면상에서 만들어진 질감과 무늬가 입체 위로 변환되는 작업으로 대상물은 사실성을 획득하고 이것은 증강현실(Augmented reality)의 개념으로도 이해된다.[18]

---

15 윗 글, pp.48-53.

16 조종학, 첨단 미디어 기법을 활용한 공연 콘텐츠에 관한 연구. p.642.

17 김은수, 프로젝션 맵핑(Projection Mapping)이 적용된 이벤트 공간 경향 분석. p.14; 라경업, 상호작용성을 통한 프로젝션 맵핑 연구작품'Views of us'제작과 전시를 중심으로. p.18; 위키백과, 「프로젝션 맵핑 용어」.(2016년 11월 9일); 장정호, 건물의 유래와 역사를 기반으로 한 스토리텔링/프로젝션 맵핑 연구. pp.7-8.

18 고은빈, 프로젝션 맵핑을 활용한 공연콘텐츠 연구. p.4; 라경업, 상호작용성을 통한 프로젝션 맵핑 연구작품 'Views of us'제작과 전시를 중심으로. pp. 17-18; 장정호, 건물의 유래와 역사를 기반으로 한 스토리텔링/프로젝션 맵핑 연구. p.7.

프로젝션 맵핑을 구현하기 위해서는 기본적으로 2D · 3D의 디지털 이미지나 영상을 제작하고 사물의 실제 크기를 변환시키는 소프트웨어, 그 영상을 투사하는 프로젝터나 컴퓨터 등의 하드웨어가 필요하다.[19] 그리고 구성요소로는 투사되는 영상인 콘텐츠와 영상이 투사되는 대상물, 체험하는 관객으로 나눌 수 있다.[20]

프로젝션 맵핑의 장점을 살펴보면, 장점은 첫째, 한정된 장소가 아닌 어느 공간에서나 가능하므로 공간제한 없이 무한한 표현이 가능하다. 둘째, 작가의 의도대로 빛을 통해 대상물을 마음껏 변형시킬 수 있으며, 언제든지 원상복구가 가능하다. 셋째, 프로젝션 맵핑을 통해 대상물에 구현된 영상으로 보다 실제감과 확장된 공간감을 불러일으킨다.[21] 넷째, 다른 매체에 비해 장소만 제공이 된다면 짧은 시간과 저렴한 비용으로 더욱 화려한 퍼포먼스를 구현할 수 있다.[22] 다섯째, 관람객들의 참여가 가능하며 본래와 다른 착시를 관람하며 느끼는 흥미[23]와 몰입감이 상승한다.

그러나 이러한 매력적인 기법에도 단점은 있다. 첫째, 관객의 관람시점에 따른 착시와 왜곡에 대해 고려해야한다. 관객의 시각선이 프로젝터와 근접할수록 영상의 왜곡이 줄어들고 영상의 구성요소가 공간의 깊이를 억제한다.[24] 둘째, 영상을 다른 장소에서 재사용하고자 할 때 그 크기나 모양이 달라 사용하기 어려운 점이 있다[25]. 셋째, 영상을 빛으로 전환하여 투영하는 기법의 특성상 밝은 곳에서는 시각적 효과가 감소하므로[26] 어두운 장소나 어두운 시간

19 장승은,김상욱, 프로젝션 맵핑에 의한 미디어 파사드. p.850.

20 라경업, 상호작용성을 통한 프로젝션 맵핑 연구작품'Views of us'제작과 전시를 중심으로. p.19.

21 천주은,박종일, 3D 프로젝션 맵핑에 의한 무대 공간의 확장과 변형. p.80.

22 장정호, 건물의 유래와 역사를 기반으로 한 스토리텔링/프로젝션 맵핑 연구. p.21.

23 윗 글, p.9.

24 황갑환,이현진(2010). 물리 공간과 프로젝션 매핑을 활용한 깊이감 표현에 관한 연구. 『디지털디자인학견구』10권4호. p.261.

25 노선,이재중,박진완(2013). 라이브 프로젝션 매핑 공연을 위한 실시간 Vjing 시스템 구현, 『한국콘텐츠학회논문지』 13권6호. p.56.

26 김은수, 프로젝션 맵핑(Projection Mapping)이 적용된 이벤트 공간 경향 분석. p.144.

에만 가능하다는 제약이 있다. 넷째, 대상물의 크기나 형태, 장소에 따라 환경적, 기술적 요인들이 크게 작용하여 한정된 분야에서만 사용된다. 또한, 고정된 대상물 안에서 구현되는 특성이 있어 관객의 위치에 따라 증강현실의 효과가 감소하는 경우도 있다.[27]

2) 프로젝션 맵핑의 특성과 발전

우리의 눈을 사로잡는 최첨단 기술을 활용한 공연이 점차 증가하고 있는 시점에서 프로젝션 맵핑, 미디어 파사드, 홀로그램, 인터액티브 등 다양한 미디어 기법이 혼용되고 있다. 특히, 미디어 파사드와 프로젝션 맵핑은 공연예술분야에서 구별 없이 사용되는 경우가 빈번하여 두 기법이 갖는 특성을 규명하고자 한다.

미디어 파사드는 건축물의 정면부를 뜻하는 건축용어인 파사드(Façade)와 미디어(Media)의 합성어[28]로 최근 대도시의 상징적인 건물의 외벽을 색다르게 변화시키며 활발하게 구현되고 있다. 2008년 오스트리아 건축가인 게르노트 체르토이(Gernot Tscherteu)가 미디어 파사드의 특성과 범위를 분류하였다. 그는 미디어 파사드를 크게 디스플레이 기술(Display technology), 이미지 속성(Image properties), 건축물과의 통합성(Integration), 지속성(Permanency), 차원(Dimensionality), 투명성(Translucency), 에너지 소비/지속가능성(Sustainability), 콘텐츠와 건축물의 일관성(Content matches with building), 상호작용(Interaction) 등 9개의 특성으로 나누었고, 이는 아래의 〈그림 1〉과 같다[29].

27 고은빈, 프로젝션 맵핑을 활용한 공연콘텐츠 연구. p.5.

28 김민지(2014). 프로젝션 스크린의 역사와 도시 스크린으로서의 프로젝션 파사드, 『조명미디어학』 17권3호. p.35.

29 백승철(2009). 공공디자인을 위한 미디어 파사드 평가방법 연구. 연세대학교 석사학위논문. p.30; Gernot Tscherteu(2008). 『Media Facades Festival. Media Facades Exhibition Berlin 2008』. p.6.

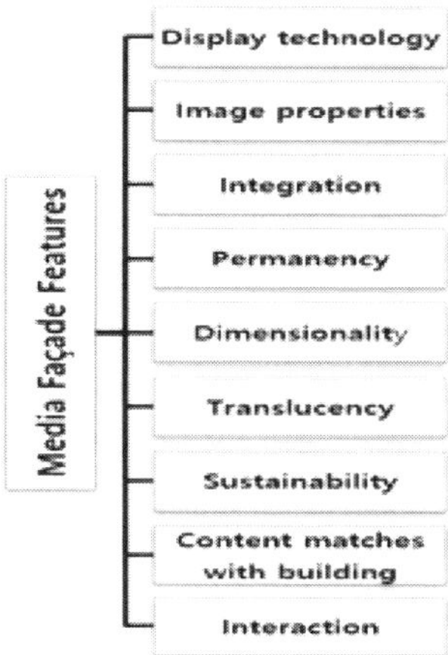

그림 1. 미디어 파사드의 특성

이 중에서 물리적이고 기술적인 특성을 제외한 건축물과의 통합성, 콘텐츠와 건축물의 일관성, 상호작용 등 세 가지의 특성은 프로젝션 맵핑과 연관 지을 수 있다.[30] 이런 관점에서, 프로젝션 맵핑은 광의적 개념으로 보면 미디어 파사드 기법 중 하나로 분류할 수 있다.[31]

그러나 현재의 프로젝션 맵핑은 미디어 파사드의 범주를 넘어서 오히려 미디어 파사드를 포함하기도 한다. 최근 프로젝션 맵핑이 끊임없이 변화하며 새로운 특성들이 나타나고 있어 위에서 언급된 미디어 파사드와의 세 가지 연관된 특성과 함께 그 특성 안에서 프로젝션 맵핑이 어떠한 발전을 보이고 있는지 살펴보고자 한다.

첫 번째 특성인 '건축물과의 통합성'에서 건축물과 통합된 미디어 파사드는 건축물과의 심미성, 조화성, 정체성에 영향을 주며 건축물과 그 지역에 통합

30 김은수, 프로젝션 맵핑(Projection Mapping)이 적용된 이벤트 공간 경향 분석. p.144.
31 라경업, 상호작용성을 통한 프로젝션 맵핑 연구작품'Views of us'제작과 전시를 중심으로. pp.20-21.

적인 이미지를 연출한다.[32] 한편, 프로젝션 맵핑에서는 대상물의 표면에 움직이는 콘텐츠가 더해져 기존의 고정된 표면이 아닌 변화하는 표면이 가능해져 건축물의 원근감과 속도감, 착시현상을 갖게 되면서 건물 자체가 변화하는 것 같은 느낌을 준다.[33]

두 번째 특성인 '콘텐츠와 건축물의 일관성'은 프로젝션 맵핑에서 투사되는 영상 콘텐츠와 건축물을 포함한 다양한 대상물과 연관 지을 수 있으며 이는 형태적인 일치성뿐만 아니라 건축물이 갖는 이미지와 콘텐츠간의 연관성으로 인해 의미성으로도 해석할 수 있다. 미디어 파사드는 건축물을 단순히 스크린으로 활용하는 경우가 대부분이었지만 프로젝션 맵핑에서는 관객의 몰입을 높이기 위한 효과를 위해 특정 건물이 갖는 의미를 사용하는 작품들이 등장하고 있다. 그리고 대상물이 건축물에서 벗어나 다양한 사물로 발전하면서 그 사물이 갖는 스크린적 성격은 약해지고 대상물이 갖는 성격이 콘텐츠를 통해 다양하게 보여주면서 대상물과 콘텐츠의 연관성이 높아지게 되면서 이는 작품을 만드는 과정에서 중요한 요소로 자리매김하고 있다.

마지막 세 번째, '상호작용'은 프로젝션 맵핑에서 관객과 콘텐츠의 관계가 관객이 직접적인 움직임을 유도하는 물리적 상호작용으로 연결 지어 생각할 수 있으며 이는 미디어 파사드의 특성 중에서 상호작용의 속성과 같다. 상호작용성은 포괄적인 개념으로 인간과 사물 등이 행하는 모든 행위라고 말할 수 있으며, 물리적 상호작용과 심리적 상호작용으로 나뉜다. 관객과 콘텐츠의 물리적 상호작용은 관객이 직접적인 참여를 통해 경험으로 만들어주는 과정으로 대상물이 위치한 장소와 공간에 새롭고 흥미로운 경험을 부여하는 공간으로 바뀌는 특징이 있다.[34] 그러나 여기에서 관객과 대상물의 정신적인 교

32 백승철, 공공디자인을 위한 미디어 파사드 평가방법 연구. p.34.

33 김은수, 프로젝션 맵핑(Projection Mapping)이 적용된 이벤트 공간 경향 분석. p.145.

34 김은수,프로젝션 맵핑(Projection Mapping)이 적용된 이벤트 공간 경향 분석. p.145; 라경업, 상호작용성을 통한 프로젝션 맵핑 연구작품'Views of us'제작과 전시를 중심으로. pp.20-25.

감에 의한 심리적 상호작용은 이전까지 강하게 나타나지 않아 상대적으로 간과되어 왔었다. 그러나 최근 대상물이 건축물에서 벗어나 다양한 사물로 변화되면서 관객이 가지는 대상물의 의미는 더욱 중요시 되고 있으며, 그 이유는 관객이 대상물이 갖고 있던 객관적인 인식이 착시효과를 통해 파괴되면서 감동이 커지기 때문이다. 점차 물리적, 심리적 상호작용 요소를 포함한 프로젝션 맵핑이 늘어나는 추세로 상호작용은 작업을 할 때 유념해야 될 중요한 요소이다.[35]

한편, 미디어 파사드와는 구별되며 프로젝션 맵핑에서만 나타나는 특성도 있다. 첫째, 건물 외벽에만 한정되어 있는 평면 스크린의 미디어 파사드와는 달리 대상물의 영역을 넓혀가는 입체적 스크린의 프로젝션 맵핑은 미디어 파사드와 구별된다. 영상이 맵핑이 되는 대상이 초창기 평면 스크린에 한정되어 있었을 때는 프로젝션 맵핑이 미디어 파사드의 한 장르로 포함되었으나, 영역을 넓혀가며 오히려 반대의 개념으로 생각할 수 도 있다. 그리고 입체적 스크린에서 영상 콘텐츠가 맵핑되는 대상물은 입체적인 형상을 가지는데 이는 평면 스크린보다 사실성과 입체성이 증폭되며 기존의 3D 입체영상을 투영했을 때 평면 스크린보다 사실성이 훨씬 증폭된다. 따라서 입체적 스크린을 사용한다는 점은 프로젝션 맵핑에서만 나타나는 특징이며 핵심 도적이라 할 수 있다.

둘째, 미디어 파사드와 프로젝션 맵핑은 빔 프로젝터의 사용방식이 다르다. 미디어 장치 가운데 빔 프로젝터는 컴퓨터와 함께 널리 사용되는 장비 중 하나로 고정된 스크린에서 영상을 재생하는 미디어 파사드와는 다르게 프로젝션 맵핑은 대상물에 영상을 직접 투영하는 방식으로 미디어 파사드와 구별된다. 프로젝션 맵핑의 방식은 영상의 크기조절이 가능하며 현장감 있고 생

35 김은수, 프로젝션 맵핑(Projection Mapping)이 적용된 이벤트 공간 경향 분석. p.145;라경업, 상호작용성을 통한 프로젝션 맵핑 연구작품'Views of us'제작과 전시를 중심으로. pp.26-28.

동감 있는 공간 연출이 가능하여, 관객에게 더욱 생생한 감동적인 경험을 제공할 수 있다는 점이 특징이다.[36]

따라서 초창기의 프로젝션 맵핑은 미디어 파사드 기법 중 하나로 포함이 되었으나 현재 프로젝션 맵핑은 미디어 파사드의 개념을 넘어서 그 대상에 제한이 없으므로 미디어 파사드를 포함하기도 한다고 볼 수 있다. 이를 정리하면 〈그림 2〉와 같다.

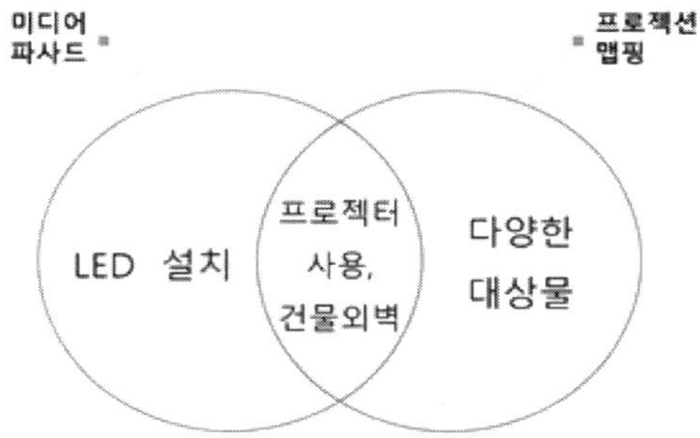

그림 2. 미디어 파사드와 프로젝션 맵핑의 관계

이처럼 매력적인 프로젝션 맵핑 기법은 그 대상물이 어느 사물이나 건물, 그리고 공간이 될 수가 있어 다양한 분야에서 뛰어난 효과를 발휘하고 있다. 해외와 국내에서 도시 설치 미술, 대형 로비 공간, 디지털 체험관의 디지털 인테리어에서부터 전시회, 패션쇼, 쇼 케이스 등의 상업적 이벤트, 공연과 테마파크 등의 엔터테인먼트, 대규모의 옥외광고 캠페인, 브랜드 홍보 및 마케팅에 이르기까지 활발하게 이용되고 있다.[37]

최근에는 프로젝션 맵핑과 관련된 프로그램과 프로젝터의 성능이 비약적

36 김은수, 프로젝션 맵핑(Projection Mapping)이 적용된 이벤트 공간 경향 분석. pp. 144-145.

37 김은수, 프로젝션 맵핑(Projection Mapping)이 적용된 이벤트 공간 경향 분석. p.143; 라경업, 상호작용성을 통한 프로젝션 맵핑 연구작품'Views of us'제작과 전시를 중심으로. p.30.

으로 발전하면서 이전에는 불가능했던 큰 대상물인 건물이나 심지어 산까지도 빛으로 순식간에 색칠할 수 있게 되면서 더욱 쉽게 많은 작업이 이루어지고 있다. 이러한 발전 가능성으로 프로젝션 맵핑 기법을 적용할 수 있는 분야가 더욱 늘어날 것이라 전망되며 누구나 손쉽게 카메라와 스마트폰을 사용하듯 쉽고 빠르게 활용할 수 있는 날이 올 것이라 예상된다. 앞으로의 발전 가능성을 예측하고 미래를 준비한다면 프로젝션 맵핑을 통해 많은 가능성을 펼칠 수 있을 것이다.

3. 프로젝션 맵핑, 무용을 만나다

이 절에서는 최근 국내에서 프로젝션 맵핑이 활용된 무용 공연 및 융복합 공연의 사례를 살펴보고자 한다. 2016년 9월부터 12월까지 구현되었던 세 개의 공연사례를 선정하였고, 해당 공연에서 어떻게 이 기법을 적용하여 활용하고 있는지 분석하고자 한다. 이 사례들은 저자의 직접 관람 및 예술 · 조명 감독과의 이메일 및 메신저 인터뷰, 공연 영상 자료 및 팸플릿, 해당 홈페이지, 검색 엔진 및 기타 자료를 토대로 조사 분석하였다. 다음 소개되는 세 개의 공연사례들은 실내의 극장무대와 야외의 건축물에서 구현된 공연을 중심으로 선별하여 검토해보고자 한다.

1) 극장무대공연 사례

(1) 단독 무용 공연: 유니버설 발레단 〈호두까기 인형〉

〈호두까기 인형〉은 매년 겨울이면 전 세계의 발레단에서 상징적으로 공연되는 작품이다. 고전발레의 대표작으로 1892년 러시아 상트페테르부르크(Saint Petersburg) 마린스키 극장(Mariinsky Theatre)에서 초연된 이후 약 120여 년간 크

리스마스 발레로 사랑을 받고 있다.[38]

유니버설발레단은 2016년 12월 9일부터 12월 31일까지 군포문화예술회관과 유니버설아트센터에서 공연하였다. 본 〈호두까기인형〉은 총 2막으로 구성되어 있으며 프로젝션 맵핑 기법은 1막에서 사용되었다. 1막은 크리스마스 파티 장면으로 크리스마스 이브에 주인공 '클라라'의 집 앞에 하얀 눈이 내리는 장면의 효과를 위해 활용되었다.

본 공연에서는 무대 앞 쪽에 흔히 말하는 샤막(Sharkstooth Scrim Screen)을 설치하였는데 이것은 무대에 설치하는 비치는 막이며, 일반 스크린처럼 맵핑이 되는 영상이 정상적으로 투영은 되지만 뒤에 있는 물체도 같이 볼 수 있어 몽환적인 분위기 연출이 가능한 특수 스크린을 말한다.[39]

그림 3. 검정색 샤막 스크린의 예[40]

그림 4. 무대 위 조명에 따른 샤막의 효과[41]

이 샤막을 설치하여 무대를 앞과 뒤로 나누었고 샤막은 추운 겨울에 나뭇잎이 다 떨어져 가지만 앙상한 나무가 그려진 배경이다. 샤막 뒤로 비치는 무대에는 클라라의 집과 집의 대문이 보이는 거리배경으로 두꺼운 옷을 입은 무용수들이 지나다닌다. 한 장면이 끝난 후, 가지만 앙상한 나무가 그려

38 유니버설발레단. 『호두까기 인형』(공연팸플릿). 경기: 군포문화예술회관. (2016년 12월 9일).
39 뉴스와이어. 샤막스크린 용어. (2017년 1월 3일).
40 Chicago Canvas & Supply. 검정색 샤막 사진(좌)(2017년 11월 28일).
41 iWeiss Theatrical Solutions. 무대 위 샤막 효과 사진(우)(2017년 11월 28일).

진 샤막이 내려오고 흰색 눈송이가 위에서 아래로 움직이며 내려오는 영상을 샤막에 투사하여 겨울에 눈이 내리는 장면을 연출하였다. 이를 통해 추운 겨울에 눈이 내리는 거리를 지나가는 사람들의 모습을 연출하면서 장면전환을 하였다.

본 공연에서 나타난 특징으로 기존에 보았던 배경으로서 평면 스크린과 같은 샤막에 단순한 영상을 투사하는 방식으로 활용하였다. 유니버설 발레단의 서경원 조명감독은 이 기법에 대해 프로젝터에 노트북을 연결하여 눈 영상을 출력하는 쉬운 기법이라고 설명하였다.[42] 이는 초창기의 프로젝션 맵핑에서 가장 잘 알려진 형태로 건물외벽이나 바닥과 같은 평평한 평면 스크린에 영상을 투영하는 방식이다. 대표적인 예로 공연예술 무대에서 무대배경과 세트를 흰색의 스크린으로 만들어 빔 프로젝트를 이용하여 프로젝션 맵핑을 하여서 다양한 무대를 빠르게 연출하는 방법[43]이다. 이 기법을 통해 본 공연에서는 샤막에 구현된 영상으로 실질적으로 눈이 내리는 것 같은 실제감을 구현했고 관객들의 몰입을 이끌어내며 장면전환을 할 수 있었다. 특히, 적은 비용과 간단한 영상으로 크리스마스에 어울리는 화려한 장면을 연출 할 수 있었으며 전국과 전 세계에서 공연을 하는 발레단의 특성상 한정된 장소가 아닌 어느 무대에서나 가능하다는 장점이 있다.

(2) 융복합 공연: ㈜유쾌한 아이디어 성수동공장 〈사운드 오브 코리아〉

〈사운드 오브 코리아〉 프로젝트는 한국콘텐츠진흥원과 문화창조아카데미, 한국폴리텍대학에서 진행된 미디어 융복합 공연의 쇼케이스 공연으로 10월 21일부터 10월 30일까지 총 6회의 공연으로 각 공연마다 약 45분씩 cel스테이지에서 이루어졌다[44]. 예술과 디지털 미디어 기법을 결합하여 새로운 융복

42 서경원 인터뷰-미디어 기법 정보제공. 메신저 및 이메일. (2016년 12월 24일).

43 조종학, 첨단 미디어 기법을 활용한 공연 콘텐츠에 관한 연구. p.642.

44 사운드 오브 코리아. 『한국의 소리, 기술을 부리다』(공연팸플릿). 서울: cel스테이지.(2016년 10월 28일).

합 문화콘텐츠를 연구하고 창작하는 공간인 유쾌한 아이디어 성수동공장에서 시도한 본 공연은 우리의 전통 소리에 최첨단 미디어 기술을 접목하여 한국무용, 발레, 힙합, 비보이의 트론댄스 등 전통과 현대의 춤과 함께 전통의 소리를 폭넓게 표현하고자 하였다. 이뿐만 아니라 대중들의 관심에서 벗어난 한국 전통소리를 단순히 전통에 머물러 있지 않고 세계적으로 경쟁력이 있고 모든 세대들이 즐길 수 있는 감각적인 콘텐츠를 만들고자 하는 기획에서 출발하였다.[45]

본 공연은 향음, 시음, 화음, 여음 등 총 4개의 마당으로 구성되었고 '버드나무 신화'라는 스토리텔링으로 소리의 향기에 대한 해석을 신화적으로 표현하였다.[46] 두 번째 마당인 '시음'에서 전통의 소리를 시각적으로 표현하고자 하는 부분으로 한국무용과 발레, 힙합과 함께 프로젝션 맵핑과 유사 홀로그램(pseudo hologram)을 접목하였다. 프로젝션 맵핑은 무대 바닥에만 사용되었으며 무용수가 움직일 때 무용수의 움직임과 흡사한 다양한 색상의 선이 물결치듯 움직였다. 또한, 무용수가 비를 맞으며 춤을 추는 장면에는 홀로그램을 통해 샤막 위로 비가 내리고 바닥은 프로젝션 맵핑으로 물이 바닥에 고이는 장면을 연출하였다. 이 뿐만 아니라 본 공연에서는 처음부터 끝까지 바닥에 프로젝션 맵핑을 활발하게 활용하였다.

45 김현수 인터뷰-공연정보, 미디어 기법, 영상 등 제공. 이메일. (2016년 11월 16일).

46 사운드 오브 코리아(2016). 『한국의 소리, 기술을 부리다』.

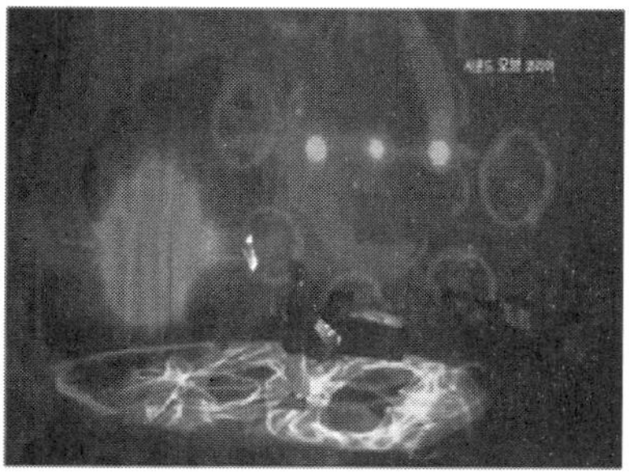

그림 5. 프로젝션 맵핑이 활용된 장면 1[47]

그림 6. 프로젝션 맵핑이 활용된 장면 2[48]

이 공연에서는 무대배경만을 사용하는 일반 미디어 공연과는 달리 무대 앞에 설치된 샤막과 뒷배경, 무대 바닥 등 총 3면을 프로젝션 맵핑과 홀로그램을 적용하여 공간의 깊이감을 살려 무대를 넓게 사용하여 환상적인 느낌을 연출했다. 앞의 샤막과 뒷배경에 2개의 유사 홀로그램이 적용되었고 프로젝션 맵핑은 바닥에만 적용되었는데 무용을 포함한 다양한 퍼포먼스와 무대의 깊이감을 살리기 위해 활용하였다. 사용된 기기로는 1만 2천안시의 프로젝터 2대가 사용되었다.[49] 이러한 프로젝션 맵핑은 단순히 무대효과라고 할 수 없다. 이 기법을 통해 실제 무용수들의 움직임을 뒷받침하고 실제 소품으로 표현하기 힘든 효과를 표현할 수 있게 됨으로써 무용에서 무대연출의 영역을 조금 더 확장했다는 데에도 의미가 있다.

공연연출에서 바닥은 상당히 매력적인 공간으로 기존의 공연자나 무용수들이 항상 위치하는 곳이지만 특별히 움직여서 상호작용하는 곳은 아니다. 프로젝션 맵핑을 활용한 바닥은 좋은 캔버스가 되는데 지금의 무대 바닥은 무대 자체가 영상이 되기도 하며, 움직이고 솟아오르는 등 여러 가지 연출이 가능하다.

47 윗글, 영상자료 캡처 화면(좌).

48 윗글, 영상자료 캡쳐 화면(우).

49 김현수 인터뷰- 공연정보, 미디어 기법, 영상 등 제공. 이메일.

본 공연과 유쾌한 아이디어 성수동공장의 예술감독인 김현수 감독은 〈사운드 오브 코리아〉프로젝트에서 활용된 미디어 기법에 대해 다음과 같이 밝혔다. 프로젝션 맵핑은 어떻게 활용하는가에 따라 달리 사용될 수 있으며 단순한 배경에서는 불가능한 공연에서의 감정의 흐름을 프로젝션 맵핑에 담아 배경과 영상을 바꾸어줌으로써 관객이 지루하지 않고 긴장감을 이어갈 수 있다. 그러나, 높은 제작비와 기술적인 문제가 있음을 밝혔다. 프로젝션 맵핑과 홀로그램을 활용한 공연은 고가의 장비로 많은 제작비가 동반되면서 일반 극장의 공연장에서의 공간 및 설치 문제로 인해 이러한 기술을 활용하기 어려운 실정이다. 미디어 융복합 공연을 할 때에는 이러한 공연을 할 수 있는 시설이 갖추어진 공연장이어야 그 효과가 더욱 크지만 현재 우리나라에서는 이러한 전용극장이 없음을 그는 아쉬워했다. 또한, 김현수 감독은 본 쇼케이스 공연의 향후 과제로서 스토리텔링 강화, 기본 콘텐츠에 대한 강화, (홀로그램, 프로젝션 맵핑, 인터렉티브)기술접목의 업그레이드, 3D 영상기술의 제작 및 영상의 업그레이드 등이 절대적으로 필요하다고 밝혔으며 이러한 보완점에 대한 방향성을 가지고 진행되어야 한다고 포부를 밝혔다.[50]

2) 야외공연 사례

(1) 건축문화재 공연: 경복궁 야간기행 〈가을 경복궁, 시간의 다리를 건너다〉

경복궁에서 2016년 9월 24일부터 10월 28일까지 야간 특별 관람을 실시하였다. 이번 경복궁 야간기행은 〈가을 경복궁, 시간의 다리를 건너다〉라는 주제로 한국콘텐츠진흥원에서 기획하였고 서윤미 감독이 총 연출을 맡았다. 경복궁의 영제교에서 경회루에 이르는 길목에 미디어 파사드와 프로젝션 맵핑 기법을 활용하였고 경회루에서 전통무용과 함께 오후 7시 20분부터 9시 35분

50 김현수 인터뷰- 공연정보, 미디어 기법, 영상 등 제공. 이메일.

까지 약 15분 동안 총 4차례의 문화재와 미디어 아트의 융복합 콘텐츠 공연이 이루어졌다. 본 관람은 인터넷 예매와 한복의 대중화를 위해 한복 착용자와 매일 500명 한정으로 외국인 관광객은 무료관람이 가능했다. 경복궁 야간기행에서 관람이 가능한 구역은 광화문, 홍례문, 근정전, 사정전, 강녕전, 교태전, 경회루 권역이었다.[51]

광화문을 지나 경복궁으로 들어가는 연결 다리인 영제교와 금천에서는 '몽유, 꿈길을 걷다'라는 주제로 프로젝션 맵핑을 활용하였다. '마음을 깨끗하게 하라'는 뜻으로 임금님만이 거닐 수 있었던 길인 영제교와 다리 양쪽 아래 금천의 물이 흐르던 바닥에 빔 프로젝터를 통해 조선의 영물들을 애니메이션화하여 만든 영상을 투사하였다.[52] 영제교 다리의 바닥과 금천의 바닥과 옆면, 그리고 설치되어있던 둥근 쇠구슬에 영상이 투사되었고 조선의 영물들을 디지털 기술로 생명력을 불어넣은 듯 연출하였다.

영제교를 지나 임금과 신하들이 함께 연회를 베푸는 공간이었던 경회루에서 '가을달빛 아래, 세종대왕과 꿈길을 거닐다'라는 소제목과 '향유, 나누어 느리다'라는 주제로 약 15분 동안 만백성을 품었던 선군인 대왕세종의 애민사상을 미디어 파사드와 전통무용을 통해 표현하였다.[53] 경회루에서 활용된 미디어 파사드는 프로젝터를 사용하여 경회루의 외벽을 스크린으로 활용하는 방식으로서 프로젝션 맵핑 기법에 해당한다. 이 기법으로 경회루의 외벽에 화려하고 다양한 문양과 영상, 그리고 음악을 통해 세종대왕의 꿈과 애민사상을 표현했고 다양하게 바뀌는 경회루의 모습은 연못에 비쳐 더욱 효과가 크게 나타났다. 그 후, 경회루 뒤편으로 15명 무용수들의 실루엣이 비추어지며 경회루 앞의 양쪽으로 한 명씩 줄지어 등장했다. 미디어 파사드의 멋진 영상을 배경 삼아 1명의 주연 무용수를 기준으로 14명의 무용수가 여러 대열로 춤

51 경복궁, 『가을 경복궁, 시간의 다리를 건너다』(공연팸플릿). 서울: 경복궁. (2016년 10월 08일).

52 윗글.

53 윗글.

직이며 세종대왕의 명으로 '용비어천가'의 가사에 맞추어 제작된 정재무용을 현대적으로 재해석한 창작무인 '봉래의 창작무'를 추었다.[54] 무용 공연이 끝난 후, 다시 아름다운 영상이 펼쳐지며 마무리되었다.

이번 경복궁 야간기행은 문화재와 미디어 아트의 융복합 공연으로 기존의 공연보다 미디어 기법의 발전된 형태를 보여주고 있다. 첫째, 영제교와 금천에서 프로젝션 맵핑을 통해 다리와 금천교 바닥, 둥그런 쇠구슬까지 영상이 투영되었다. 초장기의 프로젝션 맵핑이 건물 외벽이나 사각 평면 스크린에 한정되어 있었지만 현재는 '바닥'과 '물체' 등 다양한 대상물로 발전되었다. 본 공연에서의 프로젝션 맵핑 기법은 바닥과 같은 평평한 평면스크린과 3D의 쇠구슬 같은 입체스크린에 영상을 투영한 점이 주목할 만하다. 둘째, 경회루에서의 미디어 파사드는 건물 외벽에 영상을 투사하는 기존 공연과 차이가 없으나 세종대왕의 업적을 스토리텔링을 통해 표현했다는 점에서 차별성을 가진다. 미디어 기법과 무용, 그리고 스토리텔링을 통해 지루하지 않게 전체적인 흐름을 이끌어 갔으며 어떠한 콘텐츠에 치우치지 않고 조화롭게 연출했다. 셋째, 역사와 전통성을 나타내던 문화재와 미디어의 만남으로 한국 문화의 아름다움을 표현하고 한국을 대표하는 융복합 관광콘텐츠로서 탄생하였다. 건물의 특성상 완공 후에 큰 변화를 시도하기가 비용과 효율 면에서 어려우나 프로젝션 맵핑을 통해 극복한 사례가 많다. 특히, 본 공연은 우리나라를 상징하는 건축물에서도 경복궁이라는 문화재가 선정되었다는 점이 특별하다.

2016년 문화체육관광부가 실시한 '2016 문화향수실태조사'에서 역사문화유적지 방문실태를 조사한 결과, 지난 1년간 역사문화유적지를 방문한 경험은 53.1%로 나타났으며, 연평균 방문횟수는 2.3회로 나타났다. 또한, 향후 1년

54 윗글.

이내로 76.9%가 방문 의향이 있음을 나타내어[55] 역사문화유적지의 방문은 지속적으로 증가될 것으로 예상된다. 역사문화유적지에 대한 관심의 증가로 최근 문화재에 관람이나 체험, 공연 등을 결합한 형태의 문화재 활용 융복합 콘텐츠가 시민들에게 큰 호응을 이끌어내고 있다. 그리고 현재 전통무용에 대한 관심과 만남은 다른 무용장르인 발레나 현대무용보다 적은 실정으로 이러한 새로운 시도를 통해 대중들과 함께 소통하고 아름다운 볼거리로 다가간다면 활성화에 큰 도움이 될 것으로 보인다.

늘 많은 국내 방문객과 외국 관광객들이 많이 찾는 경복궁이지만 첨단 미디어 기법의 발전으로 아름다운 경복궁의 밤을 특별한 모습으로 만나 볼 수 있었다. 실제 조선시대로 시간이동을 한 듯 생생함과 왕을 위해 아름다운 춤을 추었을 무용수들을 상상하게 해준 감동과 색다른 즐거움을 관객들에게 선사했다.

그림 7. 프로젝션 맵핑으로 꾸며진 영제교[56]

그림 8. 미디어 파사드와 전통무용이 어우러진 경회루[57]

55 문화체육관광부, 『2016 문화향수실태조사』. pp.57-58.

56 리뷰팩토리 알쏭닷넷. 영제교 사진(좌). (2017년 6월 4일).

57 윗글, 경회루 사진(우).

4. 프로젝션 맵핑, 무용을 확장하다

앞에서 프로젝션 맵핑이 다양하게 활용된 국내 무용 공연 및 융복합 공연 사례를 살펴보았다. 이를 바탕으로 여기에서는 최근 진행된 공연사례를 각 공연별 나타나는 성격에 따라 분류하고, 분석한 결과에 따라 국내 공연사례의 경향과 특징을 파악하고자 한다. 그리고 향후 무용 공연의 진흥과 더 폭넓은 활용을 위한 과제 및 전망을 논의하고자 한다.

1) 국내 공연사례의 경향과 특징

앞서 살펴본 세 가지의 공연사례를 공연 시기와 장르, 장소, 사용된 미디어 기법, 무용 장르, 맵핑된 대상, 프로젝션 사용의 유무, 스토리텔링, 관객과의 상호작용의 유무 및 공연별 특징으로 분류하여, 〈표 1〉에 제시하였다.

표 1. 공연사례의 성격 및 분류

제목	호두까기 인형	사운드 오브 코리아	경복궁 야간기행
공연 시기	2016년 12월	2016년 10월	2016년 9~10월
공연 장르	예술무대	융복합 공연	문화재 융복합 공연
공연 장소	실내 공연장	실내 공연장	야외 건축물
사용된 미디어 기법	프로젝션 맵핑	프로젝션 맵핑, 홀로그램	프로젝션 맵핑, 미디어 파사드
무용 장르	발레	발레, 비보이(트론 댄스), 한국무용	한국무용
맵핑된 대상	샤막(배경)	(무대)바닥	건물 외벽, (입체)물체, 바닥
프로젝터 사용유무	O	O	O

스토리텔링	X	O	O
상호작용	X	X	X
특징	샤막에 투사하는 방식, 영상 재사용 가능	무대 바닥에 맵핑을 투사하여 무대의 깊이감을 살림 미디어+음악+무용+스토리텔링의 융복합 공연	문화재 및 입체적 대상물에 투사

이를 바탕으로 프로젝션 맵핑을 활용한 국내 공연사례의 경향과 특징을 크게 다섯 가지로 분석하였다.

첫째, 미디어와 무용 그리고 다른 장르와의 융합으로 많은 공연들이 이루어지고 있다. 프로젝션 맵핑을 포함한 미디어 기법을 활용한 공연은 단독 무용 공연보다는 다른 장르와의 융복합 공연에서 대부분 이루어지고 있다. 현재 국내 단독 무용 공연에서는 샤막에 영상을 투사하는 프로젝션 맵핑의 가장 기본적인 방식 이외에 다양한 기법이 활용되는 경우가 드물어 활발한 적용의 필요성이 파악되는 부분이다. 이처럼, 다른 장르와의 융합으로 프로젝션 맵핑이 좀 더 다가가기 쉬운 장소에서 많은 공연들이 활발하게 이루어진다면 새로운 공연문화 콘텐츠로서 발전할 수 있는 가능성이 클 것으로 전망된다.[58]

둘째, 프로젝션 맵핑에 기반을 둔 공연이 다양한 방식으로 펼쳐지고 있는 추세이다. 세 개의 모든 공연사례에서 각 공연별 공연의 목적 및 공연장소, 사용된 미디어 기법, 무용장르, 맵핑된 대상, 스토리텔링의 유무 등 다양한 특징을 나타냈다. 현재의 공연예술분야뿐만 아니라 산업과 문화 콘텐츠로서 교육분야까지 향후 더 폭넓게 활용될 것이라 예상된다.

58 유지현,전승규(2010). 미디어 퍼포먼스를 활용한 전통 공연 콘텐츠 연구.『국제학술대회 논문집』2010-5권. p.279.

셋째, 공연과 함께 맵핑되는 대상물이 보다 발전된 형태로 변화하고 있다. 프로젝션 맵핑의 초창기 단순히 스크린에 영상을 투사하는 방식부터 현재의 바닥과 물체 등 다양한 대상물에 투사하는 방식으로 발전되었다. 프로젝션 맵핑으로 연출될 수 있는 영역이 확대되면서 본 공연사례에서도 배경영상을 투사하는 서브 콘텐츠의 역할에서 무대를 연출하는 방식으로 중심적인 역할을 하는 단독 콘텐츠로 활용되는 발전된 형태를 보여줬다. 이처럼 더 나아가 프로젝션 맵핑이 공연연출 영역에서의 역할과 비중이 점차 증가할 것으로 예상된다.

넷째, 스토리텔링을 통해 공연작품을 효과적으로 전개했다. 초창기 프로젝션 맵핑을 활용한 공연은 주로 착시효과를 활용한 실험 작품의 형태를 나타냈다가 차츰 콘텐츠를 가지고 이야기를 전개하는 방식으로 제작되기 시작했다.[59] 공연사례 중 두 공연에서 스토리텔링을 통해 작품의 메시지와 작가의 의도를 전달하려고 했으며, 이는 이야기를 생생하게 전달받은 관객의 몰입을 유도했다. 이처럼 앞으로는 프로젝션 맵핑이 한 장면의 극적인 효과를 주기 위한 장치보다는 프로젝션 맵핑을 통해 작품의 전반적인 이야기를 전달하는 스토리텔링의 힘이 중시되어 프로젝션 맵핑과 스토리텔링의 연관성은 더욱 강조될 것으로 보인다.

다섯째, 공연에서 관객들이 직접 참여하고 교감하는 상호작용이 전혀 나타나지 않았다. 최근 프로젝션 맵핑은 관객과 콘텐츠의 관계에서 직접적인 참여를 유도하는 물리적 상호작용과 관객과 대상물의 정신적인 교감에 의한 심리적 상호작용에 중점을 두고 있으며 상호작용 요소를 포함한 사례들이 늘어나는 추세이다. 기존의 예술과 디지털 시대의 새로운 예술과의 가장 큰 특징과 차이점은 작품과 관객 사이에 '상호작용'이 존재한다는 점이다.[60] 그러므로

59 장정호, 건물의 유래와 역사를 기반으로 한 스토리텔링/프로젝션 맵핑 연구. p.10.
60 박숙영, 『디지털미디어와 예술』. pp.5-9.

상호작용의 부재는 현재 공연무대에의 한계점으로 추후 관객들이 프로젝션 맵핑을 체험할 수 있도록 연출되어야 할 것이다.

2) 프로젝션 맵핑 활용을 위한 제언

위의 공연사례를 분석한 결과를 바탕으로, 향후 더 폭넓은 활용을 위한 과제 및 전망을 논의해보고자 한다. 특히, 기존의 미디어 기법이 활용된 단독 무용 공연에서 나타난 한계점을 수정하여 보완하고자 하며, 현재 무용분야에서 실질적으로 필요한 과제를 제시하는데 중점을 두고자 한다. 이를 통하여, 프로젝션 맵핑과 무용의 만남으로 무용분야가 주도적으로 미디어 기법을 적용한 활발한 공연활동을 통해 전반적으로 침체된 무용 공연시장에 활기를 줄 수 있을 것이라 기대한다.

(1) 관객과의 상호작용을 통한 참여

앞에서 살펴본 무용 공연과 융복합 공연 사례에서 나타난 공통점이자 한계점으로는 관객과의 상호작용이 전혀 없었다는 점이다. 프로젝션 맵핑의 대상물이 건축물에서 벗어나 다양한 사물로의 진화가 이루어지고 있는 지금 프로젝션 맵핑의 콘텐츠, 대상물, 그리고 관객과의 관계형성이 더욱 강조되고 있다.[61]

기존의 예술과 디지털 시대의 새로운 예술의 가장 큰 차이와 특징은 작품과 관객 사이의 '상호작용'이 존재한다는 점으로 예술의 경험과 창작 영역에서 새로운 가능성을 보여주고 있다.[62] 더 이상 예술가가 완성하고 완결한 예술작품은 무의미하며 현재의 예술작품은 디지털 정보로 인해 자유로운 변형이

61 라경업, 상호작용성을 통한 프로젝션 맵핑 연구작품'Views of us'제작과 전시를 중심으로. p.19.

62 박숙영,『디지털미디어와 예술』. pp.8-9.

가능하고 관객의 자발적 참여가 용이함으로 얼마든지 관객에 의하여 변형이 가능하다[63].

관객과의 상호작용의 예를 살펴보면, 국내 대기업에서 새로운 전자제품 프로모션의 일환으로 프로젝션 맵핑을 접목하여 참여자가 직접 조작하여 영상을 연출 할 수 있도록 하면서 제품에 대한 브랜드 체험효과를 극대화하는 아이디어가 있었다. 또한, 최근 가장 발전된 형태인 '인터렉티브 프로젝션 맵핑(Interactive projection mapping)'을 활용한 사례들이 있다. 3D 영상과 함께 관람객의 참여와 반응을 이끌어내며 무용분야에서는 영상이 무용수의 움직임에 반응하여 프로젝션 맵핑과 인간의 접촉 상호작용을 통해 작품이 완성된다.

이처럼, 공연예술분야에서도 관객의 반응과 직접 접촉을 통해 시시각각 콘텐츠나 대상물에 변화를 주거나 또는 공연이 끝난 후 관객들이 직접 체험을 하는 물리적 상호작용을 강화해야한다. 물론 주어진 시간에 관객들에게 시각적으로 보여주어야 하는 공연무대에서 실시간으로 관객과의 상호작용은 어려울 수 있으나, 현재까지 간과되어 왔던 관객과 대상물의 정신적인 교감에 의한 심리적 상호작용이 확대된다면 현재의 한계점을 보완할 수 있을 것이다.

특히, 무용은 모든 공연예술에서 나타나는 일회성이라는 특성을 지니기에 프로젝션 맵핑을 통한 '상호작용'으로 일회성이 아닌 실시간과 쌍방향의 공연으로 변화되어야 할 것이다. 단순히 시각적으로 보여주는 것에 그치지 않고 관객과 소통할 수 있는 장치의 개발을 통해 공연콘텐츠의 핵심인 관객과의 소통이 강화되어야 한다.[64]

63 박영욱(2011).『미디어아트는 X 예술이다』. 향연. pp.5-7.

64 조종학, 첨단 미디어 기법을 활용한 공연 콘텐츠에 관한 연구. p.644.

(2) 서브 콘텐츠의 역할에서 벗어나 단독 콘텐츠로서 활용

현재 단독 무용 공연에서 프로젝션 맵핑 기법을 활용할 때, 단순한 무대배경과 연출을 위한 서브 콘텐츠로서 사용되고 있다. 반면 융복합 공연에서 미디어 기법을 활용할 때에는 무용이 서브 콘텐츠로서 공연되는 경우가 대부분이다. 만약 프로젝션 맵핑이 무용과 함께 단독 콘텐츠로서 활용된다면 무용분야에서는 그 활용도의 범위가 넓어 그 가능성이 무궁무진하다.

프로젝션 맵핑은 건물 외벽이나 바닥과 같은 평평한 평면스크린과 다양한 대상물인 물체와 같은 입체스크린에 영상을 투영하는 방식으로 구분된다. 초창기의 프로젝션 맵핑이 건물 외벽과 평평한 스크린에만 한정되어 있었다면, 현재는 바닥과 물체 등 다양한 대상물로 발전되었다. 프로젝션 맵핑 기법의 가장 궁극적인 목표로는 정지해 있는 물체에서 움직이는 물체까지 모든 사물에 원하는 영상을 투영하는 것이다.

현재의 프로젝션 맵핑 기법은 공연무대 공간에서 조명효과와 함께 영상을 투사하여 무대의 세트와 배경영상으로 활용되며 더 나아가 공연자의 집중 조명역할과 심지어 의상과 메이크업까지 연출하며 폭넓게 활용되고 있다.[65] 실질적으로 공연무대에서 활용되는 예로서 최근 음악방송에서 가수들이 무대위에서 화려하고 색다른 의상을 표현하고자 프로젝션 맵핑을 활용하면서 꽤 주목을 받고 있다. 또한, 최근 인간의 얼굴에 메이크업 영상을 투영하여 순식간에 메이크업을 완성하는 기법도 개발되었다. 얼굴을 실시간으로 바꿀 수 있는 효과로 무용이나 연극 등의 무대예술에서 특수 분장으로 활용될 수 있는 가능성이 있어 다양한 극장무대에서 활발하게 사용될 수 있다. 물론 이러한 기법은 모션 캡처(motion capture)와의 결합을 통해서 가능하며 움직이는 피사체에 영상을 투영하기 때문에 난이도가 필요한 기법으로 상용화를 위한 개발이 계속적으로 진행되어야 할 것으로 보인다. 향후 무용분야에서도 프로젝션

65 조종학, 첨단 미디어 기법을 활용한 공연 콘텐츠에 관한 연구. p.642.

맵핑을 적극적으로 활용하여 무대뿐만 아니라 움직이는 무용수의 변화무쌍한 얼굴과 의상으로서 활용되는 날이 올 것이라 기대한다.

(3) 프로젝션 맵핑 기법 교육의 필요

최근 미디어의 발달과 더불어 무용분야에서 적극적인 미디어의 활용으로 미디어를 활용한 무용교육의 관심과 요구가 높아지고 있으며, 미디어를 통해 춤을 표현하고 소통하는 능력인 미디어 리터러시가 강조될 것으로 예상된다.[66]

이러한 흐름과 필요성에 따라 무용분야에서 프로젝션 맵핑을 폭넓게 활용하기 위해서는 학교 및 학회 등에서 프로젝션 맵핑 및 다양한 미디어 기법 교육이 필요하다. 교육내용은 작품 기획에서부터 콘텐츠 제작과 실제 공연까지 지식과 경험을 배울 수 있는 교육 시스템으로 진행되어야 한다. 현재 무용 공연에서 활용되는 미디어 기법은 서브 콘텐츠로서 그 활용도가 낮으며 이 또한, 조명이나 미디어 관련 종사자에게 의존하며 그 수준이 낮고 작업에 한계가 있다. 물론 현재 개인이 공연에 맞는 영상 콘텐츠를 제작하고 대상물의 크기에 맞게 프로젝터를 설치하는데 한계가 있다. 그러나 과거에 사진과 영상이 처음 발명되었을 당시 사람들이 카메라와 촬영 기능을 가까이에서 쉽게 다룰 것이라 상상조차 못했던 것처럼, 곧 다양한 미디어의 기법을 사용하여 우리만의 색깔과 개성을 표현할 수 있을 것이라 생각된다.

최근 미디어와 예술의 만남으로 예술을 전공하는 학생들과 예술가들이 작품을 전시하거나 공연할 때 미디어 기법은 기본적으로 활용되고 있으며 프로젝션 맵핑 그 자체가 하나의 작품이 되기도 한다. 지금은 영상을 투사하는 프로젝터의 가격이 낮아지고 크기도 작아져 개인도 쉽게 구입 가능하여 여러

66 문영(2012).미디어를 활용한 무용교육 콘텐츠 사례 연구.『대한무용학회논문집』70권5호. pp.71-72; 신상미(2017).멀티미디어 댄스 리터러시 개발의 영상인류학적 접근 문화기술지적 무용영화 분석을 중심으로.『대한무용학회집』75권2호. p.162.

분야에서 활용하고 있다. 최근 일반인들도 프로젝터를 구매하여 가정이나 회사에서 벽에 투사하여 영화를 감상하거나 회의나 발표를 할 때 사용하고 있다. 또한, 프로젝션 맵핑을 이용하는 다양한 툴의 종류가 있는데 간단하게 스마트 폰을 이용할 수도 있으며 프로젝터의 기능도 발전하여 스마트폰과 연결하여 프로그램 안에 내장되어 있는 다양한 영상 중에서 간단히 터치 하나로 선택하여 프로젝션 맵핑을 완성할 수 있을 정도이다.

물론 극장무대에서 미디어 기법이나 투사되는 영상의 업그레이드도 중요하지만 이보다는 대중적으로 사용되어서 미디어와 무용과의 만남이 좀 더 활발하게 진행되어야 한다. 그리고 무용분야에서 프로젝션 맵핑을 폭넓게 활용하기 위해서는 예술가나 무용수가 직접 프로젝션 맵핑의 소프트웨어 프로그램과 프로젝터와 같은 하드웨어를 사용할 수 있어야 한다. 앞으로 무용시장의 발전 가능성은 프로젝션 맵핑과 같은 미디어 기법과 연결되므로 그 가능성을 위해서는 콘텐츠를 제작하고 소프트웨어와 하드웨어를 활용할 수 있는 미디어 기법 교육이 활성화되어야 한다.

5. 맺음말

새로운 매체는 단순한 새로운 표현 수단의 등장만을 뜻하는 것이 아니라 예술의 근본적인 변화와 맞물려 있다. 텔레비전부터 컴퓨터와 같은 뉴미디어를 사용하는 미디어 아트의 등장도 마찬가지다. 미디어 아트는 단지 새로운 예술방식이 아닌 과거와 전통의 예술의 관행을 벗어나 새로운 가능성을 제안하고 있음을 보여주고 있다.[67] 기존의 전통적인 방식의 공연예술 산업과 첨단 미디어 기술이 융합되면서 침체되어 있던 공연예술 무대가 다시 활기를 띄게

67 박영욱, 『미디어아트는 X 예술이다』, pp.5-6.

되었고 역동적이고 관객의 눈을 사로잡는 퍼포먼스로 이는 새로운 시작의 창출로 인한 수익뿐만 아니라 추가적인 산업 등으로 이어져 고부가가치의 산업으로 파급효과가 크다.[68]

현재 첨단 미디어 기법인 '프로젝션 맵핑'은 도시 곳곳의 건축물과 광고, 홍보, 패션쇼, 축제 그리고 전시, 공연예술 등 다양한 예술 및 산업 분야에서 활발하게 활용되고 있다. 프로젝션 맵핑은 건물 외벽에 다양한 영상을 투사하는 미디어 파사드 기법 중 하나로 포함된다. 한편, 빛으로 이루어진 영상을 빔 프로젝터를 사용하여 건축물과 다양한 대상물에 투사하는 기술인 프로젝션 맵핑은 그 대상이 건축물 외벽에 한정되어 있는 미디어 파사드와 달리 스크린과 바닥 등 평면 스크린에서 3D의 입체적 물체 등 입체 스크린까지 그 대상에 제한이 없어 미디어 파사드와는 다르며 더 나아가 이를 포함하기도 한다.

이러한 발전과 변화에 무용분야에서도 미디어를 받아들이고 예술 창작과정을 변화시켰으며 프로젝션 맵핑을 활용한 공연사례가 점점 증가되고 있는 추세이다. 그러나 현재 무용분야는 타 예술분야에 비해 대중들의 관심 밖의 분야로 공연시장이 전반적으로 침체되어 있는 실정이다. 따라서 시대의 흐름에 따라 프로젝션 맵핑과 무용이라는 새로운 만남과 변화를 통해 볼 기회도 적고 볼 의향도 없는 대중들의 관심과 흥미를 이끌어 낼 수 있을 것이라 예상된다. 또한, 앞서 논의한 추후 과제는 현재 무용공연에 나타나는 한계점으로서 향후 실질적으로 적용 및 활발한 사용단계에서 필요한 부분이다. 현 시점에서 보완점을 확립하고 방향성을 갖고 꾸준히 나아간다면 미디어를 통해 무용공연의 새로운 가능성을 펼칠 수 있다고 본다.

향후 현대사회에서 첨단 미디어를 활용한 공연은 점차 늘어날 전망으로 효과적인 무대를 연출하기 위해 사용되는 미디어 기법과 다른 장르와 융합된 실험적인 공연사례 역시 다양해지고 풍성해져 공연시장은 더욱 활기를 띨 것

68 조종학, 첨단 미디어 기법을 활용한 공연 콘텐츠에 관한 연구. p.638.

으로 보인다. 무용분야의 발전 가능성 역시 프로젝션 맵핑과 같은 미디어의 활용과 연결되므로 그 가능성을 위해서 미디어의 응용범위를 넓혀 새로운 무용공연 콘텐츠를 개발하여야 할 것이다. 이처럼 앞으로의 발전 가능성을 예측하고 미래를 준비한다면 침체된 무용공연시장에 활기를 줄 수 있을 것이며, 궁극적으로 무용의 향유를 도모할 수 있을 것이라 본다.

9장

무용과 인공지능 융합예술 연구

— 윌리엄 포사이드의 〈재생된 하나의 평면에 대한 동기 오브제〉를 중심으로[1]

신상미

1. 서론

인류의 역사상 가장 뜨거운 화두는 창조와 소통이다. 창조는 인간의 위대한 능력이자 삶을 위한 원동력이며 이를 가능케 하는 인간의 행위가 대화를 통한 소통이다. 현시대의 창조와 소통은 기술 발전의 정점에 있는 4차 산업혁명의 아이콘, 인공지능과 초고속 통신망이라 할 수 있을 것이다.

1960년대부터 과학기술의 현저한 발전은 예술 분야에서 포스트모더니즘의 혁명을 일으키며 키네틱 예술(Kinetic Art), 비디오 예술(Video Art), 미디어 예술(Media Art), 로버틱 예술(Robotic Art), 네트워 예술(Network Art) 등 컴퓨터 기술과 융

1 본 글은 2017 한국예술연구소 춘계학술대회에서 구두발표한 논문이며, 『한국예술연구』 제16호. pp. 75-97에 게재한 논문을 수정 보완한 것이다.

합한 새로운 형태의 전위예술을 등장시켰다. 1970, 80년대에는 인간 대 인간, 인간 대 사물이 소통하는 기술이 더해져 포스트모더니즘을 점철하는 예술가들의 창작활동과 수용자들과의 소통형태에 큰 변화를 가져왔다. 이후 4차 산업혁명의 기술적 발전은 인간 대 사물, 사물 대 사물이 소통하는 인터렉티브 시스템과 디지털 웹 환경이 더해지면서 인공지능과 로보틱스, 가상현실, 웨어러블 컴퓨팅, 유비쿼터스 컴퓨팅, 홀로그래피 등과 함께 최첨단 정보기술을 이용한 융합예술을 생산하게 되었다.[2] 이를 통해 실제 공연 현장에서뿐만 아니라 사이버 공간상에 디지털예술을 창조하고 있으며 예술가와 인공지능 및 수용자 간 자유로운 소통이 이루어지는 예술세계로의 진입을 예고하고 있다. 무용예술에 있어서는 인간의 몸을 움직여 공간상에 연속적인 흔적형태를 그리고 이를 최첨단 기술과 접목해 타 예술과의 협업이나 학제적 연구를 통한 융합예술을 창조하고 있다. 특히 인간의 감각과 감정에 반응할 수 있는 초지능으로 진보한 인공지능의 발명은 미래의 춤을 예측불허의 첨단예술과 실용예술 및 디지털예술로의 진전을 가시화하고 있다.

인공지능(Artificial Intelligence, AI)은 "사고나 학습 등 인간이 가진 지적 능력을 컴퓨터를 통해 구현하는 기술"로서 강한 인공지능과 약한 인공지능으로 구분된다. 강한 인공지능은 "자유로운 사고가 가능한 자아를 지닌 인공지능"으로 어떤 문제에 대한 해결 능력을 가진 인공지능이라고 말할 수 있다. 약한 인공지능은 "자의식이 없는 인공지능"이자 "어떤 문제를 실제로 사고하거나 해결할 수는 없는 컴퓨터 기반의 인공적인 지능이다. 이는 진짜 지능이나 지성을 갖추지는 못하지만, 미리 정의된 규칙의 모음을 이용해서 지능을 흉내 내는 컴퓨터 프로그램을 말한다."[3]

2 양현승(2013), 「첨단과학기술과 예술의 융합 및 상호작용: 창조를 위한 21세기적 만남」. 한국무용사학회. 학술심포지엄. pp. 95-118.

3 약한 인공지능의 하나로 바둑 프로그램인 알파고(AlphaGo)나 의료분야에 사용되는 왓슨(Watson) 등이 대표적이다. 현재까지 개발된 인공지능은 모두 약한 인공지능에 속하며, 자아를 가진 강한 인공지능은 등장하지 않았다. 약한 인공지능은 "특정 분야에 특화된 형태로 개발되어 인간의 한계를 보완하고 생산성을 높이

최근에는 인간의 지능을 뛰어 넘는 계산력과 논리적인 사고로 인간의 지능을 능가하는 단계로 진입하기 시작했다. 이는 인간의 삶에 유용한 도구로서 사용되기도 하지만 포스트 휴먼[4]으로서 인간의 진화와 생존을 위협하는 두려운 존재가 되고 있다. 무용예술 분야에서도 인공지능은 컴퓨터 기술이 만들어낸 사이버 공간이나 가상현실 공간에서 인간이 아닌 사물에 복제된 춤 이미지를 양산하는 문제와 인간의 몸성과 심성을 통해 현실 공간에서 생산하는 체화된(embodied) 춤에서 얻을 수 있는 엑스터시나 카타르시스의 경험[5]을 통제 및 제어하는 현상이 나타나고 있다. 따라서 초지능 인공지능으로의 발전이 우려할만한 수준으로 진전되는 현 상황에서 무용예술의 현상을 관찰하고 수렴하면서 미래를 전망해보는 논의는 매우 필요하다 하겠다.

진화인류학을 주창한 볼프강은 엄청난 속도로 발전하고 진화하고 있는 인공지능에 대해 미래의 인간, 즉 포스트 휴먼임을 주문한다. 그는 포스트모더니즘이 모더니즘의 틀 안에서 진화하듯 포스트 휴먼도 휴먼의 틀 안에서 진화한다는 견해를 피력한다. 이에 더해 인공지능의 개발이 종들의 변형 및 생성과 같은 진화의 한 과정으로 이해하기를 제안한다.[6] 그의 논리는 모더니즘

기 위해 활용된다. 이미지 인식, 즉 그래픽 형상(Graphic pattern)이나 화상(Image)을 분별해내는 능력도 인공지능과 관련이 있다. 컴퓨터 프로그램을 통한 이미지 인식은 인지 및 추상과 관계가 있기 때문이다. 컴퓨터에 연결된 원격장치가 화상을 읽고 인지한 뒤 디지털 펄스의 형상으로 변화시키면 이 형상이 차례로 컴퓨터의 기억장치에 저장된 펄스 형상과 비교되는 방식이다(다음백과, http://100.daum.net/encyclopedia/view/ b18a0972a; 위키백과https://ko.wikipedia.org/wiki/%EC%9D%B8%EA%B3%B5%EC%A7%80%EB%8A%A5, 2017년 5월 21일. 본 연구에서 다루는 윌리엄 포사이드의《재생된 하나의 평면》(2000, 20006)은 인간이 가진 지적 능력, 신체적 사고(physical thinking)와 안무적 사고(choreograhic thinking)를 컴퓨터 프로그램을 통해 동기오브제를 구현한다는 점에서 약한 인공지능으로 구현한〈재생된 하나의 평면에 대한 동기 오브제〉(2009)를 논의한 것이다. 이 프로젝트에서 공동으로 작업하는 아티스트와 과학자는 애니메이션과 인터렉티브 경험들을 구현하기 위해 전통적인 키 프레임, 알고리즘 및 생성 방식의 애니메이션 기술을 사용하였다. 이는 약한 인공지능이 하는 일이다. (http://synchronousobjects.osu.edu/media/downloads/SynchronousObjectsRelease_3_17_09.pdf)

4 포스트 휴먼은 생물종으로서의 호모사피엔스와는 전혀 다른 인간으로 인간보다 지능이 뛰어난 초로봇(iiber-robots)들이 지배하는 생물 이후(postbiological)의 인간이다. 인류 스스로가 생물학적 육체를 버리고 인간의 정신은 기계로 업로딩하는 과정을 거쳐서 탄생하는 인간이자 인류의 정신적 자산인 지식과 문화, 가치관을 계승하고 있는 인간이라는 의미에서 인간의 '마음의 아이들(mind children)'이라 불릴 수 있는 존재들을 말한다. 신상규(2014).『호모사피엔스의 미래: 포스트 휴먼과 트랜스휴머니즘』. 아카넷. p. 54.

5 체화된(embodied) 춤이란 몸의 내부에서 비롯된 강렬한 에너지를 발산하며 도취상태에서 추는 춤을 말하며, 신명나게 춤추면서 카타르시스, 즉 정화를 경험하는 춤으로 해석할 수 있다.

6 Welsch, W.(2014).「포스트모더니즘-포스트휴머니즘-진화인류학」.『트렌스, 포스트휴머니즘 담론의 지형』.

과 휴먼을 전복하는 현상으로 포스트모더니즘과 포스트 휴먼을 보자는 것이 아니라 이 역시 모더니즘과 휴먼의 범주 안에서 이루어지는 진화의 한 과정임을 말하는 것이다. 이러한 볼프강의 진화인류학적 관점은 인공지능의 초지능화와 포스트모더니즘[7]의 문화 현상이 복합적으로 나타나고 있는 동시대의 춤(contemporary dance)을 포스트모던댄스의 진화로 정의할 수 있는 근거를 제공한다.

인간에게 있어 춤은 본질적으로 에너지가 충만한 살아있는 몸과 타인이 형을 보는 객관적인 몸, 운동, 감각, 사고의 관계를 파헤치는 해부학적인 몸과 현재의 몸이 아닌 잠재적 가능성으로서 상상의 몸[8]을 통해서 내적 충동이 근원이 되는 감정표현으로 리드미컬한 움직임을 만든다. 또한 움직임 속에 숨어 있는 그림자와 같은 역동적 이미지를 운동지각적(kinesthetics) 몸 감각을 통해 사고(思考)하면서 몸, 마음, 정신의 합일체로 춤 코드를 생산하고 이를 수용자에게 전달하는 인류문화의 창조물이라 할 수 있다.[9] 그러나 포스트모더니즘의 현상은 인간을 복제한 전자인간, 즉 로봇의 출현으로 인간의 춤을 복제한 기계화된 춤을 만들고 있으며, 가상현실의 춤 이미지를 사이버 공간에 기록 및 아카이브하고 이를 컴퓨팅함으로써 인간의 춤이 지닌 본질적 특성을 희석하는 초지능 인공예술이나 인간의 기계화로 창조되는 사이보그 예술을 창조하고 있다.

무용예술 분야에서 이상의 첨단기술과 컴퓨터 프로그램을 활용해 춤에 기

이화 HK 국제학술대회. 이화인문과학원·한국문화연구원. pp. 229~242.

7 포스트모더니즘은 20세기 후반 문학과 예술에서 나타난 시대정신이자 철학사조로서 무용예술에 있어서는 특수한 순간의 미학을 추구하는 문화이념이다. 70년대부터 전위무용으로 활발하게 전개되었으며, 주제나 감정을 표현하기보다 모든 것을 제거한 몸의 움직임, 즉 춤의 본질만을 추상적으로 표현하는 현상학적 특징을 보여주었다. 현재는 제4차 산업혁명에 기인한 첨단기술과 약한 인공지능으로 일컬어지는 고급 컴퓨터 프로그램의 개발로 인간과 인공지능이 탑재된 로봇 등이 상호 소통하거나 다양한 장르의 기계화된 예술과 융·복합하는 전위예술 형식의 포스트모더니즘으로 확장되고 있다.

8 Valery, P. 외, 심우성 편역(1997). 『신체의 미학』. 현대 미학사. pp. 16~24.

9 신상미(2013). 『인간은 왜 춤을 추는가』. 이화여자대학교 출판문화원. pp. 48~67.

반 한 지성주의적 예술[10]을 창조하고 있는 대표적인 포스트모던 안무가이자 무용가는 윌리엄 포사이드(William Forsythe)다. 그는 공상적 환상, 무의식과 꿈의 세계에서 몸과 공간을 탐색하는 안무 오브제(Choreographic Object)의 개념[11]을 적용해 인간과 환경의 상호작용 속에서 마음과 테마로 그려지는 안무구성으로 돋보이는 21세기의 현대예술을 창조했다. 그는 20여 년 동안 프랑크푸르트 발레단의 디렉터, 슈투트가르트 발레단 안무가로 활동하면서 〈가공물(Artifact)〉(1984), 〈작은 부분의 상실(Loss of Small Detail)〉(1991), 〈흩어진 군중(Scattered Crowd)〉 (2006), 〈헤테로토피아(Heterotopia)〉(2006), 〈문제의 진실(The Fact of Matter)〉(2009), 〈나 여기 있어(Here I am Wasn't I)〉(2013), 〈수행 중(Doing, Undergoing)〉(2016) 등을 안무했다. 이와 같은 그의 작품세계는 인간의 몸성과 심성이 함유된 포스트모던댄스, 즉 인간과 포스트 휴먼이 함께 생산하는 컴퓨터 인터랙티브 융합예술로의 진화를 상상하도록 지원한다. 이에 따라 무용학계의 몇몇 학자들은 그의 인터랙티브 융합예술에 나타난 포스트모더니즘의 현상을 설명하거나 그에 따라 나타나는 예술양상과 특성에 대한 연구를 진행하고 있다.[12] 이러한 연구경향은 포사이드의 작품을 총체예술로 보는 견해와 그의 안무예술에 중심을 두고 논의하는 경향을 보인다.

본 연구에서는 무용과 컴퓨터 프로그램을 융합한 포스트모던댄스로서 윌리엄 포사이드의 〈재생된 하나의 평면에 대한 동기 오브제(Synchronous Objects for

10 지성주의(Cerebralism)는 예술의 비인간화를 나타내는 용어로 질서정연하고 계산적인 비 감성을 말하며, 기하학적이고 기계적 순수주의에서 재현되는 물리적 법칙에 따라 지배되는 세계, 즉 공간과 부피, 무게, 시간, 빛의 물리적 성질을 잘 의식하고 있는 세계이다. Horst, L. & Russell, C.(1987). *Modern Dance Forms*, Princeton Book Company, Publishers. p.101.

11 몸뿐만 아니라 다양한 매체나 재료 전체를 안무의 소재로 보는 개념이다.

12 김재리(2011). 『루돌프 라반(Rudolf Laban)의 '움직임 공간' 특성에 근거한 안무학적 분석 모형 개발: 공간조화(Space Harmony) 이론을 중심으로』. 이화여자대학교 박사학위논문; 이지선(2013). 「총체정보예술로서의 무용에 관한 고찰-윌리엄 포사이드의 <Synchronous Objects for One Flat Thing, Reproduced>를 중심으로」. 『한국무용기록학회지』 제31권. pp. 121-141; 김은정(2016). 「무용작품의 인터랙티브 아트 활용에 대한 연구」. 『공연예술연구』 제3권. 한양대학교 공연예술연구소. pp. 110-126; 김태희(2016). 『윌리엄 포사이드(William Forsythe)작품에 활용된 오브제(Object)의 표현 특성 연구』. 성균관대학교 석사학위논문.

One Flat Thing, Reproduced)〉(2009)를 라반 움직임 이론을 통해 분석한다.[13] 이를 위해 포사이드의《재생된 하나의 평면》(2000, 2006)에서 창조된 움직임 테마와 이에 기반 한 학제적 연구를 통해 구현된〈더 댄스〉,〈움직임 재료 색인〉,〈정렬 주석〉,〈신호 주석〉,〈신호 악보〉등 파생동기 오브제에서 보이는 움직임의 특질과의 상호 친화성(Affinities)을 분석한다. 이를 통해 이 작품의 예술적, 학제적, 실용적 의미와 가치를 논의한다.

2.〈재생된 하나의 평면에 대한 동기 오브제〉안무개요 및 분석 이론

1) 안무 개요

윌리엄 포사이드는 신체적 사고(physical thinking)[14]와 안무 오브제의 개념으로 공연현장에서 무용수와 움직임, 작품 테마, 시각적 · 청각적 미디어 등 멀티미디어가 상호작용하면서 창조되는 포스트모더니즘의 안무예술을 선도한 인물이다. '안무는 몸과 몸, 몸과 환경 간의 관계 속에서 틀을 짜는 것으로 마음으로 느끼고 테마를 이해해야 구성이 가능하다'는 그의 안무철학은 영상 기반 시각화(screen-based visualization)를 통해서〈재생된 하나의 평면에 대한 동기 오브제〉와 같은 인터렉티브 댄스 CD-ROMs를 창조했다. 이 작품은《재생된 하

13 라반움직임분석 체계는 인간의 움직임은 물론 인간의 주위환경에 존재하는 모든 오브제의 작은 떨림이나 사이버 공간에서 볼 수 있는 이미지까지도 분석대상이 된다. 또한 플라톤의 철학과 피타고라스의 기하학 기반 분석체계로서 과학적 사고의 기회를 제공한다. 이에 따라 윌리엄 포사이드의 신체적 사고와 안무적 사고를 통해 창조된 움직임 재료를 컴퓨터에 기록하고 시각화한 가상적 이미지의 분석도구로 활용하였다.

14 인간은 누구든지 스스로 만들거나 그리거나 간단한 두뇌 훈련을 통해서 형상화기술을 발전시킬 수 있다. 이런 의미에서 포사이드의 신체적 사고(physical thinking)란 이미지 논리, 심상 체험, 상상하는 삶이 요구하는 인내와 관찰 등 초(超)논리로 번역되는 신체적 직관이며 밖으로 분명히 드러나 있는 생각이다. 이를 통해 얻어지는 연구의 성과는 면밀한 의도나 계획에서 오는 게 아니라 가슴으로부터 바로 나온다. Root-Bernstein R. & Root-Bernstein, M. 저(2008). 박종성 옮김.『생각의 탄생: 다빈치에서 파인먼까지 창조성을 빛낸 사람들의 13가지 생각도구』. pp. 29~30.

나의 평면》에서 창조된 움직임 테마에 기반 한 학제적 연구를 통해 구현된 것으로 무용과 컴퓨터 프로그램의 융합으로 창조된 포스트모던예술이다. 이는 미국 오하이오주립대학교의 첨단예술디자인컴퓨팅센터[15]에서 예술적, 학제적 융합을 실험한 프로젝트의 하나로 무한한 공간을 탐색하는 포사이드의 안무 오브제의 개념을 적용하여《재생된 하나의 평면》에서 계획된 움직임 재료와 공연현장에서 즉흥적으로 나타나는 무용수의 움직임을 컴퓨터 프로그램에 기록하고, 다양한 학문과 예술과의 컴퓨팅 인터렉티브 결과를 영상콘텐츠로 시각화한 것이다. 여기서 포사이드의 가장 핵심적인 안무 오브제는 인간의 움직임이다. 각기 다른 색의 의상을 입은 17명의 무용수는 총 25개의 계산된 움직임 테마를 공연하는 과정에서 서로 신호를 주고받는 상호작용을 통해서 자연스럽게 만들어내는 즉흥동작을 구성해 선적, 면적, 입체적 형상으로 3차원의 역동적인 이미지를 만든다. 그 결과 공간과 시간의 조화로 연결되는 무한대의 움직임은 신체적 사고를 통해 컴퓨터상에 코드로 기록되고 영상으로 시각화된다. 음악, 디자인, 지리학, 통계학, 건축학 등 각기 다른 분야는 안무된 움직임의 컴퓨터 기록을 기반으로 그들만의 독특한 특징적 코드로 컴퓨팅함으로써 사이버 공간상에 모션 그래픽이나 몸성과 심성이 함유된 디지털 예술을 창조한다. 이와 같이 공연장에서 일어나는 계획적, 즉흥적 사건과 연구현장에서 일어나는 컴퓨팅 인터렉티브는 인간에서 사물로, 사물에서 사물로 전달되어 나타나는 시각적 이미지를 영상콘텐츠로 재구성하고 사이버 웹 환경을 통해 수용자와의 즉각적 소통을 가능하게 한다.

15 포사이드는 첨단예술디자인컴퓨팅센터(Adavanced Computing Center for Arts and Design, ACCAD)의 팔라지(Maria Palazzi)교수와 무용과의 쇼우(Norah Zuniga Shaw)와의 합작으로 〈재생된 하나의 평면에 대한 동기 오브제〉를 제작했다.

2) 라반움직임분석

'이 세상의 모든 것은 움직인다.', '인간의 몸은 움직이는 건축물이다', '비어 있는 공간은 없다'는 라반의 생각처럼, 라반움직임분석(Laban Movement Analysis)은 우주공간에 존재하는 모든 움직임을 쓰고 읽고 분석하고 해석할 수 있는 체계로서 인간의 움직임은 물론 인간의 주위환경에 존재하는 모든 오브제의 작은 떨림이나 사이버 공간에서 볼 수 있는 이미지까지도 분석대상이 된다. 분석 카테고리는 첫째, 개인공간(Personal Kinesphere), 즉 개별공간을 형성하고 있는 인간의 몸, 로봇의 몸체, 가상공간에 형성되는 이미지 등 오브제로서의 몸(Body)이 분석대상이다. 완전한 몸은 어떻게 구조화되고 연결되는지, 어떤 몸의 패턴이 일관적으로 보이는지, 몸의 어떤 부분이 움직이는지, 어떤 몸의 부분부터 움직임을 시작하는지, 움직임은 어떻게 몸을 통해 펴져나가는지 등 몸에서 일어나는 모든 것들을 분석한다. 둘째는 감정표현이자 내적 충동이나 내적 태도로 정의되는 에포트(Effort)가 분석대상이다. 움직임의 역동적인 특질은 무엇인지, 감정, 분위기, 질감은 어떤지 등 몸에 기본적으로 깔려 있는 자유롭거나 탄력적인 흐름(Flow), 무겁고 가벼운 질감의 무게(weight), 느려지고 빨라지는 느낌의 시간(time), 흐려지거나 직시하는 분위기의 공간(space) 등 에포트가 분석대상이다. 위의 4개의 인자와 각각 양극단으로 두 개씩 8개의 요소는 무작위로 두 가지, 세 가지, 혹은 네 가지 요소의 조합에 따라 발생하는 기분 혹은 감정의 변화 등 움직임의 표현성을 나타낸다. 셋째는 에포트의 결과 나타나는 조형 형태로서 셰이프(Shape)가 분석대상이다. 움직임은 어떠한 형태를 만드는지, 자아 혹은 환경과 관련하여 형태가 어떻게 변하는지, 그 변화 과정에 영향을 미치는 주요 특성이나 요소는 무엇인지, 움직임의 기본적인 형태가 직선인지, 길어지는 것 같은지, 편평한 벽이나 구체의 공 같은지, 비틀린 나선이나 사면체 같은지 등 모든 셰이프 변화의 기초가 되는 내적 호흡흐름, 방향지향적 셰이프, 셰이핑의 틀 안에서 수직선, 수평선, 시상선상에서 자라나는 형태와 줄어드는 형태를 분석한다. 넷째는 몸과 일반 공간(General Space)의 연결선상에서 가시화 되는 역동적 흔적형태(trace forms)로서 공간조화가 분석대상이다. 선적, 면적, 입체적 움직임의 공간은 얼마나 넓으며, 어떻게 접근하는지, 선적인지, 면적인지, 사선인지, 횡단적이거나 나선인지 혹은 공간적 긴장감(Spatial Tension)이 중심적, 주변적, 횡단적인지, 공간조화를 통해 나타나는 주요 결정체가 무엇인지 등 역동공간(Dynamosphere)의 특질을 분석한다. 특히 위의 4가지 카테고리 간의 친화성과 반친화성 분석 결과는 공간과 시간 안에서 공연되는 움직임의 특질이 무엇인지 발견할 수 있게 한다.[16]

3.〈재생된 하나의 평면에 대한 동기 오브제〉분석

이 작품은 포사이드의 무용작품,《재생된 하나의 평면》(2000)에서 발견된 움직임의 구성 요소들을 새로운 오브제로 번역하고 변형하는 실험으로 무용을 다양한 분야의 테크닉으로 시각화하는 것이 목적이다.[17] 포사이드는《재생된 하나의 평면》에 자신이 구성한 움직임 테마와 공연현장에서 무용수의 몸을 통해 즉흥적으로 생성되는 움직임 테마를 중심으로 타 예술과 학문 분과와의 학제적 연구를 통해〈재생된 하나의 평면에 대한 동기 오브제〉(2009)를 구현하였다. 이는 인간의 움직임과 컴퓨터 프로그램을 융합한 포스트모던댄스로서 포사이드의 신체적 사고와 안무 오브제의 개념을 적용한 디지털예술이자 컴퓨터예술이다.

본 장에서는 라반의 움직임분석이론을 통해〈그림 1〉과 같이〈재생된 하나

16 신상미·김재리(2010).『몸과 움직임 읽기』. 이화여자대학교 출판문화원. pp. 145~155; Hackney, P.(2016), 신상미·김재리 옮김.『몸 움직임 세상 연결하기』. 대경북스. pp. 342-357.

17 http://synchronousobjects.osu.edu/content.html 2017년 3월 5일

의 평면에 대한 동기 오브제〉의 20개 결과물[18] 중에서 이 작품의 결과를 수용자가 어떻게 볼 수 있는지를 설명한 〈더 댄스〉, 계획적이고 즉흥적으로 구성된 25개의 움직임 테마를 기록하고 아카이빙 한 〈움직임 재료 색인〉, 움직임 테마를 디지털로 이미지화 한 〈정렬 주석과 3D 정렬형태들〉, 신호를 주고받는 움직임을 시각화 한 〈신호 주석〉, 신호를 주고받는 움직임에 따라 작곡한 〈신호 악보〉 등을 분석한다. 따라서 〈더 댄스〉와 〈움직임 재료 색인〉에서는 이 작품이 만들어지는 방법과 움직임 테마에 대해 설명한다. 또한 〈정렬 주석〉과 〈신호 주석〉 및 〈신호 악보〉 등은 라반 움직임 분석을 통해 선택한 움직임 테마와 결과물 간의 상호친화성을 발견한다. 구현된 파생 동기 오브제는 http://synchronousobjects. osu.edu에서 자세히 볼 수 있다.

출처: 〈더 댄스〉 http://synchronousobjects.osu.edu/content.html에서 캡처

그림 . 20개의 파생된 동기 오브제

18 〈무용(The Dance)〉, 〈정렬 주석(Alignment Annotation)〉, 〈신호 주석(Cue annotations)〉, 〈움직임 재료 색인(Movement Material Index)〉, 〈대조 도구(Counterpoint Tool)〉, 〈비디오 추출 도구(Video Abstraction Tool)〉, 〈신호 시각화 장치(Cue Visualizer)〉, 〈생성적 그리기 도구(Generative Drawing Tool)〉, 〈개념 요소들(Concept Threads)〉, 〈통계적 대조(Statistical Counterpoint)〉, 동작 밀도(Movement Density)〉, 〈움직이는 건축(Performative Architecture)〉, 〈데이터 팬(Data Fan)〉, 〈3D 정렬 형태들(3D Alignment Forms)〉, 〈신호 스코어(Cue Score)〉, 〈센터 스케치(Center Sketch)〉, 〈차이점(Different Marks)〉, 〈상이한 형태들(Difference Forms)〉, 〈소음 없는(Noise Void)〉, 〈모션 볼륨(Motion Volumes)〉

1) 〈더 댄스〉

이 프로젝트의 목표는 안무 구조의 시각화로서, 《재생된 하나의 평면》에서 행해진 무용수들의 움직임 테마, 25개(T1~T25)의 데이터와 움직이는 과정에서 만드는 즉흥무용 데이터의 시각화를 위해 설계된 파생 동기 오브제이다. 이 데이터는 포사이드의 작품구조가 드러나는 비디오로 만들어 컴퓨터에 입력된다. 이 디지털 데이터에서는 연속되는 영상화면 아래에 무용수별 의상과 색깔로 움직임 테마가 기록되고 코드화되어 〈그림 2〉와 같이 포사이드의 안무 패턴을 볼 수 있다. 비디오 설정(Video Settings)은 영상 오른쪽에 있는 용도별 버튼을 사용해서 시작과 정지를 할 수 있다. 비디오 설정 버튼은 무대의 정면, 무대 위, 움직임 확대 등으로 볼 수 있는 환경을 선택하는 기능을 한다. 또한 중복 설정(Overlap Setting) 버튼의 선택에 따라 움직임 테마, 〈정렬 주석〉, 〈신호 주석〉 등 세 가지의 동기 오브제가 겹쳐 보이거나 개별적으로 볼 수 있는 환경이 된다. 오디오 설정(Audio Settings) 버튼은 선택에 따라 금속성 음악, 손뼉 소리나 외침, 일반적인 이동 등과 같은 주변의 소리를 들을 수 있고, 작곡가 윌름(Thom Wilem)의 〈정렬 악보〉도 들을 수 있다. 또 다른 버튼을 선택할 경우 포사이드의 노래와 작품 창작에 대한 이야기도 들을 수 있다. 비디오 화면 왼쪽 옆에는 화면과 데이터 무보(score) 사이의 타임 라인에서 나타나는 속성 데이터가 아래에서 위로 움직이면서 순차적으로 나타난다. 데이터 무보 왼쪽에는 동작에 참여하고 있는 무용수 별로 움직임 테마, 〈정렬 주석〉, 〈신호 주석〉이 코드화되어 타임 라인 위에 각각 분리해 표시되어 있어서 시작과 정지 버튼을 이용해서 파생된 동기 오브제들을 함께 보거나 개별적으로 볼 수 있다. 비디오의 특정 지점을 보고자 할 경우에는 타임라인 표시기를 원하는 지점으로 옮기면 볼 수 있다. 무용수의 이름 별로 마우스를 움직이면, 각 무용수들의 의상과 색깔 등이 아이콘으로 나타난다.

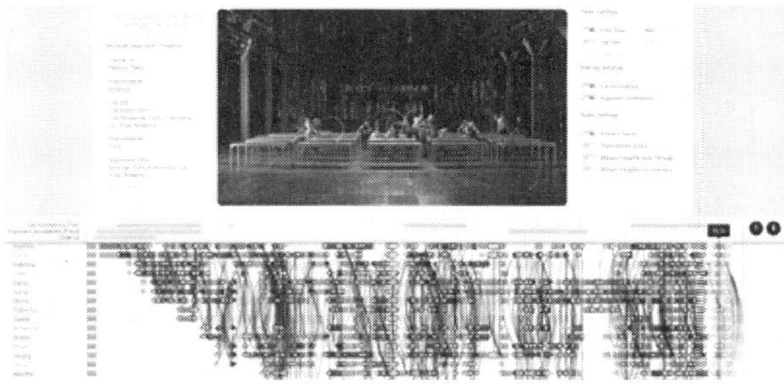

출처: http://synchronousobjects.osu.edu/content.html에서 캡처
그림 . 〈더 댄스〉

〈더 댄스〉에서는 포사이드의 안무와 파생 오브제 간의 상호친화성을 한 눈에 볼 수 있도록 시각화 되어 있다. 포사이드의 안무구조, 움직임, 무용수 간의 상호작용, 의상, 소도구, 음악 등을 컴퓨터 프로그램을 통해 융합함으로써 춤에서 볼 수 있는 수직축, 수평축, 시상축, 점, 선, 면, 입체의 공간 요소와 움직임의 시퀀스에서 볼 수 있는 시간 요소를 시각화하고 있다. 여기서는 무용수의 몸에서 발현되는 움직임을 컴퓨터에 기록함으로써 또 다른 파생 동기 오브제의 원재료로서 기능한다.

2) 〈움직임 재료 색인〉

〈움직임 재료 색인〉은《재생된 하나의 평면》에서 무용수들이 행한 움직임 테마의 특성을 보여주는 속성(attribute) 데이터를 목록화한 것이다. 목록화된 모션 블록은 〈그림 3〉과 같이 춤추는 과정에서 25개(T1~T25)의 움직임 테마로 목록화되어 각각 전체 혹은 부분적으로 반복되거나 재결합된다. 이들 움직임 테마를 공연하는 과정에서 무용수의 순간적 즉흥이 가미된다. 여기서는 이 작품의 움직임 테마와 즉흥 움직임을 찾을 때 사용된다. 이를 통해 포사이드의 안무와 움직임의 구조 및 패턴, 움직임의 반복과 연속 등을 볼 수 있다. 각각의 테마들은 와이드 샷(wide shot) 안에서 따로 볼 수 있도록 분리해 놓았고 클로즈업 샷(close-up shots)에서는 움직임 테마와 몇 가지 즉흥동작을 확대해서 세부적인 움직임 특질을 볼 수 있다.

움직임 테마 1을 예로 들어 설명하면, 무용수 2명의 움직임을 확대해서 볼 수 있으므로 세밀하게 움직임 분석을 할 수 있다. 이를 통해서 춤을 재구성하거나 영상 자체의 평면에서 인지하기 어려운 조형적 특징을 분석하는데 용이하다. 또한 두 무용수의 움직임 특질에서 어떤 몸 부위가 사용되었는가, 어떤 에포트로 감정을 표현했는가, 에포트의 결과는 어떤 형태로 시각화되고 공간상에서 보여주는 움직임의 흔적 형태는 어떠한가 등을 살펴볼 수 있다. 움직임 테마 1에 대해 라반 움직임분석을 시도한 연구[19]에서 그 내용을 확인할 수 있다.

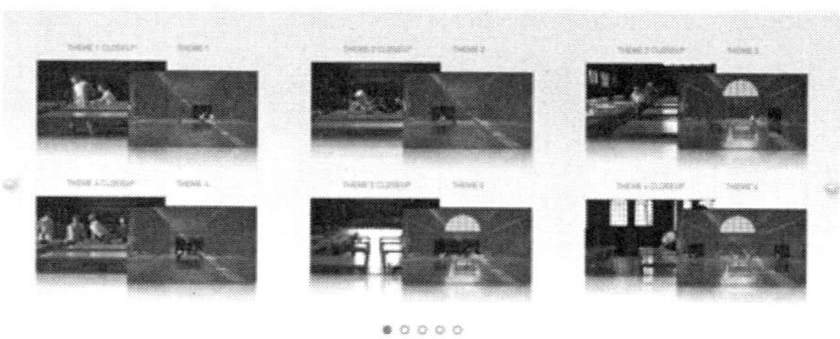

출처: http://synchronousobjects.osu.edu/content.html에서 캡처
그림 . 〈움직임 재료 색인〉

3) 〈정렬 주석〉 및 〈3D 정렬 형태〉

〈정렬 주석〉은 관계 체계(system of relationships)의 특징을 접목한 파생 동기 오브제이자 무용에서 시각적 관계가 어떻게 구축되는지를 결정하는 근본으로 무용의 시각적 구조의 핵심 요소인 정렬패턴을 보여준다. 이는 움직임의 속

19 김재리(2011). 『루돌프 라반(Rudolf Laban)의 '움직임 공간' 특성에 근거한 안무학적 분석 모형 개발: 공간 조화(Space Harmony) 이론을 중심으로』. 이화여자대학교 박사학위논문. pp. 135-154.

성을 공유하고 있는 무용수들 사이에서 이루어지는 동기화 순간으로 이 작품에서는 전체 움직임 중에서 세 부분을 추출해 〈정렬 주석〉이 영상에 보이도록 했다. 이 주석들은 무용수들이 움직이는 과정에서 공간에 그려지는 흔적 형태를 〈그림 4〉와 같이 점, 선(수직선, 수평선, 시상선, 반원, 포물선, 나선) 등의 형식으로 표시함으로써 개별적인 뉘앙스를 가진 무용수들의 공간 및 시간적 정렬패턴을 시각적으로 볼 수 있다. 이는 무용수들의 움직임과 함께 도식적인 정렬패턴이 표시된 영상으로 보거나 무용수 없이 점 · 선 · 면으로 움직이는 정렬패턴만 표시한 영상으로 볼 수 있다.

〈정렬 주석〉은 작품의 안무 체계를 독특한 모션 그래픽의 형태로 영상에 기록한다는 점에서 정지된 추상화에서 움직이는 추상화로 전이되는 안무 오브제를 창조한다. 무용수가 움직이는 흔적들을 컴퓨터상에서 다양한 굵기의 색과 선으로 나타내고 무용수의 움직임을 제거하면 포물선, 직선, 원, 각진 선 등으로 각양각색의 움직이는 추상화를 그린다. 이는 무용수들의 움직임 흔적들이 시간의 흐름에 따라 변화하는 것을 시각화 한 것이다. 즉 〈정렬 주석〉 파생 동기 오브제는 선적, 면적, 입체적 공간 이미지로 확장된 예술을 창조한다. 특히 3D 정렬형태 파생 동기 오브제에서는 점과 선 등 1차원적, 2차원적으로 〈정렬 주석〉을 표현한 것과는 달리 무용수들 사이의 〈정렬 주석〉이 3차원적 표면의 전환 장면으로 나타난다. 여기서는 무용수들의 움직임 흔적들 사이의 관계와 시간의 흐름에 따른 변화를 시각화 한 것이다.

무용수의 움직임, 〈정렬 주석〉, 3D 정렬형태에서 보이는 움직임분석은 15분 30초의 작품에서 10분 45초부터 11분 15초까지 30초간의 연속을 대상으로 하였다. 분석 결과는 다음과 같다.

(1) 테이블을 손으로, 바닥을 발로 톡톡치기를 하면서 점을 만든다.

(2) 몸 전체가 한단위로 가볍게 빨라지는 위아래 점프를 하거나 점점 위로 느려지면서 길어지고 아래로 빨라지면서 짧아지는 호흡과 같은 셰이프 흐름으로 앉았다 일어나기의 1차원적 수직 동작을 수행하고 있다. 이는 파란색 수

직선의 움직임 특질과 상호 친화적이다.

(3) 등을 대고 누워서 몸 전체가 탄력적으로 미끄러지는 동작을 하거나 서서 몸의 윗부분이 오른쪽 위에서 아래로 또는 앞으로 빠르게 미끄러지는 1차원적 수평 동작과 시상 동작을 하고 있다. 이 움직임의 특질 역시 파란색 수평선과 시상선의 움직임 특질과 상호 친화적이다.

(4) 팔의 손끝으로 공간상에 원을 그리거나 다리의 발끝으로 원거리 긴장감을 사용해 주변으로 힘차게 차면서 자유롭거나 탄력적이면서 빨라지거나 느려지는 2차원적 원그리기 동작이나 3차원의 나선 그리기 동작을 하고 있다. 여기서는 체화된 움직임 공간과 시간적 정렬패턴 및 이들 간의 상호작용으로 1차원, 2차원, 3차원의 움직이는 추상화를 창조한다. 손끝으로 치거나 발끝으로 차면서 공간상에 그려지는 흰색 선의 원그리기와 나선 등의 굵기나 선이 움직임과 상호 친화적이다.

출처: http://synchronousobjects.osu.edu/content.html에서 캡처
그림 4. 〈정렬 주석〉과 〈3D 정렬 형태〉

4) 〈신호 주석〉

춤의 연속은 기계가 움직이는 것처럼 복잡한 신호체계(cueing system)를 구성한다. 《재생된 하나의 평면》에서 무용수들은 복잡한 신호체계로 무용의 흐름을 결정하고 구성한다. 무용수의 움직임 테마들과 시선의 신호체계는 빠른 속도로 이동하는 관계 네트워크로 전개되어 순간의 무용 흐름을 영상으로 시각화한다. 또한 서로 상반되는 특질을 가진 무용수들의 움직임은 서로 조화를 이루는 대위법적 안무체계로 가시화 된다. 〈그림 5〉와 같이 신호 수신자

(cue receivers)는 신호 제공자(cue giver)가 몸을 돌리거나 발을 차거나 테이블을 두드리는 동작에서 순간을 포착하기 위해 집중적인 응시를 시도한다. 수신자가 신호를 받는 순간 다시 신호 제공자가 되어 연속해서 수신자에게 몸을 돌리기나 발차기를 하고 테이블을 두드리는 신호를 보낸다. 이와 같은 순환 과정은 〈신호 주석〉 파생 동기 오브제로 창조되어 영상을 통해 즉각적으로 신호패턴을 시각화 한다. 〈신호 주석〉은 무용수들의 움직임과 함께 도식적인 신호패턴이 표시된 영상으로 보거나 무용수 없이 움직이는 신호패턴만 표시된 영상으로 볼 수 있다. 이렇게 무용수들 사이의 강도 높은 응시와 정보의 신속한 상호교환을 통해 그려지는 신호체계는 영상화면에 점, 선, 원으로 확인된다. 이를 통해서 빨라지거나 느려지는 움직임의 시간 개념은 〈신호 주석〉의 속도를 결정하고 안무 체계를 움직이는 추상화로 기록한다. 〈신호 주석〉에서는 무용수들이 직시하기, 때리기, 빠르게 몸돌리기 등으로 신호를 주고받는다는 것을 알 수 있다. 무용수의 움직임 테마의 파생 동기 오브제 15분 30초의 작품에서 8분 13초부터 8월 43초까지 30초 동안의 움직임 특질을 분석한 결과는 다음과 같다.

(1) 신호 제공자들이 눈을 직접적으로 직시하면 수신자가 바로 받아 우묵한 형태의 탄력적인 몸통으로 두 손을 수직으로 테이블 상판을 빠르게 때리는 동작을 한다. 이 동작은 1차원의 수직선을 그린다. 직접적인 시선과 상판을 때리는 동작 모두 순간의 시간이 나타나는 〈신호 주석〉의 특질과 상호 친화적이다.

(2) 위 동작을 직접적으로 주시하고 있던 또 다른 수신자가 때리기 동작을 하면 빠르고 가벼운 선이나 빠르고 탄력적인 선으로 퍼져나간다. 이 때에는 다양한 수신자에게 직선, 포물선, 나선 등으로 상호 친화적인 〈신호 주석〉의 특질을 만들며 전달된다.

(3) 부드럽고 탄력적으로 몸 전체나 상체와 하체를 돌리는 움직임은 속도에 따라 재빠르게 톡 치면서 열리는 크고 작은 원과 빠르고 직접적인 직선에서

빠르고 탄력적인 나선형의 선을 그린다. 이 역시 무용수의 움직임과 상호 친화적인 〈신호 주석〉의 특질을 만들며 전달된다.

〈신호 주석〉의 움직임 특질은 빨라지는 시간과 느려지는 시간의 조절을 통해 시간 개념이 뚜렷하게 반영된 점, 선, 면을 그리는 파생 동기 오브제에 몸성과 심성이 함유된 역동적이고 살아 있는 공간을 만든다.

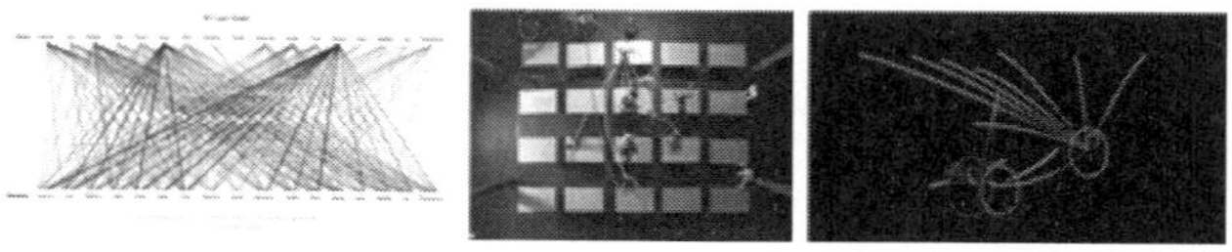

출처: http://synchronousobjects.osu.edu/content.html에서 캡처
그림 5. 〈신호 주석〉

5) 〈신호 악보〉

파생 동기 오브제로서 〈그림 6〉은 무용수들이 주고받는 신호를 컴퓨터에 기록한 〈신호 악보(Cue Score)〉다. 이 악보의 상단에 이름을 올린 무용수들은 신호 교환을 가장 적게 한 무용수이고 하단으로 내려갈수록 신호 교환이 많아진다. 또한 신호 제공자와 수신자들의 신호가 빠르게 혹은 느리게 교환되는지도 볼 수 있다. 이 악보는《재생된 하나의 평면》에서 이루어지는 신호체계가 적용된 무용 흐름의 오브제 음악으로 작곡되었다. 이 〈신호 악보〉는 메튜 베인(Mathew Bain)이 작곡한 것으로 제목은 〈포사이드 No. 1〉이다.

베인에 의하면, 〈포사이드 No. 1〉을 작곡하기 위해 신호 데이터를 선택해서 특별한 부분들로 나누고, 화음의 구조와 시간적 진행 방식을 정했으며, 작곡과정에서 정지 순간을 넣고 화음 간 전이를 위해 데이터의 범위를 압축 및 교차시켰다. 전체 데이터를 완성하는 과정에서 창조된 모든 음표들은 현악기 소리로 재현 및 반복되었는데, 가볍고 튀는 느낌의 소리와 떠다니는 느낌의 소리 그리고 위로 올라가는 소리를 내기 위해 현악기를 사용했다. 여기서 파생된 동기 오브제의 음악적 효과는 밀고 당기는 리듬의 독특한 패턴, 멜로디 역할을 하는 높은 음조와 상반된 무게의 느낌을 주는 베이스 등 음조의 변화로 나타났다.[20] 〈신호 악보〉의 특질을 분석하면 다음과 같다.

(1) 높은 음조와 낮은 음조의 수직성은 각각 무용수의 움직임에서 표현되는 수직 공간의 에포트, 즉 높은 음조는 위로 올라가는 가벼운 움직임의 특질과 상호 친화적이고, 낮은 음조는 아래로 무겁게 내려가는 움직임의 특질과 상호 친화적이며, 높고 낮은 상반된 음조는 각각의 움직임 특질과 조화롭게 어우러지면서 에포트, 즉 감정표현을 창조한다. 이는 무용수들이 움직이면서 발산하는 에너지의 표현으로서 밝음과 어두움의 아우라이자 분위기를 만든다.

(2) 무용수가 받아들이고 다시 내보내는 밀고(Push) 당김(Pull)의 상반된 동작에서 나타나는 공간 긴장감이 작곡에 반영되었다. 움직이는 무용수의 밀고 당김은 주변적, 횡단적, 중심적 긴장감으로 움직임 이면의 역동공간을 만든다. 예컨대, 신호를 보내고 받으면서 만들어지는 무용수의 선적, 면적, 입체적 긴장감은 밀고 당김의 에포트를 역동적으로 변화시킨다. 작곡가는 무용수의 움직임 신호체계에서 드러나는 밀고 당김의 긴장감과 친화성을 갖는 음질로 음악의 역동성을 보이게 했다. 이는 듣는 음악에서 보는 음악으로 전이된 입체적 음악의 창조를 가능케 한 것이다.

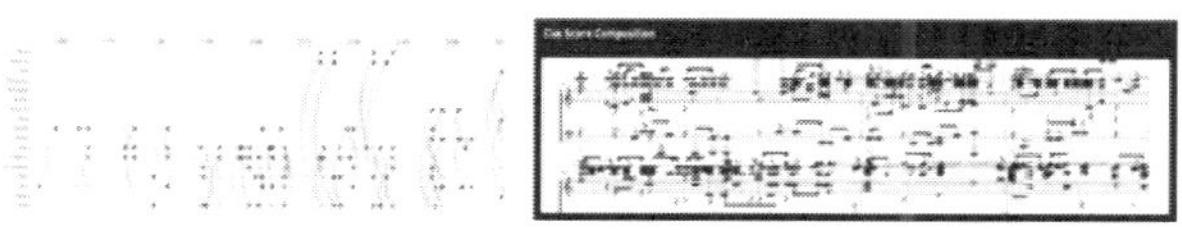

출처: http://synchronousobjects.osu.edu/content.html에서 캡처
그림 6. 〈신호 악보〉와 메튜 베인의 동기 오브제 악보

20 〈신호 악보〉 작곡에 대한 메튜 베인의 글 http://synchronousobjects.osu.edu/content.html 2017년 3월 5일

이상의 연구 결과, 신체적 사고와 안무 오브제의 개념으로 창조된 포사이드의 지성주의적 무용예술은 인간의 움직임과 컴퓨터 프로그램이 예술적, 학제적, 실용적으로 조우하면서 상호 친화적인 새로운 동기 오브제의 디지털예술을 창조하였다.

4. 결론

4차 산업혁명이 만든 인공지능의 초지능화는 예술의 비인간화를 재촉하고 있다. 또한 기술의 발전으로 설계된 초고속 통신망은 가상공간에서 제공하는 포스트모던예술을 가까이에서 언제나 접할 수 있는 환경을 만들고 즉각적인 상호소통을 가능하게 하고 있다. 또한 컴퓨터의 혁명에서 비롯된 인공지능의 출현은 인간 대 사물의 경계를 깨어버리고 미지의 세계로 향하는 디지털예술의 생산 가능성을 예고하고 있다.

본 연구에서는 포스트모던댄스의 최정상에 서 있는 포사이드의 《재생된 하나의 평면》에서 공연된 움직임 테마를 대상으로 컴퓨터 프로그램으로 시각화한 〈재생된 하나의 평면에 대한 동기 오브제〉의 결과물에 대한 움직임분석을 시도했다. 분석 결과를 논의하면 다음과 같다.

첫째, 움직임 테마의 컴퓨터 기록과 아카이브를 통해서 파생 동기 오브제의 창조를 이끌었다.

둘째, 현실공간의 몸 예술은 인간예술에서 인간복제의 예술이 점유하는 가상공간의 디지털융합예술이 되었다.

셋째, 몸의 움직임과 상호친화성을 갖는 〈움직임 재료 색인〉, 〈신호 주석〉, 〈신호 악보〉 등 파생 동기 오브제를 창조하였다.

넷째, 체화된 움직임 공간과 시간적 정렬패턴 및 이들 간의 상호작용은 〈정렬 주석〉과 〈신호 주석〉으로 시각화하고 확장하여 움직이는 추상화를 창조하였다.

다섯째, 몸성과 심성이 함유된 감정 표현과 공간적 긴장감은 〈정렬 악보〉와 〈신호 악보〉로 청각화하고 입체화하여 보이는 음악의 역동 공간을 창조하였다.

여섯째, 포사이드의 신체적 사고와 안무 오브제는 그 만의 독특한 직관과 지성으로 탄생하였다.

종합하면, 〈재생된 하나의 평면에 대한 동기 오브제〉에서는 인간의 몸에서 객체 오브제로, 움직임 안무에서 오브제 안무로, 휴먼의 춤에서 포스트 휴먼의 춤으로, 실제공간에서 가상공간으로, 아날로그 소통에서 디지털 소통으로 확장되어 인간과 인공지능이 미래의 예술세계를 창조하는 상호조력자로서 예술적, 학제적, 실용적인 가치를 지닌 디지털융합예술을 창조했다.

이에 따른 본 연구의 의의는 포스트 휴먼 시대를 수렴하고 무용예술의 예술적, 학제적, 실용적 상상력을 고취하면서 새 시대의 창조와 소통 능력을 함양하는데 있다. 그럼에도 불구하고 예술을 창조할 때와 예술을 바라볼 때 서로 다른 조합의 감각체계가 작동한다는 점에서 그리고 예술이 생산되는 과정과 형상을 객체로서 바라본다는 점에서 인간이든 인공지능이든 현존하는 몸이 주체가 되어 체험할 수 있는 황홀경과 카타르시스를 실현할 수 있는 또 다른 포스트 휴먼으로의 진화를 기대해 본다.

III부

뉴미디어 시대 춤과 대중문화

10장

중국 영화에서 춤 활용하기

— 장이머우 감독의 영화를 중심으로[1]

김주희

1. 들어가며

'찰리우드(Chollywood)'라는 말이 생겨날 정도로 중국의 영화시장은 날로 커져가고 있다.[2] 중국 박스오피스(CBO)에 따르면 2017년 영화티켓 판매액은 83억1000만달러(약 9조3700억원)를 기록하였으며, 스크린 수는 4만2871개를 돌파했다고 밝혔다.[3] 파라마운트 픽처스(Paramount Pictures Corporation)의 제작 책임자 애덤 굿맨(Adam Goodman)이 "10년 전에는 전혀 의식하지 않았지만 지금은 중국 없이 할리우드가 존재할 수 없는 지경"라고 말 한 것에서도 알 수 있듯이

1 이 글은 이화여자대학교 무용학연구소 제1회 국내학술심포지엄에서 구두 발표한 논문이며, 『무용예술학연구』 64집 2호에 게재된 논문을 수정, 보완 한 것이다.

2 중국(China)과 할리우드(Hollywood)를 합친 말이다. 무섭게 성장하고 있는 중국 영화산업을 뜻한다.

3 유재혁(2017.10.31). 중국 영화시장 올 9조원… 스크린 5만개 돌파. 『한국경제』. <http://news.hankyung.com/article/2017103127891,2017. 12.9>.

이미 중국의 영화 시장은 투자자, 관객, 상영관 면에서 미국을 압도하고 있는 상황이다.[4]

전문가들은 중국의 영화 산업이 급성장 할 수 있었던 요인에 대해 수입영화 수량제한, 영화발전기금 환급, 영화관의 자국영화 상영 보호 기간 등과 같은 정책을 마련한 정부의 적극적인 개입에 있다고 분석한다.[5] 실제로 중국 안에서 자국 영화의 시장 점유율은 62.3%(2015년 기준)로 사상 최고치 기록을 갱신하고 있다. 중국정부는 기획-제작, 배급-상영이라는 유통구조를 가지고 이윤창출을 하는 영화 산업에 대해 지원 정책 외에도 규제라는 태도를 동시에 취하고 있다.[6] 이중적 구조 안에서 정부의 검열은 중국의 영화감독들의 작품에 큰 영향을 미쳤다. 국제 영화제를 통해 경쟁력을 확보한 영화감독들의 경우 '중국적인 것(Chinese-ness)'이라는 정체성을 표상한 중국 영화를 국제영화제라는 국제적 유통 시장에 선보임으로써 정부의 동의를 이끌 수 있었다. 이러한 활로의 대표적인 인물이 바로 장이머우(Zhang Yimou)이다.

〈붉은 수수밭(Red Sorghum)〉(1988)으로 베를린영화제 금곰상을 받으며 화려하게 데뷔한 그는 〈국두(Judou)〉(1990)로 칸영화제 황금종려상 및 아카데미 외국어 영화상 노미네이트, 〈홍등(Raise The Red Lantern)〉(1991)으로 베니스영화제 은사자상 수상 및 아카데미 외국어영화상에 노미네이트되면서 전 세계에 이름을 알렸다.[7] 장이머우에 대한 높은 관심은 국내 다양한 관련 연구들에서도 확인할 수 있다. 그 중에서도 장엄한 규모의 영상미로 주목받는 감독인 만큼 영화

4 연합뉴스(2017.4.19). 중국 없이 영화 못 만든다'…투자자도 관객도 중국이 압도. 『연합뉴스』. 〈http://www.yonhapnews.co.kr/bulletin/2017/04/19/0200000000AKR20170419116200009.HTML?input=1195m, 2017. 5. 15〉.

5 이진영(2016.12.28). 올댓차이나-폭풍성장 찰리우드②] 中, 영화산업에 친 3단 만리장벽. 『뉴시스』. 〈http://www.newsis.com/ar_detail/view.html/?ar_id=NISX20160829_0014353076&cID=10401&pID =10400, 2017. 5. 15〉.

6 임대근 외(2008). 『중국영화의 이해』. 동녘. p.8.

7 이종철(2008). 『중국영화의 거장들』. 학고제. pp.16-22; 김주희(2010). 발레 〈홍등 Raise the red lantern〉에서 보여지는 젠더화된 몸. 『무용예술학연구』제 30집. p.41.재인용.

안에서 연출되는 색체 미에 관한 연구가 가장 많이 선행되었다.[8] 이외에도 연출기법, 공간연출, 민족의식, 중국의 영화정책 등을 분석한 다양한 연구들이 있다.[9] 이들의 연구들은 공통적으로 중화주의의 완성을 위한 장이머우의 영화 구성 방법에 대해 언급하고 있다.

그의 행보는 영화에 그치지 않고 무용영역으로 까지 확장된다. 2001년에는 중국 국립중앙발레단의 발레공연 〈홍등〉의 연출을 맡았으며 2004년부터 제작된 7편의 인상(印象) 시리즈 춤 공연의 연출을 맡은 바 있다. 2008년에는 베이징 올림픽 개폐막식 예술총감독으로 선임되면서 선보인 춤 공연은 전 세계 미디어를 통해 크게 회자되었으며, 올림픽 홍보 영상에서는 '춤추는 베이징'이라는 슬로건과 함께 붉은 리본을 양손에 들고 춤을 추며 달려 나가는 붉은 옷의 여인 모습을 엠블럼에 담았다.[10]

그의 영화 작업 안에서도 춤은 자주 활용된다. 〈상하이 트라이어드(Shanghai Triad)〉(1995), 〈연인(Lovers, House Of Flying Daggers)〉(2004), 〈황후화(Curse Of The Golden Flower)〉(2007), 〈산사나무 아래(Hawthome Tree Forever)〉(2010), 〈5일의 마중(Coming Home)〉(2014), 〈양귀비:왕조의 연인(Lady of the Dynasty)〉(2015) 등 장이머우의 작품 안에서 끊임없이 춤의 요소가 등장하지만, 장이머우에 관한 연구물 중에 영화 속 나타나는 춤에 대해 집중적으로 조망하고 있는 연구는 찾아보기 힘들다.

따라서 본 연구에서는 춤이 등장하는 장이머우의 작품 중에서 여성 무용수

---

8 김수현(2004). 장이모우(張藝謀)의 《秋菊打官司》연구 : '象'을 중심으로, 연세대학교 석사학위 논문. 정태섭(2007). 장이모우의 영화 영웅에서 나타나는 색채의 의미에 관한 분석연구. 『미디어와 공연예술연구』제2권. pp.1-17. 유안기(2017). 장이머우 감독 영화의 색채 미학 연구. 한양대학교 석사학위논문. 김향란(2006). 영화의 내러티브 요소로서 색채의 상징성에 관한 연구 -장이모 감독의 '연인'을 중심으로. 『한국색채디자인학연구』제 2권. pp.29-40.

9 김형주.유경(2007). 장이모 영화 속에 보여지는 '중화주의(中華主義)'의 시대적 의미에 관한 고찰. 『영화연구』제 34권, pp.159-185. 유경철(2011). 책상 서랍 속의 동화」와 중국 영화산업의 시장화, 그리고 장이머우(張藝謀) 정치 신분의 변화. 『중국현대문학』제57권. pp.231-268. 윤나라.심은주(2007). 장이므우 영화에서 나타나는 공간의 상징성에 관한 연구. 『한국실내디자인학회 학술대회논문집』. 최순주(2008). 장이모 감독 영화에 내재된 국가 알레고리에 대한 구조주의적 연구. 서강대학교 언론대학원 석사학위논문.

10 홍윤희(2008). 秦始皇, 신화와 역사의 경계에서- 張藝謀의 〈英雄〉을 통해 본 중국. 『중국어문학논집』제 53권. p.398.

가 등장하는 〈5일의 마중〉, 〈상하이 트라이어드〉, 〈연인〉을 중심으로 춤의 의미와 춤추는 여성주인공의 역할을 살펴보고자 한다. 여성무용수에 대해 주목하는 이유는 '가장 중국적이며 아름답고 완벽한 화면'이라는 평가 외에도 서양인들이 보고 싶어 하는 전통적 관습이 갖는 모순을 폭로하고, 중국의 후진성을 여성을 통해 전시한다는 상반된 평가를 받기 때문이다.[11] 다시 말해 그가 중국적인 것을 표상하는데 있어 여성이 매우 중요한 역할을 하고 있다는 것이다. 춤과 관련한 연출을 빈번하게 하는 감독이 춤추는 여성을 어떻게 도구화하는지에 대해 알아보는 것은 그의 작품에 대한 다양한 해석의 근거를 마련해 줄 뿐 아니라 신체를 통해 역사와 사회문화를 확장하여 논의 할 수 있을 것이다. 미디어 이론가이자 문화 비평가 마샬 맥루한(Marshall McLuhan)은 '필름은 많은 정보를 저장하고 있으며, 인간의 감각을 확장시키는 수단이다'라고 언급한 바 있으며, 무용학자 셰릴 도스(Sherril Dodds)도 '영화는 극적 이야기와 사회적 상황을 필름이라는 매체에 저장하고 기록한다'고 한 것에서 알 수 있듯이 영화 속의 춤과 여성 무용수를 분석하는 것은 중국 사회를 다각적으로 이해하는 자료가 될 것이다.[12]

본 연구의 방법은 영화, 인터뷰, 기사, 단행본, 학술지 논문을 참고하여 장이머우의 세 작품에서 춤과 춤추는 여성을 분석하고자 한다. 분석적 논의에 있어서 움직임, 공간, 의상, 내러티브를 중심으로 살펴보도록 하겠다. 각 영화마다 춤의 분량이 다르고, 영화의 연출 방식 또한 달라 〈5일의 마중〉에서는 공간 변화를 중심으로, 〈상하이 트라이어드〉에서는 노래 변화 중심으로, 〈연인〉에서는 춤 변화를 중심으로 장면을 나눠 설명하겠다.

11 조선대학교 인문학 연구원 이미지연구소(2012). 『폭력 이미지 재난』. 앨피. pp.261-263.

12 신상미(2014). 무용영화의 연대기적 흐름 및 특징 연구. 『우리춤과 과학기술』제27권. p.41.

2. 장이머우 영화에서 배치되는 춤의 의미

1) 〈5일의 마중(Coming Home)〉(2014)

〈5일의 마중〉은 옌거링(嚴歌링)의 장편소설 『죄수 루옌스(陸犯焉識)』를 영화화 한 작품이다. 소설에서는 루옌스라는 주인공 인물의 일대기로 손녀딸에게 중국의 근현대사를 들려주며 중국의 역사적 기억과 경험을 증언하고 있다. 특히 주인공이 서부 고원 칭하이 감옥에서의 생활과 탈출 이야기를 통하여 중국의 반우파 투쟁 사건과 문화대혁명 사건을 고발하고 있다.[13]장이머우의 영화에서는 소설 원작의 내용 중에서 루옌스의 감옥 생활이나 탈출이야기 보다는 시대의 상처를 안고 살아가는 부부간의 깊은 사랑에 초점이 맞춰져 있어 원작과는 많은 차이를 지니고 있다.

영화의 줄거리를 보면, 문화대혁명 시기에 엘리트 지식인이었던 루옌스가 가족을 만나려고 탈옥을 감행하나 딸의 밀고로 다시 강제노동수용소에 끌려가게 되고, 문화대혁명이 끝난 후 집으로 돌아가지만 아내는 기억상실증에 걸려 남편을 알아보지 못한다. 아내는 5일에 집에 돌아 갈 수 있다는 루옌스의 편지만을 기억 한 체, 매달 5일이 되는 날 교도소 앞에 찾아가 그를 애타게 기다린다. 루옌스는 가족의 삶을 파괴시킨 주범을 찾아 잃어버린 삶에 대한 댓가를 치르게 하려고 했으나 문화대혁명의 주범들 조차 결국 시대에 희생당한 자신과 같은 처지였음을 알게 되고, 부인을 살피며 살아간다는 내용이다.

이 영화에 나오는 춤 장면은 루옌스의 딸 단단의 무용학교 연습과정과 공연장면 그리고 집에서 펑안위와 루옌스 앞에서 춤을 추는 세 장면인데, 모두 〈

13 박남용(2016). 옌거링(嚴歌링)의 죄수 루옌스(陸犯焉識)에 나타난 역사적 트라우마와 기억의 서사. 『세계문학비교연구』제 54권. p.107.

홍색낭자군〉의 춤이 사용되었다. 〈홍색낭자군〉은 1939년 마오쩌둥(Mao Zedong)의 부인 장칭(Jiang Qing)이 주도하여 만든 8편의 혁명 모범극 중 하나이다.[14] 장이머우 영화 안에서 〈홍색낭자군〉의 춤 장면을 여주인공과 연계시키는 연출은 〈산사나무 아래〉에서 먼저 있었지만, 〈5일의 마중〉에서도 반복적으로 사용된다. 장이머우의 인터뷰에 따르면 "문화대혁명은 중국인들에게 무척 특별한 역사적 사건이지만, 자신이 직접 경험하며 성장했던 16세부터 26세 동안의 사건이기 때문이라 특별하다"라고 언급한다.[15] 결국 단단이 추는 〈홍색낭자군〉은 그가 젊은 시절 교육 받은 혁명모범극이 투영된 것이라 할 수 있을 것이다.

단단의 무용학교에서는 하나의 혁명모범극이 완성되어 가는 연습과정을 보여준다. 그 과정에서 단단은 전체 작품의 대형을 리드하는 중심이 된다. 일렬종대로 걸을 때에도 중국 국기를 들은 기수 바로 뒤에서 씩씩한 군인걸음으로 행진하고, 한 줄로 일사분란하게 정렬된 무용수 앞을 경례하며 지나간다. 정렬된 무용수는 단단의 이동에 따라 고개를 돌려 응시하며 그녀의 움직임을 예의주시하고, 그녀의 춤에 맞춰 군무를 춘다. 이러한 움직임으로 볼 때 단단의 역할이 다른 무용수의 역할보다 높은 계급임을 알 수 있다. 이 때 카메라는 단단의 토슈즈의 포인트-업(Point-up) 장면과 역동적으로 쥬테(Jete)를 뛰거나 아라베스크(Arabesque)를 하며 전진하는 움직임, 그랑 쥬테(Grand jete), 에튀튜드 쥬테(Attitude jete), 바뜨망(Battement), 쉐네(Chaines)를 통해 속도감 있는 움직임을 보여준다. 「홍색낭자군」의 움직임을 분석한 로즈메리 로버츠(Rosemary Roberts)는 이 작품에서의 표면적인 움직임은 의존적이거나 순종적인 여성의 움직임을 갖고 있는 클래식 발레와는 다르게 섹슈얼리티가 제거된 강한 여성을 표방한다고 설명한다.[16]

---

14 현대경극 5개, 발레 2개, 교향악 1편이 만들어 졌는데, 발레 작품은 <홍색낭자군>과 <백모녀>이다.

15 김세역(2014. 10. 5). 장이머우 "문화대혁명 통해 보편적 감정 담았다. 『뉴스핌』. <http://www.newspim.com/news/view/20141004000139, 2017.12.9>.

16 Rosemary Roberts(2008). Performing Gender in Maoist Ballet: Mutual Subversions of Genre and Ideology in The Red Detachment of Women. 『Gender and Sexuality in Asia and the Pacific』16,

주역 우칭화 오디션에서 단단의 움직임 공간은 경쟁자였던 추이메팡 보다 조금씩 앞선 위치를 선점하고 있어 단단의 실력이 더 뛰어남을 알 수 있다. 중국인들에게 행운을 가져다 준다고 믿는 붉은 색은 중국인들에게 특별한 의미를 지니는데, 연습의상에 있어서도 추메이팡은 파란 색, 단단은 붉은 색 옷을 입어 동료보다 우월한 실력을 갖았음을 보여준다. 그러나 단단이 입은 붉은 색은 중국을 상징하는 붉은 색이 아니라 빛바랜 붉은 색으로 단단의 결과를 암시해 준다. 더 뛰어난 실력을 갖았음에도 불구하고, 아버지가 정치범이라는 이유로 탈락되고 만 그녀는 탈옥한 아버지가 집에 찾아오자 당 정보원에게 우칭화 역을 할 수 있다는 약속을 받고 밀고한다. 루옌스는 다시 체포되고, 단단은 우칭화 역이 아닌 전사 역으로 무대에 선다.

결국 전사 역으로 밀려난 단단의 공연 의상은 회색 치파오 바지이다. 다른 동료들은 붉은 색과 금색 별 뱃지가 포인트로 들어간 군인 복장이거나 깃발과 총, 칼 같은 소품을 들고 있지만 그녀는 아무런 장신구와 소품도 지니지 못하고 맨 주먹을 쥐고 춤을 춘다. 주인공의 의상은 중국을 상징하는 붉은 의상인 반면에 단단의 의상은 그저 평민 복장 그대로 일 뿐이다. 무대에서 단단의 움직임은 연습과정에서 보여줬던 화려한 발레 테크닉 기술을 보여주지 않고, 주인공을 바라보거나 제자리에서 팔 동작을 바꿔주는 간단한 움직임만을 한다. 그녀의 시선은 작품에 집중하기 보다는 평위안의 빈 객석 자리를 쳐다보며 엄마가 왔나를 확인 할 뿐이다. 공연장 무대에서 단단의 공간 위치는 무용수들이 등퇴장하는 막 주변이며, 공연이 끝나고 관객과 무용수들이 함께 부르는 공산당 찬양가를 부를 때에도 뒷줄에 위치해 있다.

결국 단단이 주인공 우칭화의 의상을 입은 공간은 무대가 아닌 자신의 좁은 거실이다. 단단의 집은 이데올로기의 혼란 속에서 유일하게 지켜 온 가족의 공간이다. 이 공간 안에서 문화대혁명의 상징인 〈홍색낭자군〉의 주인공은

〈http://intersections.anu.edu.au/issue16/roberts.htm, 2017. 12. 9〉.

그 의미가 상실된다. 집에서 단단이 춘 〈홍색낭자군〉은 이 영화에서 유일하게 주인공 우칭화의 춤이 온전하게 보이는 장면으로 정면을 찌르고, 주먹을 쥐는 손동작과 포인트 슈즈로 업 다운을 연속하여 빠르게 회전하는 푸에테(Fouette), 돌면서 이동하는 동작으로 혁명의 강한 의지를 담아내고 있다. 하지만 이 춤이 갖는 위상과 의미는 과거와 다르다. 주인공 우칭화의 붉은 의상까지 빌려 입고 추지만 펑안위는 '전사역도 괜찮았다'고 말한다. 이에 단단은 루옌스에게 '엄마는 봐도 모르는데 옷을 괜히 빌려왔다'고 말한다. 단단이 빌려온 의상은 과거의 주역이었지만 현실에 있어서는 아무런 소용없는 허울이었음을 다시 한 번 강조한다. 〈5일의 마중〉에서 춤은 시대상을 상징적으로 보여줌과 동시에 내러티브 전개의 암시를 알려주는 복선 의미로 활용되었다. 또한 단단의 욕망의 근원이자, 욕망 실현을 위해 부자유친(父子有親)이라는 중국의 전통유교 관념까지도 해체 시키는 이데올로기의 단면을 전달하는 도구로 활용되었다.

2) 〈상하이 트라이어드(Shanghai Triad)〉(1995)

〈상하이 트라이어드〉는 프랑스 자본으로 제작된 영화로 1930년대 상하이를 배경으로 하고 있다. 중국은 19세기 중반부터 끊임없는 개항요구를 받았으며, 1930년대에 이르러 개항된 통상 항구가 110개 전후에 달했을 정도였다. 그 중에서도 상하이는 적극적으로 서구문물이 유입되었던 곳으로 동아시아 무역을 주도해 갔던 거대 자본들이 상하이로 몰려 들면서 중국에서 가장 중요한 경제활동의 중심지가 된 곳이다.[17] 이 영화에서는 상하이의 당시 개항적 상황을 주인공 비쥬의 춤 공연을 통해 그대로 보여준다.

영화의 줄거리는 자신의 목적을 위해 수단과 방법을 가리지 않는 조직의

17 임춘성(2013).『중국 근현대문학사 담론과 타자화』. 문학동네. pp.291-292. 재인용.

보스 탕이 아편과 매음굴을 주관하며 부를 축적하고, 첩으로 아름다운 무용수 비쥬를 두고 일어나는 이야기를 담고 있다. 사치스러운 생활을 영위하면서도 자유 없이 탕의 소유물로 살고 있는 비쥬에게 14세 시골 소년 슈생이 몸종으로 들어오게 되고, 슈생은 사람들이 잔인하게 살해되는 것과 비쥬가 탕의 부하와 밀회를 즐기는 장면을 목격하게 된다. 탕의 저택이 습격당하자 비쥬와 탕 일행은 슈생을 데리고 작은 섬으로 피신한다. 하지만 이 모든 것이 배신을 한 조직원을 암살하려는 탕의 계략이었으며 결국 비쥬도 함께 죽임을 당하게 된다.

상하이는 서구열강 자본이 유입되면서 서양의 문화예술도 함께 인기를 끌었는데, 이 영화에서의 비쥬가 추는 레뷰댄스 공간은 서양에서 식사나 술과 함께 볼거리를 제공하는 카바레의 형태로 짐작된다. 춤 장면은 상당히 많이 보여 지지만, 비쥬가 나오는 공연 외에는 배경 처리 된다. 비쥬의 춤 무대는 네 장면으로 〈5일의 마중〉과 다르게 춤 공간의 이동 없이 탕의 카바레 무대공간에서 모두 이루어진다.

비쥬에게 첫 인사를 하기 위해 카바레 문을 열면서 보는 슈생의 시선으로 카메라가 팔로우되는 장면은 카바레의 압도적인 크기와 화려함을 관객에게 대신 전달해 준다. 다양한 공연이 이루어지는 카바레 무대지만 가장 메인이 되는 공연은 비쥬가 출연하는 순서이다. 무대에는 악단의 흥겨운 음악에 맞춰 남성무용수들이 일렬로 서서 탭댄스를 춘다. 그 공간 안에서 손님들은 공연을 보기도 하고, 음악에 맞춰 커플댄스를 추기도 한다. 남성군무가 끝나고, 깃털로 만든 짧은 흰색 치마를 입은 여성 무희들이 등장해 캉캉 춤을 추자 빨간 색 깃털 왕관 머리장식과 깃털 옷을 입은 비쥬가 등장해 '프레텐팅'을 부른다. 캉캉 춤은 주름이 많은 치마를 다리로 높이 차올리면서 무용수의 다리를 노출하는 춤으로, 퇴폐적이라는 비난을 받기도 하지만 1820년대 후반 파리의 환락가 댄스홀에서 큰 인기를 끈 대표적인 프랑스 서민 춤이다. 1820년 대 후반 청은 난징조약으로 인해 아편 등을 수입하기 시작하였으며, 상하이를 중심으로 서양의 사교댄스와 같은 문화가 급속도로 중국사회에 흡수되기 시작하던 시기이다. 감독이 연출하는 카바레의 춤공연은 당시의 모습이 상당히 반영된 것이라 볼 수 있다.

'문라이트'를 부르는 장면에서는 중국전통과 문화가 혼재된 공연을 보여주는데, 이러한 혼재성은 의상에서 특히 드러난다. 무희들이 입는 치파오는 긴 치마에 속바지를 입는 전통 방식이 아니라 속바지가 보일 정도의 짧은 치마와 다리맵시가 드러나는 치파오이며, 전통 춤에서는 찾아 볼 수 없는 자켓을 벗어던지는 움직임을 보여준다. 한 컷 홍에 취해 춤추고 노래 부르는 도중 탕이 싫어하는 곡이라는 이유만으로 공연이 갑자기 중단되고 빨간 깃털 옷을 입고 부르는 '프레텐팅'으로 다시 공연을 시작한다.

세 번째 레뷰댄스에서는 중절모와 지팡이, 흰 장갑은 서양 신사의 전형적인 모습을 한 비쥬가 등장한다. 이러한 신사복은 19세기 후반 서양의 산업혁명으로 인해 신흥 부르주아가 등장하면서 유행한 남성 신사복으로 쾌락적 물질주의가 반영된 복식이다.[18] 비쥬는 신사복 자켓을 벗어 관객에게 던진다. 옷을 벗어 던지는 춤은 세기말에 나타나는 퇴폐, 향락적 분위기가 만연되면서 노출적 복식이 유행한 사회적 상황과 당시 유행한 복식이 무대에 반영된 것이라 볼 수 있겠다.[19] 다음 공연에서는 악단이 증기기관차가 들어오는 소리를 트럼펫을 이용해 소리 내자 출발지와 종착지 팻말에 '파리-상하이'라고 적힌 종이 기차를 들고 서양의 드레스를 입은 비쥬와 중국 청족의 옷을 입은 남자가 종종걸음으로 등장하며 노래한다. 증기기관차는 시간과 거리를 단축시킨 서구 근대화의 대표적인 상징물이다. 청족의 전통 옷을 입은 사내의 희화된 움직임은 셀프-오리엔탈리즘(Self-Orientalism)적 발현이며, 서양과 연결되는 상하이 종이기차에서 서구적 근대화에 대한 중국의 선망어린 시선을 유추 할 수 있다.

---

18 이윤선,박선경(2002). 19세기말 프랑스 의상에 관한 연구.『한국패션디자인학회지』2권. p.28.

19 윗글. p.29.

비쥬의 움직임은 모두 그녀가 중심이 되는 대형으로 만들어지며 백 댄서와는 구분되는 움직임과 의상을 입는다. 그의 움직임에서 가장 반복되는 동작은 엉덩이로 노래의 그루브(groove)를 타며 손을 아지랑이 피듯이 움직이거나 상체와 하체를 분절 시킨다. '문라이트'에서는 부채를 들지 않은 다른 한 손으로 중국의 전통 민속무용에서 볼 수 있는 엄지와 검지를 살짝 모아 손끝을 날리는 모양새로 움직여서 탕의 카바레에서 공연되는 춤 중에서 가장 중국적형태로 변용되어 전달한다. 이러한 손동작은 드이에 쯔(蝶恣)로 중국 전통 경극에서 여성스러운 미를 보여주기 위해 여성역할 배우가 주로 하는 움직임이다. 이러한 혼재된 문화의 형상과 서구적 선망은 개항을 통해 서구적 문화를 빠르게 받아들이는 상하이라는 지역적 특색을 춤이 반영하고 있는 것이라 할 수 있다.

3) 〈연인(Lovers, House Of Flying Daggers)〉 (2004)

〈연인〉은 장이머우가 만든 두 번째 무협대작 영화로 당나라를 배경으로 하고 있다. 그 줄거리는 무능한 왕조와 부패한 대신들로 나라가 들끓자 반란을 도모하는 비밀조직 비도문이 활동하기 시작하고 행정관인 레오와 진은 비도문의 새로운 우두머리를 잡아오라는 명을 받는다. 레오는 홍등가에 새로 온 무희 메이를 의심하고, 데려와 심문하지만 뜻대로 되지 않는다. 레오와 진은 메이의 신임을 얻어 비도문의 은신처를 찾아 낼 계획을 세운다. 진과 메이가 은신처로 찾아가는 과정에서 두 사람은 사랑에 빠지게 되고, 결국 메이는 레오에게 죽임을 당한다.

이 영화에서 홍등가의 맹인 무희 메이 역할을 맡은 장쯔이의 춤이 화제가 되었다. 춤 장면이 카바레의 무대에서 모두 이뤄진 〈상하이 트라이어드〉와 〈연인〉에서 처럼 메이의 춤 장면 모두 홍등가 공간에서 이뤄진다. 메이는 비도문의 조직원을 찾기 위해 홍등가로 온 진에 의해 겉옷이 벗겨져 가슴골이

들어나고 어깨 한 쪽이 드러난 옷과 한삼 천을 손에 낀 채로 노래를 부르며 춤을 추게 된다.

맹인인 척을 하는 메이를 시험하기 위해 레오는 콩을 북에 던져 소리를 내면 그 북을 찾아내는 '신선의 길 안내' 놀이를 한다. 메이는 날리는 한삼 천을 이용해 북을 연주하면서 다양한 돌려 뛰기 동작을 보여준다. 〈연인〉에서 보이는 춤은 앞서 살펴 본 〈5일의 마중〉, 〈상하이 트라이어드〉의 춤과 비교했을 때 가장 민족적 요소를 많이 담고 있으면서도 그 민족성을 가상성으로 설정한다는 점에서 큰 차이를 지니고 있다. 이러한 가상성은 '신선의 길 안내'놀이 춤 장면에서 최고조에 이르는데 무술 곡예에 가까운 메이의 춤에 허구성이 더해지면서 이 춤 장면은 보다 화려하게 관객에게 전달된다. 한삼 천에 칼을 감아 레오와 대결하는 장면에서는 칼이 메이의 움직임을 대체하듯 움직여 영화의 스펙터클을 배가시킨다. 이 영화에서 춤은 무협대작 영화가 갖는 현란한 볼거리를 구성하는데 사용되며 춤을 추면서 드러나는 여성 주인공의 신체를 통해 관객의 시각을 자극하고 있음을 알 수 있다.

3. 세 영화 안에서의 춤추는 여성 주인공의 역할

〈5일의 마중〉 중 단단의 춤은 비극적인 현대사를 드러내고, 어긋난 이데올로기로 인해 해체된 가족관계를 재집결시켜주는 매개체로 활용된다. 다시 말해 단단의 춤추는 몸은 문화대혁명의 중심 공간인 학교에서 붉은 옷과 주역의 움직임으로 그 역사의 상징을 대변하는 듯 보였지만, 주인공에 탈락됨으로써 무대에서는 일반 평민의 역을 맡는다. 그녀가 처음으로 〈홍색낭자군〉 주인공 의상을 입고 주인공의 춤을 추면서 중국의 역사를 담지 하지만, 그 공간은 혼탁했던 역사 속에서 유일하게 박제된 공간이었던 집 일 뿐이다. 이곳에서의 춤은 부질없는 역사의 추억거리로 그 상징성이 희석된다. 게다가 평위안의 망각은 딸이 아버지를 밀고하면서까지 그렇게 추고 싶었던 우칭화의 춤을 보고도 큰 감흥을 일으키지 못하게 되며, 오히려 단역이 좋다고 말한다. 평위안의 기억 속에는 이데올로기의 상징이 갖는 가치는 존재하지 않으며 단단 또한 그러한 엄마의 모습에 크게 동요하지 않고 〈홍색낭자군〉 음악을 담담하게 꺼버리는 행동을 통해 오늘날 그 역사적 평가를 그대로 투영하고 있다고 볼 수 있다.

〈상하이 트라이어드〉의 춤 공간은 서양인의 유흥공간인 카바레가 서양의 문물을 가장 빠르게 흡수하는 상하이에 생겨나고, 서양의 선술집에서 유행한 대중적인 쇼가 중국에서는 고급스러운 양풍의 이색적인 쇼 공간으로 전환되었음을 보여준다. 이곳의 온 손님들은 남자는 턱시도를 입고 여자들은 드레스를 입어 격식을 차리는 장소임을 다시 한번 확인 할 수 있다. 서양의 카바레에서도 호객행위를 위해 민속춤이 섹슈얼리티와 결합되는데, 중국의 카바레에서도 섹슈얼리티가 발산되고 게다가 비쥬의 엉덩이와 어깨를 강조한 춤을 통해서 섹슈얼리티를 확장 시킨다. 영화의 내러티브에서는 가장 중국적인 춤이 탕에 의해서 중단되고 가장 서구적인 형태를 담은 '프레텐팅'이 추어지지만 섹슈얼리티를 발현했던 비쥬가 죽임을 당하면서 탕이 원래 좋아했던 곡이 아니었음 알고 있었다고 밝힌다.

장이머우는 이 영화에서 중국적인 면모를 한껏 드러냈던 춤 역할을 최소화하고, 서양인의 시각에서 낯설지 않는 레뷰댄스를 보여준다. 물론 이 영화에 나오는 춤 장면들은 손끝이나 노래가사, 의상 등을 통해 서양의 유흥문화와 중국의 문화를 혼종화 시켰다. 하지만 이는 그의 작품에서 볼 수 없었던 약한 정도의 섞임이었다. 결국 춤을 통해 중국적인 것을 표방했던 그 동안의 연출방식과는 다르게 서양인의 시점에서 혼종화된 레뷰댄스를 타자화(Othernization) 시키고 있는 것이다. 문화 이론가 스튜어트 홀(Stuart Hall)은 서양이라는 관념과 비서양화 사이의 관계들이 어떻게 재현되는지를 검토했는데, 그것은 지리적인 차원의 서양이 아닌 '역사적인 구성물'의 서양으로 '발전 된, 산업화 된, 도시화 된, 자본주의적인, 세속적인, 그리고 현대적인'이란 말과 동시에 통하는 사고의 도구라고 말한다.[20] 따라서 〈상하이 트라이어드〉에서 주된 볼거리가 되는 서양의 레뷰댄스는 서양이라는 개념이 지니는 이미지들의 재현으로도 볼 수 있지만, 그 이면에는 발전된 지역에 대한 향수를 중국의 시각에서 대상화 한 것이다.

두 작품과 비교했을 때 〈연인〉의 춤에서 나타나는 비현실성은 보드리야르(Jean Baudrillard)가 현대 사회의 패러다임이 "사실의 논리와 이성의 질서와는 무관한 시뮬레이션의 논리"임을 규명하기 위해 사용한 시뮬라시옹(Simulation)이 영화 안에서 중화적인 민족주의 춤으로 제안된 것이라 볼 수 있다. 중화민족주의의 특징에 대해 김재준 · 김성언(2009)은 1954년 중국 헌법 제 3조 '통일적 다민족 국가론'에서 중화민족 개념이 규정된 이래 중국 정부의 공식적인 견해로 자리 잡았으며, 이것이 대중적으로 사회통합적인 역할의 작용을 한다고 설명한다.[21] 즉 춤이 지니고 있는 가상성의 본질은 중화민족주의인 것이며 중국의 대중주의의 이해를 바탕으로 하고 있는 것이다.

흥미로운 지점은 감독이 흥행에 고전하던 시절인 1998년에 문화예술계를 대표하는 159인 중 한 명으로 제9기 중국인민정치협상회의 위원에 이름을 올렸다는 점이다.[22] 몇 해 전까지만 해도 정부의 영화 심사 제도도 통과하지 못했던 장이머우가 중국인민정치협상회 위원이라는 신분 전환으로 인해 그의 삶에 어떤 영향을 미쳤는지는 구체적으로 확인하기 어렵다. 하지만 당시 인터뷰에서 중국의 영화 심사제도에 대한 입장을 묻자, '심사 제도가 존재하는 것이 중국의 현실이라면 젊은 감독들이 지하영화(地下電影)를 찍는 것은 현실에 대한 회피이다. 언제까지나 체제 밖에서 영화를 할 수는 없으니, 현실을 인

20 임춘성(2013). p.288. 재인용.

21 김재준. 김성언(2009). 1990년대 이후 중국 민족주의가 중국영화산업에 미친 영향. 『국제학연구소』제 18권. pp.42-43.

22 유경철(2011). p.260.

정하고 현실의 한계 상황 속에서 자기 능력을 발휘하는 방법을 터득해야 한다'고 말하였다.[23] '80년대 후반 중국의 과거 속 모순된 사회 현상을 감각적으로 잘 표현'했던 그가 체제에 순응적인 입장을 보이고 있음을 확인 할 수 있는 대목이라 할 수 있다.[24]

그 이후 검열 절차 간소화와 외국과의 공동제작으로 인해 두협대작을 만들 수 있는 환경이 마련되면서 장이머우는 기존의 영화 방식과는 다른 영화를 만들어 주목 받는다. 그가 연출한 무술 서사극 〈영웅: 천하의 시작〉(2002)은 중국 블록버스터의 새로운 시대를 열었다. 〈영웅〉을 제작하면서 장이머우는 '중국영화도 이런 영화가 나와야 한다'고 인터뷰하며 〈연인〉과 〈황후화〉, 〈양귀비:왕조의 연인〉와 같은 블록버스터 영화가 연이어져 제작되었다. 이 중에서도 〈황후화〉는 중국 정부의 막대한 지원 하에 제작비 450억 원이 투입이 되었으며, 역대 최고 흥행기록 갱신을 하였다. 이에 대해 양윤희(2008)는 〈상하이 트라이어드〉 이후 공리라는 브랜드를 잃게 되고, 장웨이핑이라는 제작자를 만나게 되는 등의 변화 요인을 만나게 되지만, 무엇보다도 장이머우 본인이 이미 기성세대가 되어버린 감독으로서, 당대의 사회 현상을 예전만큼 제대로 꼬집어 낼 수 없다는 것을 자각한 것이 가장 크다고 언급한다.[25] 그의 화려한 해외 수상이 중국의 모순된 과거사회를 드러내줌으로써 국제무대에서 인정을 받았다면, 국가 순응적 행보를 걸으며 중국의 민족주의를 대형화, 상업화로 전환 시킨 영화 제작을 통해 다시금 지원의 폭을 넓혀 세계적인 주목을 받을 수 있는 발판을 마련했다 해도 과언이 아닐 것이다.

블록버스터와 스펙터클화된 그의 영화에 대한 관객의 관심은 일상의 스트레스에서 일시적으로 벗어나기 위한 광적인 소비 행위이며, 더 나아가서는

23 위 글, p.260.

24 양윤희(2008). 장이머우(張藝謀) 감독의 2기 과도기적 영화에 대한 고찰. 강릉대학교 교육대학원 석사학위 논문. p.5.

25 양윤희(2008).p.3.

정치적이고 관객의 판단을 퇴행적으로 만드는 행위로 간주 될 수 있다.[26] 결국 장이모우가 〈연인〉에서 보여주는 스펙터클은 국가 이데올로기를 대형 스케일로 이미지화 하며, 춤에 대한 보수적인 가치관을 각인한다는 점에서 문제적이다.[27]

4. 나가며

이 글에서는 중국의 대표 영화감독인 장이머우 영화 중 〈5일의 마중〉, 〈상하이 트라이어드〉, 〈연인〉을 중심으로 춤의 의미와 춤을 추는 여성 주인공이 어떠한 역할을 하는지 알아보았다. 그 결과, 이 영화들은 공통적으로 춤추는 여성을 욕망의 존재로 등치시키고 있었다. 〈5일의 마중〉에서 단단은 주역무용수가 되고 싶은 꿈을 이루기 위해 탈출한 아버지를 밀고하고, 〈상하이 트라이어드〉에서 비쥬는 탕을 통해 해소되지 못하는 욕망을 탕의 조직원과 밀회를 즐기며 욕망을 발현시킨다. 탕의 부하 조직원과의 관계 속에는 카바레 운영권을 비쥬에게 넘기는 것과 파리로가 결혼을 하자는 조건이 있었다. 〈연인〉에서 메이는 아버지의 원수를 갚고자 했지만, 진과 사랑에 빠진다. 진을 죽이라는 명령을 어김으로써 사랑의 욕망을 드러내고 있음을 알 수 있었다. 장이머우는 여성 무용수라는 장치를 통해 이데올로기적 역사를 고발하기도 하고, 시대적 향수를 불러일으키거나 민족주의 요소를 재점화하기도 하였다.

그러나 각 작품에서 여성무용수들의 욕망은 모두 좌절이 된다. 아버지를 고발하여 어머니와의 불화까지 얻으면서 이루려던 단단의 꿈은 실현되지 못하고 결국 춤을 관두게 되고, 비쥬와 메이는 사랑의 관계가 폭로되면서 죽임

26 조선대학교 인문학 연구원 이미지연구소(2012). pp.257-258.

27 윗 글, pp.257-258.

을 당하게 된다. 이들에게 춤을 더 이상 추지 못하게 되는 상황은 욕망이 제거된 상태인 것이다. 결국 이 여성들은 거대담론에 희생당하는 존재들이다. 〈홍색낭자군〉이 강한 여성을 표현하고자 하였지만 이데올로기와 정치 기류의 변화 속에 따라 단단은 힘없는 소녀일 뿐이다. 밀고의 과정에서 정보를 제공하는 댓가로 주인공을 맡게 해주겠다고 하였지만 이용만 당하고 만다. 그리고 탕의 경우 중국의 부정부패를 주도하는 인물이지만, 순종과 순결함을 비쥬에게만 강요한다. 비쥬가 죽는 이유도 '백합과 같이 순결함을 지켰어야 했으며, 비쥬의 부정이 소문이 나 자신의 명성에 흠이 갈까봐 걱정했다'고 말한다. 또한 조직을 배신하면서 사랑을 이루고자 한 메이의 순정은 죽임을 당하게 된다. 정리해서 보면 장이머우의 영화에서 춤추는 여성은 욕망의 존재이며, 이 욕망은 거대담론에 의해 희생당하고 욕망이 제거되는 인물인 것이다.

결론적으로 장이머우는 세 영화에 춤을 배치하여 장식의 효과와 중국의 사회 역사적 상황을 상징적으로 전달하고 있었다. 하지만 춤을 추는 대상을 모두 여성으로 설정하고, 그 여성들을 욕망의 존재이자 사건의 원인 제공자로 설정하여 제거의 대상 즉 욕망이 좌절되는 대상으로 만든다. 장이머우가 중국정부와 긴밀한 관계를 맺고 중국 사회정치계의 중요한 인물로 신분이 변화된 것과 연계해서 살펴보면 그는 절대적 권력을 인정하고, 순응의 태도를 보인다. 이러한 그의 태도변화는 과잉된 민족주의 만들기로 귀결된다. 영화 안에서 그가 만들어내는 민족주의는 단순히 중국적인 것을 표방하는 것이 아닌 절대적인 권위를 인정하는 것으로 세 영화에서 절대적인 권의는 여성이 아닌 남성이며, 그 남성이 바로 절대적인 권력의 중국인 것이다.

11장

전통춤 생산의 숨은 조력자, 미디어 담론에 관한 연구

— 2016년 TV역사드라마와 관련 인터넷기사를 중심으로[1]

유화정

1. 들어가며

추상적인 개념을 인지하는 순간 마음속에 떠오르는 그림이 있다. '젊음-'하면 풋풋한 외모에 활기찬 사람들의 그림이 떠오른다. '보리밭-'하면 가을하늘 아래 황금빛 물결을 이루는 드넓은 시골의 정경이 떠오르고, '신사숙녀-'하면 잘 차려입은 정장에 세련된 매너를 갖춘 사람들이, '홍대거리-'하면 떠들썩하고 자유분방한 분위기가 떠오른다. '여대생-', '정치인-', '라스베이거스-', '힙합-', '발레리나-' 하면 제각기 떠오르는 그림들이 있고 우리는 이것을 이미지라고 말한다.

1 이 글은 이화여자대학교 무용학연구소 제 1회 국내학술심포지엄에서 구두발표한 논문이며, 2017년 『무용역사기록학회지』 44호에 게재한 것을 수정, 보완한 것이다.

이미지 형성에는 과거의 경험이 큰 역할을 한다. 비슷한 경험을 한 사람들은 비슷한 이미지를, 서로 다른 경험을 한 사람들은 각자 독특한 이미지를 떠올린다. 앞서 언급한 '젊음'의 이미지가 대부분의 사람들이 떠올리는 이미지라고 말할 수도 있겠지만, 누군가에게는 '젊음'이 힘겹고 불안정했던 자신의 과거 모습과 겹쳐져 다소 어둡고 우울한 그림으로 떠오를 수도 있을 것이다. 그러나 본 글에서 주목하는 이미지는 소수의 독특한 경험으로부터 생성된 것이 아니다. 신문의 1면기사, 텔레비전의 인기프로그램, 인터넷에 실시간 인기검색어로 노출되는 내용들을 함께 경험하고 서로 비슷한 이미지를 만들어내는 대중의 사례를 보고자 하는 것이다. 춤에 대해 전문적 지식을 갖추지 않은 일반 대중이 갖고 있는 전통춤의 이미지가 무엇인지, 그 이미지를 생산하는 미디어와 미디어 담론은 어떤 양상을 나타내는지 알아보기 위해 TV 역사드라마 속 전통춤 장면과 관련 인터넷 기사를 분석할 것이다.

역사드라마는 역사적 사건이나 인물을 소재로 한 과거 배경의 드라마이다. 1964년부터 현재까지 다양한 유형의 역사드라마들이 제작되고 있다. 역사드라마는 2000년대에 들어 큰 변화를 겪었는데 〈대망〉, 〈다모〉, 〈허준〉, 〈대장금〉, 〈주몽〉 등과 같이 역사적 시공간에 작가의 상상력을 가미해 창작한 드라마들이 퓨전사극, 팩션사극, 판타지사극 등의 이름으로 불리며 인기를 얻었다.[2] 이들은 과거의 시공간을 소재로 하되, 현대 시청자들이 친근하게 느낄 수 있는 문제의식과 정서를 극적으로 표현하기 때문에 대중적 인기를 끄는 것은 물론 대중문화 안에서 담론의 장을 형성하는 데 더욱 효과적이다. 춤 장면 역시 시청자의 이목이 집중되고 정서적 공감이 커질수록 전통춤의 이미지 생산 및 전달 효과는 더욱 커진다. 실제로 역사적 사실 위주의 정통사극 속 춤 장면은, 왕실에서 열리는 연희나 민간의 마을잔치와 같이 전체서사를 위한 배경으로서 존재하는 경우가 많은 반면, 시청자의 정서적 공감을 얻기 위해 창작

2 텔레비전드라마연구회(2014). 『텔레비전 드라마, 역사를 전유하다』. 소명출판. p.436.

되는 퓨전사극 및 팩션사극 속 춤 장면은 전체 서사의 매우 중요한 부분을 암시하거나 주인공들의 감정을 드러내는 역할로서 존재하는 경우가 많아, 전통춤 이미지 생산에 더욱 효과적이라고 볼 수 있다. 따라서 역사드라마 속 전통춤 장면은 대중문화로부터 멀리 떨어져있는 전통춤과, 대중문화의 대표적 미디어인 드라마의 결합점이라고 할 수 있다. 본 글에서는 일반대중이 미디어를 통해 갖게 된 전통춤의 이미지를 알아봄으로써 현대 한국춤문화의 일면을 파악한다. 나아가 전통춤이 드라마의 날개를 달고 대중의 관념으로 물처럼 흡수될 때 수반되는 문제점은 무엇일지 논하기로 한다.

역사드라마에 나타난 전통춤의 이미지에 대한 선행연구는 부재하지만, 성지희의 「한국 사극영화에 나타난 한국음악의 특성과 의미」[3]와 강상구의 「한국 TV역사 드라마의 배경음악을 통해 본 음악의 정체성 연구」[4]와 같이 역사물을 연구대상으로 하되 무용이 아닌 음악을 중심으로 분석한 연구가 있다. 무용의 경우는 영화, 신문, TV 광고, 인터넷에 나타난 춤의 의미나 활용 가치, 표현기법 등에 대한 연구가 매우 다양한데 구체적으로 TV 역사드라마를 대상으로 한 연구는 찾아볼 수 없다.

따라서 본 연구는 역사적 사실 보다는 창작되는 서사의 비중이 점점 커지는 역사드라마의 흐름을 감안하여 최근 2016년에 방영된 역사드라마 8편을 연구대상으로 한다. 분석을 위한 각 드라마 속 전통춤 장면의 선별 기준은 '첫째, 드라마의 주요 출연진이 춤을 춘다, 둘째, 춤을 감상하는 장면이 드라마 서사에 깊이 관여 한다'는 것이다. 이는 시청자가 전통춤 장면을 통해 전통춤에 대한 이미지를 확실히 인식할 수 있을 만큼의 영향을 줄 수 있는 장면을 선정하기 위한 기준이다. 선별된 전통춤 장면은 각 방송사 공식 홈페이지의 '다

3 성지희(2011). 한국 사극영화에 나타난 한국음악의 특성과 의미. 이화여자대학교 석사학위 논문.

4 강상구(2015). 한국 TV역사드라마의 배경음악을 통해 본 음악의 정체성 연구. 『한국엔터테인먼트산업학회지』.

시보기' 메뉴[5]를 통해 시청하였으며, 목록은 다음과 같다.

① 〈달의 연인-보보경심려〉 (SBS) - 12화 (57분00초~59분00초)
② 〈육룡이나르샤〉 (SBS) - 27화 (44분14초~45분50초)
③ 〈대박〉 (SBS) - 4화 (21분30초~23분55초)
④ 〈구르미 그린 달빛〉 (KBS) - 4화 (51분00초~54분17초)
⑤ 〈장영실〉 (KBS) - 12화 (21분15초~24분10초)
⑥ 〈장사의 신-객주〉 (KBS) - 15화 (4분24초~6분5초)
⑦ 〈옥중화〉 (MBC) - 5화 (24분00초~24분36초)
⑧ 〈마녀보감〉 (JTBC) - 3화 (43분33초~44분50초)

위 목록의 장면들이 생산하는 전통춤의 이미지 분석은 '맥락, 연행자와 감상자, 춤의 종류, 강조되는 움직임과 에포트, 의상과 소품, 클로즈업 숏(close-up shot)'의 요소들을 기준으로 실행한다.

더불어 각 전통춤 장면과 관련 있는 인터넷 홍보기사의 내용을 분석함으로써 전통춤에 대한 미디어담론을 입체적으로 파악하고자 한다. 대형 포털사이트 '네이버'의 뉴스 카테고리에서 각 드라마의 제목, 춤, 춤이름의 세 가지 검색어를 교차검색하여 선별된 기사들을 분석하며, 기사내용에서 반복적으로 사용되는 표현어들을 도출하여 시청자들이 갖게 되는 전통춤의 이미지에 관해 재고한다.

2. 몇 가지 개념들

본 연구는 TV역사드라마 속 전통춤 장면과 관련 인터넷 기사의 내용 및 특

5 SBS, [검색일: 2016년 12월 8일~2017년 1월 31일], <http://sbs.co.kr>; KBS, [검색일: 2016년 12월 8일~2017년 1월 31일], <http://kbs.co.kr>; MBC, [검색일: 2016년 12월 8일~2017년 1월 31일], <http://imbc.com>; JTBC, [검색일: 2016년 12월 8일~2017년 1월 31일], <http://jtbc.joins.com>.

징을 살핌으로써 미디어 · 미디어담론이 생산하는 전통춤의 이미지에 관해 논의한다. 따라서 미디어 · 미디어담론이 발생하는 배경과 영향력이 어떠한지, 역사드라마와 인터넷기사는 그 중 어떠한 위치를 차지하는지, 그리고 전통춤의 이미지란 무엇을 의미하는지에 관해 짚어볼 필요가 있다.

미디어는 일반적으로 매체와 장르를 복합적으로 지칭한다. 즉 신문, 라디오, TV, 인터넷, 뉴미디어, 소셜미디어 등 특정 내용을 전달하는 매개로서의 매체를 말하기도 하고 뉴스, 드라마, 광고, 다큐멘터리, 기사, SNS(social network services) 등 매체 안의 세부장르를 말하기도 한다. 미디어는 사회에서 발생하는 다양한 이슈와 의제들을 선별하여 전달하고, 그에 대한 사회적 반응을 직 간접적으로 수용하고 재구성하여 다시 전달한다. 미디어의 기능은 의제를 설정하고 재구성하여 확산시키는 언론의 기능과 유사하며 사회 속에서 논의와 논쟁을 주도하는 공론장의 역할을 수행한다.[6]

미디어담론이란 미디어가 발생시키는 담론을 지칭한다. 담론은 특정 가치관을 가진 발화자가 청취자에게 발설하는 언어 및 텍스트로, 공적 영역에서 통용되어 사회적 의미를 내포하는 것이다.[7] 인쇄미디어가 발명되기 이전에는 살롱, 풍류방, 다방과 같은 특정 공간에 사람들이 모여 공론장을 형성하고 대화와 논쟁을 통해 담론을 확산시켰다. 그러나 책, 신문, 잡지 등의 인쇄미디어가 발달하면서 담론의 확산 속도는 비교할 수 없을 정도로 빨라졌으며 라디오, TV와 같은 전자미디어를 거쳐 인터넷 미디어가 대량 보급된 현대사회에서의 담론은 다양한 공간에서 동시다발적으로 발생과 소멸을 거듭한다. 현대인은 이러한 미디어들로 가득 찬 일상 속에서 부유하는 미디어담론을 흡수하고 때로는 스스로 만들어 전달하는 역할을 하게 되는데, 그러한 과정에서 전통춤의 이미지를 자연스럽게, 그리고 당연한 것처럼 인식하게 된다. 다양한

6 백선기(2015). 『미디어담론』. 커뮤니케이션북스. p.v-ix.

7 앤드루 에드거, 피터 세즈윅(2008). 『문화이론사전』. 한나래. p.130.

미디어 중에서도 TV는 시청자에게 일방적으로 담론을 전달하고 수용자의 비판적 의식을 잠재우는 데 특화되어 있다. 그리고 TV 프로그램 중 전통춤이 가장 빈번히 노출되는 것은 역사드라마이다.

역사드라마는 과거를 배경으로, 역사적 사건이나 인물을 소재로 삼는다. 1964년 'KBS'에서 낙랑공주와 호동왕자의 전설을 소재로 한 〈국토만리〉를 제작한 것을 시작으로, 1970년대에는 문화공보부의 지침에 따라 국난극복사를 소재로 한 정책사극이 방영되었고, 1980년대부터 1990년대까지는 MBC의 〈조선 왕조 오백년 시리즈〉와 같이 조선왕실의 정치담을 작가의 전지적 해석과 함께 방영한 드라마들이 주를 이루었다.[8] 드라마는 다른 미디어와 마찬가지로 젠더, 계급, 자본, 지역, 민족, 인종 등의 사회 내 다양한 이슈들을 담론으로 생산, 전달한다. 기본적으로 시청자들의 공감을 쉽게 얻을 수 있는 서사로 이루어져 있기에 TV 속 다른 장르의 프로그램보다 담론의 생산과정이 자연스럽게 이루어지면서 파장은 훨씬 크다는 특징이 있다.[9] 역사드라마는 드라마에 역사성이 가미되어 과거의 이야기를 다루고 있지만, 이야기의 지향점은 현재를 살아가는 시청자들의 일상과 닿아있기 때문에 과거와 현재를 연결하는 장이자 사회문화 담론의 장이 된다.[10] 예를 들어, 시청자들은 역사드라마 속 과거 주인공들의 사랑 이야기를 보면서 현대인들의 사랑 이야기를 투영하고, 왕과 신하들의 정치적 대립 이야기를 보면서 현대의 정치적 사건들을 떠올린다. 전통춤 장면 또한 역사드라마에서는 과거 인물들의 춤 장면을 묘사하고 있지만 시청자들은 그 이미지를 현대에 소비되는 전통춤에 대입시키고, 이에 따라 전통춤에 대한 사회문화적 담론이 생산되는 것이다.

더불어 TV역사드라마 속 전통춤 장면을 홍보하는 인터넷기사들이 적게는 수십 개, 많게는 수백 개가 동시다발적으로 게시되는데 이로써 해당 역사드

8 텔레비전드라마연구회.『텔레비전 드라마, 역사를 전유하다』. pp.439-445.

9 백선기.『미디어 담론』. p.x.

10 텔레비전드라마연구회.『텔레비전 드라마, 역사를 전유하다』. p.437.

라마를 시청하지 않은 사람들까지 전통춤에 대한 이미지와 담론을 접하게 된다. 인터넷 홍보기사는 명확한 문자로 내용을 전달하기 때문에 담론 전달 방식이 전통춤 장면 자체보다 직접적이고 권위적이다. 또한 인터넷 기사에 달리는 댓글로 인해 담론이 재생산되기도 한다. 전통춤 장면이 전통춤의 이미지를 1차적으로 만들고 담론 생산의 토대를 만든다면, 인터넷 홍보기사는 전통춤의 이미지에 특정 요인을 더욱 강조하고 담론 자체를 대량으로 생산해서 순식간에 전파하는 것이다.

본 연구에서 주목하는 전통춤이란, 과거부터 전해 내려오는 모든 춤들을 말하기도 하고, 전통춤의 특정 요소들을 갖춘 춤들을 여과하여 말하기도 하며, 협소하게는 중요무형문화재로 지정된 춤들만을 말하기도 한다. 전통춤의 의미와 범주에 관해서는 다양한 논의가 있으나, 대체로 한국의 1세대 무용학자 정병호의 이론을 계승하거나 수정하는 방식으로 발전되고 있다.[11] 정병호는 그의 저서를 통해 전통춤의 유형을 '종교의식춤, 민속춤, 교방춤, 궁중춤'으로 분류하였으며 춤의 종류는 '무속춤, 불교춤, 유교춤, 장례춤, 농악춤, 탈춤, 소리춤, 허튼춤, 모방춤, 살풀이춤, 승무, 태평무, 검무, 승전무, 한량춤' 등으로 서술하였다. 또한 연구 서두에 본인이 현장조사를 통해 구전으로 전승되고 있는 춤들을 소개한 것이고 궁중춤의 경우는 새로운 무보의 발견으로 몇 가지의 춤들을 추가할 수 있었음을 밝힘으로써, 전통춤의 개념 및 범주가 유동적이고 여전히 확장될 가능성이 있음을 암시하였다.[12] 본 연구는 전통춤의 의미와 범주에 대해 논의하기 보다는 일반인들이 역사드라마를 시청하고 인터넷기사를 접함으로써 자연스럽게 수용하게 되는 전통춤의 이미지를 알아보는데 목적이 있다. 따라서 무용이론서에서 제시하는 전통춤의 범주를 벗어나는 춤들이 역사드라마에 등장한다고 해도 그것을 일반 시청자들이 전통

11 박성호(2008). 현행 전통춤 분류 문제에 관한 연구. 『무용역사기록학회지』. pp.112-115; 정병호(1987). 『한국춤』. 열화당. p.27.

12 정병호(1999). 『韓國의 傳統춤』. 집문당. pp.42-53.

춤으로서 수용할 가능성을 염두에 두고, 연구의 대상으로 모두 포용한다. 역사드라마 속 전통춤 장면과 관련 인터넷 기사가 전통춤의 이미지를 제시하여 확산되는 과정이 수년 반복된다면, 무용계에서 설정하는 전통춤의 의미와 범주 역시 영향 받을 수 있고, 그것이 바로 미디어 · 미디어담론의 힘이며, 본 연구는 그 힘에 대해 인식하고자 함에서 출발한 것이다.

3. 미디어 · 미디어담론이 생산하는 전통춤의 이미지

1) TV역사드라마 속 전통춤 장면 분석

(1) 2016년에 방송된 역사드라마 8편

2016년 지상파 3사와 케이블TV방송국에서 방송한 역사드라마는 본 연구에서 다루는 8편이 전부이다. 즉 2016년에 방송된 역사드라마들 모두가 전통춤 장면을 포함하고 있다. 또한 전통춤 장면이 단순 배경으로만 존재하였던 과거 정통사극의 사례와 달리, 2016년의 역사드라마는 대부분 시청자들의 취향을 최우선으로 제작한 퓨전사극, 팩션사극의 유형이기 때문에 전통춤 장면이 극적전개를 도모하는 수단으로서 존재하고 담론의 장으로서 역할 함은 물론, 인터넷기사와 같은 타 매체로 활발히 전이되는 양상을 보인다.

다음의 〈표 1〉은 2016년 TV역사드라마 8편의 기본사항을 제목, 방송사, 시대적 배경, 방송시기, 주요서사를 기준으로 정리한 것이다.

표 1. 2016년에 방송된 TV역사드라마 8편의 기본사항

제목, 방송사	시대적 배경	방송시기	주요서사
〈달의 연인 - 보보경심려〉 (SBS)	고려 건국기	2016. 8. 29. ~ 2016. 11. 1.	21세기 여성이 고려 건국시기로 시공간이동을 한 후 8명의 황자와 나누는 사랑과 우정이야기
〈육룡이나르샤〉 (SBS)	조선 건국기	2015. 10. 5. ~ 2016. 3. 22.	고려를 멸하고 조선을 건국하기 위한 여섯 인물의 성공스토리
〈대박〉 (SBS)	조선 숙종	2016. 3. 28. ~ 2016. 6. 14.	잊혀진 왕자 '대길'과 영조가 벌이는 한판 승부사
〈구르미 그린 달빛〉 (KBS)	조선 순조	2016. 8. 22. ~ 2016. 10. 18.	효명세자 '이영'과 남장 내시 '홍라온'의 로맨스
〈장영실〉 (KBS)	조선 세종	2016. 1. 2. ~ 2016. 3. 26.	조선의 천재과학자 장영실의 일대기
〈장사의 신-객주〉 (KBS)	조선 고종	2015. 9. 23. ~ 2016. 2. 18.	천한 신분의 '천봉삼'이 보부상, 행수, 대객주를 거쳐 거상으로 거듭나는 성공스토리
〈옥중화〉 (MBC)	조선 명종	2016. 4. 30. ~ 2016. 11. 6.	옥에서 태어나 다양한 기인들에게 인생을 배우며 성장한 옥녀의 일대기
〈마녀보감〉 (JTBC)	조선 명종	2016. 5. 13. ~ 2016. 7. 16.	저주로 인해 갇혀 사는 '서리'와 그녀에게 접근한 '허준'의 사랑 이야기

위의 내용을 보면, 시대적 배경은 〈달의 연인-보보경심려〉만이 고려시대이고 나머지 드라마들은 조선시대이며 〈육룡이나르샤〉와 〈장영실〉을 제외한 드라마들이 허구의 인물을 주인공으로 두고 있다. 주요서사는 주인공의 성공이야기 위주의 일대기를 다룬 것이 〈육룡이나르샤〉, 〈대박〉, 〈장영실〉, 〈장사의 신-객주〉, 〈옥중화〉로 다섯 편이며, 주인공 남녀의 사랑 이야기를 주로 다룬 것이 〈달의 연인-보보경심려〉, 〈구르미 그린 달빛〉, 〈마녀보감〉으로 세 편이지만 대체로 성공과 사랑을 동시에 다루고 있다. 또한 정통사극에 비해

특정 직업군이나 테마를 명확하고 흥미롭게 제시하고 있어 현대물의 서사와 유사한 형태를 띤다. 〈달의 연인-보보경심려〉는 시간여행을, 〈육룡이나르샤〉는 조선 건국을, 〈대박〉은 도박을, 〈장영실〉은 조선의 과학기술을, 〈구르미 그린 달빛〉은 남장한 내시와 효명세자의 브로맨스[13]를 주요 테마로 삼고 있다. 또한 〈장사의 신-객주〉의 주인공 직업은 보부상이고 〈장영실〉의 주인공 직업은 과학자이며, 〈옥중화〉의 주인공은 옥에서 태어나고 자랐다는 독특한 성장 배경을 갖고 있고 〈허준〉은 의학에 관한 서사에서 벗어나 허준의 사랑이야기를 다룬다는 점이 특징이다.

(2) 각 드라마 속 전통춤 장면 분석

8편의 역사드라마 속 전통춤 장면은 '맥락, 연행자와 감상자, 춤의 종류, 강조되는 움직임과 에포트, 의상과 소품, 클로즈업 숏'의 요소를 바탕으로 분석하였다.

'맥락'은 전통춤 장면 전후의 서사분석을 뜻하는데 드라마에 전통춤을 등장시킨 목적이나 의도 등을 파악하기 위함이다. '연행자와 감상자'는 춤을 추는 사람과 보는 사람의 성별, 지위, 서로의 관계 등을 보고자 함이다. '강조되는 움직임'은 제시되는 전통춤 동작 중 반복적으로 보이는 동작의 선별이며 '에포트'[14]는 라반 움직임 이론의 네 가지 카테고리 중 움직임의 내적표출을 분석하기 위한 방법론으로, 연행자의 움직임에서 두드러지게 나타나는 시간, 공간, 무게, 흐름의 요소별 특징을 말한다. '의상과 소품'은 연행자가 착용하고 있는 의상과 소품을 통해 춤과 연행자를 어떻게 표현하고 있는지 보기 위함이다. '클로즈업 숏'은 영상촬영 시 특정부분을 강조하기 위해 확대 촬영하는

---

13 브로맨스란 브라더(brother)와 로맨스(romance)가 합쳐진 신조어로, 사랑과 우정 사이에 있는 남성간의 미묘한 감정을 뜻한다.

14 인간 움직임의 내적표출을 뜻하는 에포트는 네 가지 카테고리 "시간(느려지는/빨라지는), 공간(간접적인/직접적인), 무게(무거운/가벼운), 흐름(자유로운/통제되는)"을 기준으로 움직임을 분석한다. 신상미, 김재리(2010).『몸과 움직임 읽기』. 이화여자대학교출판부. pp.80-97.

카메라 기법을 말한다. 다음의 〈표 2〉는 이와 같은 요소들을 바탕으로 분석한 결과를 간략히 정리한 것이다.

표 2. 전통춤 장면 분석

역사드라마	맥락	연행자/감상자	춤의 종류	강조되는 움직임과 에포트	의상과 소품	클로즈업 숏
달의 연인-보보경심려	우희는 황제에게 복수하기 위해 춤을 추며 기회를 노리지만 실패함	우희 군무진 / 황제 황자들 신하들	장검무	검돌리기 돌기 / 직접적인 무거운 통제되는 빨라지는	속이 비치는 검은색 쾌자 붉은 전대 / 쌍검	얼굴 검
육룡이나르샤	춤을 추며 왕요의 마음을 빼앗는 아름다운 여인, 윤랑	윤랑 / 왕요 정몽주	수건춤	수건뿌리기 수건 밟기 돌기 어르기 / 직접적인 가벼운 통제되는 빨라지는	흰색 저고리 치마 / 흰색 수건	얼굴 수건 손 발
대박	담서는 연잉군에게 복수하기 위해 춤을 추며 접근하여 얼굴을 익힘	담서 / 연잉군 대길이 기생들 손님들	수건춤	수건 들고 느리게 돌기 수건 떨어뜨린 후 입으로 물기 / 직접적인 무거운 통제되는 느려지는	흰색 저고리 치마 붉은 전대 / 수건	얼굴 등 수건 대길이와 연잉군의 얼굴
구르미 그린 달빛	효명세자가 정치적 전략으로써 왕과 신하들 앞에 춤을 선보임	홍라온(내시) 기생들 / 왕 효명세자 신하들	창작춤	허공을 그리는 손동작 발로 물놀이하기 돌기 / 직접적인 가벼운 통제되는 느려지는	흰색저고리 분홍색치마 / 입가리개	얼굴 손 발 효명세자의 얼굴
장영실	명나라 사신 접대자리에서 황희정승이 즉흥춤을 춰 기지를 발휘함	황희 / 명나라 사신 신하들	즉흥춤	어깨춤 돌기 / 간접적인 무거운 자유로운	붉은 영의정 관복	없음

장사의 신-객주	출행제의 굿에서 칼춤을 추던 매월이 연모하던 남성을 발견함	국사당 무녀 매월 / 천봉삼 외 다양한 신분의 사람들	무당춤	뛰기 칼돌리기 방울흔들기 돌기 / 직접적인 통제되는 빨라지는	전통적 무당의상 / 칼과 방울	얼굴 킬방을
옥중화	기생 이소정이 상경하여 소소루에서 장고춤을 춤	기생 이소정 어린 기생들 / 윤태원	장고춤	장고 들고 돌기 / 직접적인 통제되는 빨라지는	보라색꽃무늬 저고리 붉은치마 / 장고	얼굴 전신
마녀보감	무녀 홍주의 만수대탁굿 장면	무녀 홍주 다른 무당들 / 왕 왕비 세자 신하들	무당춤	뛰기 돌기 부채떨기 방울흔들기 / 직접적인 통제되는 빨라지는	전통적 무당의상 / 방울 지전	얼굴 전신

위 결과를 보면, 전통춤 장면의 전후 맥락은 주인공 남녀인물 간 사랑의 시작을 표현하거나 인물 간 갈등의 시작을 암시하는 것으로 나타난다. 사랑, 갈등, 복수와 같은 극적인 정서를 대사 없이 춤으로 표현하고 있으므로 드라마 전체 서사에서 매우 중요한 역할을 담당하고 극적 긴장감을 불러일으키고 있다. 여성이 남성에게 복수하기 위해 춤을 추는 경우는 〈달의 연인-보보경심려〉와 〈대박〉에서 나타나고 여성이 남성의 사랑을 얻기 위해 유혹의 춤을 추는 경우는 〈육룡이나르샤〉와 〈대박〉에서 나타난다. 〈장사의 신-객주〉와 〈마녀보감〉의 연행자는 무당으로서 주술의 한 방식으로 춤을 춰 감상자들과 시청자들의 경외심을 촉발하는 역할을 하고 있다.

연행자는 무당이 2편, 무희(기생)가 4편, 그 외 정체를 알 수 없는 왕의 여인 1편, 신하 1편이다. 신하가 춤을 춘 〈장영실〉을 제외하고는 모두 여성이며 그들의 직종은 무당과 무희(기생)로 나타난다. 반면 감상자는 왕, 세자, 신하, 백성 등 신분이 다양하며 대부분 남성이고 연행자의 춤을 넋을 잃고 바라보며 사랑에 빠지거나 경외심을 갖고 있다. 이를 통해 전통춤의 움직임이나 의상, 소품 등은 팩션 사극의 성격에 걸맞게 현대적인 감성으로 변화했지만 연행자의 신분 · 지위 · 성별은 여전히 여성 무당과 여성 무희로 제한되어 있음을 알 수 있다. 이것은 조선시대에 춤을 직업으로 삼고 전문적으로 활동했던 이들이 대부분 여성이고 무당 및 무희(기생)이었다는 역사적 사실에서 전혀 벗어나지 못한 점이다.

춤의 종류는 비교적 다양하게 나타난다. 현재 무용계의 전통춤 부문에서 흔히 볼 수 있는 작품이자 의상, 소품, 동작 등의 사용이 그 춤의 본질을 명확히 드러내는 것으로 〈달의 연인-보보경심려〉의 〈장검무〉, 〈옥중화〉의 〈장고춤〉, 〈장사의 신-객주〉와 〈마녀보감〉의 〈무당춤〉이 있고, 수건을 들거나 입가리개를 사용해 극 중 연행자의 정서를 표현하는 데 목적을 둔 창작춤이 〈대박〉, 〈육룡이나르샤〉, 〈구르미 그린 달빛〉에 나타난다. 또 예외적으로 연행자가 술에 취해 즉흥적으로 추는 춤이 〈장영실〉에 등장한다. 대부분의 춤 종류가 각 드라마의 시대적 배경이나 인물들의 신분과 같은 역사적 조건과는 맞지 않다는 점이 특징적이다. 특히 〈구르미 그린 달빛〉의 전통춤 장면은 효명세자가 정치적 전략으로써 연회에서 선보인 춤이 등장하는데 이 때 무희들이 입가리개를 하고 춤을 춘다든지 물을 끌어와 제작해 놓은 무대장치위에서 물놀이를 하며 춤을 추는 모습은 역사적 사실과는 거리 멀고, 내시가 효명세자의 안무를 돕고 춤을 기록하며 직접 춤을 춘다는 내용도 역사적으로 증명되지 않은 부분이다. 그러나 이것은 전통춤 장면에만 국한된 문제가 아니고, 2000년 이후 팩션사극이 유행하면서 역사적 사실보다는 인물의 감정표현 및 사건의 극적 전개에 초점을 맞춘 드라마가 제작된 흐름과 맞닿는 부분이다. 춤 외에 역사드라마가 내포하는 다양한 요소들, 즉 출연진의 의상이나 장신구, 셋트, 대사의 내용 역시 역사적 사실에 합당하지 않고 춤도 그러한 방향성을 따른 것이라 볼 수 있다.

강조되는 움직임은 주로 '돌기'와 '뛰기'이다. 이는 한국춤의 다양한 동작 중 가장 화려한 기교의 동작으로, 전통춤 장면 자체가 서사에서 벗어나 하나의 볼거리로 작용할 수 있도록 도모한다. 돌기는 모든 드라마에서 연행자의 환상적인 모습을 연출하기 위해 공통적으로 강조되었으며 뛰기는 연행자가 무당인 경우 도무의 동작으로 나타났는데 매우 거칠고 강렬한 뛰기 동작 위주였다.

에포트는 〈장영실〉에서 술 취한 척 즉흥춤을 추는 황희 정승의 사례를 제외하고는 모두 '직접적'이고 '통제되는' 에포트가 공통적으로 나타난다. '직접적인' 에포트는 남성 감상자를 향한 적극적 유혹의 태도이거나 복수의 대상을 노려보는 눈빛, 사람을 꿰뚫어보는 무당의 표정을 연기하기 위함으로 보인다. '통제되는' 에포트는 전통춤 장면에 나타난 춤들이 민간에서 자연스럽게 흥에 겨워 추는 민속춤 계열이 아니고 치밀한 계획 하에 움직임을 행한 춤들이라는 점과 관련 있다고 생각된다.

의상은 〈무당춤〉의 경우 현재 공연되고 있는 〈무당춤〉 의상의 형태를 그대로 따른 것이 사용되지만 그 외의 춤에는 현대적 감성으로 제작한 퓨전 치마저고리 의상이 사용된다. 소품은 각 전통춤에 적합한 소품을 사용하는데, 순수하게 춤 동작을 위해서만 사용되기 보다는 춤 외의 목적에 이용되고 있다. 〈육룡이 나르샤〉와 〈대박〉에 나타난 〈수건춤〉에서 여성이 수건을 들고 남성을 향해 직접적으로 뿌리거나, 바닥에 던진 뒤 입으로 물거나, 바닥에 펼쳐 놓은 뒤 그 위를 걷는 등 여성의 성적인 분위기를 자아내 유혹하고자 하는 의도에 사용된 것이 특징적이다. 또한 〈달의 연인-보보경심려〉의 검과 〈구르미 그린 달빛〉의 입가리개 역시 복수를 하기 위해, 혹은 감상자들 앞에서 모습을 감춰야 할 때 쓰인다.

클로즈업 숏은 〈장영실〉을 제외한 모든 드라마에서 춤추는 여성의 얼굴을 확대 촬영한 것이 공통적으로 나타나고, 연행자가 들고 있는 소품이 강조되며 손, 발과 같은 신체부위 역시 강조된다. 이 중 춤의 움직임 자체를 강조하기 위해 촬영된 것은 손과 발뿐이다. 춤추는 여성의 얼굴은 춤의 본질적 움직임과는 관계없이 여성의 정서와 외형적 아름다움을 표정으로써 나타내는데 집중되어 있고, 무당이 흔드는 부채나 아름다운 무희가 뿌리는 수건과 같은 소품은 연행자의 심리 표현과 극 중 감상자 및 시청자의 긴장감을 유발하는 데 사용된다.

이와 같이 TV역사드라마 속 전통춤 장면에서 나타난 전통춤의 이미지는 감상자의 마음을 빼앗을 수 있는 유혹의 춤이되, 환상적인 신비에 빠지게 하거나 강렬하게 압도하는 방식으로 묘사되고 있다. 분석 결과에 나타난 요소들, 즉 대체로 젊고 아름다운 여성 연행자가 속이 비치거나 강렬한 색상의 의상을 입고, 긴 수건이나 칼을 활용하여 직접적이고 통제되는 움직임을 하며 카메라는 연행자의 얼굴과 소품을 클로즈업한다는 것들은 유혹의 춤을 극적으로 연출하는 데 전력을 다하고 있다.

2) 관련 인터넷기사 분석

(1) 인터넷기사의 내용 분석

인터넷 기사의 사회적 영향력이 거대해진 요인에는 기사를 게시하는 포털사이트의 역할이 매우 크다. 인터넷이용자의 접속 순위를 수집하는 랭키닷컴[15]의 2017년 1월 데이터를 보면, 인터넷 종합 사이트의 접속 순위 상위 5개 중에서 3개의 사이트가 모두 포털이고, 1위가 '네이버'[16]이다. 따라서 전통춤 장면과 관련된 인터넷기사 분석은 '네이버' 뉴스 카테고리에 게시되어 있는 기사물을 중심으로 하였다.

전통춤 장면과 관련된 인터넷 기사들의 내용을 분석하기 위해 각 기사의 제목과 내용에서 반복 강조되는 표현어들을 대상으로 두 가지의 질문 '전통춤의 명칭을 어떻게 말하고 있는가?', '전통춤 및 연행자에 대한 이미지를 어

15 랭키닷컴, [검색일: 2017년 1월 30일], <http://rankey.com>.

16 네이버, <http://naver.com>.

떻게 나타내고 있는가?'를 바탕으로 도출하였으며 그 내용은 다음의 〈표 3〉과 같다.

표 3. 인터넷기사의 내용분석

역사드라마	전통춤의 명칭	전통춤 및 연행자에 대한 이미지
달의 연인 -보보경심려	칼춤	절도 있는 서현의 모습, 우아한 자태, 전문가 못지않은 수준급의 실력, 힘찬 칼놀림, 완벽한 호흡, 男心 제대로 저격, "무당인 줄"vs"요염하고 매혹적", 섹시한 기생역할.
육룡이나르샤	창작춤	눈부신 춤사위, 우아하고도 고혹적인, 시청자들의 마음도 빼앗기에 충분, 전문가라고 불러도 부족하지 않은 실력, 아름다운 춤, 아름다운 여인, 예인적 기질, 신비로운 여인, 붉은 입술과 새하얗고 아름다운 외모, 고혹적, 시선 강탈, 섭시+청순, 강렬, 매혹적, 선이 고운 움직임, 매혹적인 고전미, 흰 천을 펼쳤다 오므리고 바닥에 둔 채 사뿐이 즈려밟는, 황홀함, 팔색조 매력, '매혹+신비', 이렇게 예뻤나?, 두용가 능력 발휘, 왕족 왕요를 치마폭에 두르다, 환상적인, 요염한 춤, 왕요를 홀리는, 유혹하는 절세미인.
대박	없음	새빨간 입술만큼 강렬한 춤사위, 유혹, 조선을 뒤흔든다, 서상을 홀릴 정도로 매혹적인 춤사위, 슬쩍슬쩍 비치는 소자의 흰색 한복과 가운데를 장식한 붉은 장식, 강렬하면서도 아름답다, 손에 들린 긴 천은 그녀의 움직임에 우아함을 더하며 보는 이의 시선을 사로잡는다, 눈처럼 새하얀 피부, 새빨간 입술, 고전적인 미의 진수, 아름다운 움직임, 강렬한 존재감, 매혹적 존재감, 팜므파탈, 나빌레라.
구르미 그린 달빛	없음	곱디고운 춤사위, 마음에 깊이 남겨진, 아름다운 치마 저고리, 고운 선, 필사의 춤, 아련한 몸짓, 시청자들의 마음까지 울렸다., 예악을 즐길 줄 아는 여인, 자유로운 감성, 여성스러운 느낌, 아름다운 무희, 고운 춤선, 고혹적인 무희, 아름다운 자태에 모두가 넋을 잃었다.
장영실	없음	기사 없음

장사의 신 -객주	칼춤, 신(神) 칼춤, 홍철릭 칼춤, 무당춤	새빨간 무복, 카리스마 칼춤, 시선압도, 홍철릭(붉은 색의 긴 무복(巫服))을 입고 한판 굿, 생동감 넘치는 춤사위, 살기어린 강렬한 눈빛, 위로 올라간 입 꼬리, 속을 꿰뚫어 보는 듯 섬뜩한 미소, 요염하고 섹시한 무녀, 무한 매력, 투혼을 담아, 혼신, 탁월한 무당춤, 온 몸을 흔들며 신기어린 모습, 고난도 칼춤, 자유자재, 매혹적인, 섹시+매혹, 제작진의 넋을 잃게 만들었다.
옥중화	장고춤	기사 없음
마녀보감	만수대탁굿	시청자 사로잡을 굿판, 잔혹한 흑무녀, 굳게 다문 입술, 날카로운 눈빛, 강렬함으로 시선을 끌고 있다, 무언가에 홀린 듯, 핏빛 카리스마, 붉은색 화려한 신복에 큰 부채

위 결과를 통해 본 인터넷기사에 나타난 전통춤의 이미지는 다음과 같이 정리된다.

첫째, 전통춤의 명칭은 아예 언급이 되지 않았거나 언급이 된 경우에도 전문적인 지식에 의거한 명칭이 아닌 임의로 붙인 명칭이다. 현대 역사드라마의 전통춤 장면에는 전지적 시점의 해설이나 자막이 없기 때문에 시청자들이 춤을 볼지언정 그 춤의 명칭을 제대로 알 수 없다. 그런데 인터넷홍보기사에는 '칼춤, 창작춤, 신칼춤, 홍철릭칼춤, 장구춤, 만수대탁굿 무당춤' 등의 명칭들이 드러나 있고 그것은 장면에 나타나는 춤과 연결했을 때 실제 무용계에서 인증되거나 통용되는 명칭 및 춤의 내용이 아닌 경우가 많다.

둘째, 전통춤과 연행자에 대한 이미지 표현이 분리되어 있지 않다. 인터넷기사 내용에서 반복적으로 사용된 '매혹적, 아름다운, 신비로운, 강렬한' 등의 표현어는 춤 자체를 묘사한 것인지 연행자의 외모를 묘사한 것인지 알 수 없을 정도로 혼용되어 있다.

셋째, 춤의 종류나 서사적 상황과 상관없이 항상 유사한 표현어들이 중복되어 사용되었다. 이들은 의미 상 세 갈래로 분류할 수 있는데, 연행자의 외형을 보면서 감상자가 느끼게 되는 성적 정서를 표현한 '매혹적, 고혹적, 유혹, 섹시, 요염'과, 연행자의 외형에서 드러나는 미적 형태를 표현한 '아름다운, 신비로운, 우아한, 청순, 선이 고운, 고전적'과, 연행자의 움직임과 표정을 통해 감상자가 느끼게 되는 경외심을 표현한 '강렬함, 카리스마, 절도 있는'으로 나타난다.

(2) 인터넷 기사의 생산 관행과 전통춤 장면 홍보기사의 관계

위에서 분석한 인터넷기사들은 드라마 속 전통춤 장면의 홍보를 목적으로 한 것이다. 기사내용의 서술방식은 해당 드라마 회차의 서사에 대한 단순 서술 및 전통춤과 연행자에 대한 묘사가 주를 이루었으며, 말미에 방송일시를 예고하거나 '다시보기' 링크를 표시하고 있다. 또한 대부분의 기사가 해당 회차의 방송시간에, 혹은 방송 직후에 게시되어 마치 방송내용을 중계하듯 전달되고 있다. 남재일의 연구에서는 이러한 기사 유형을 '모니터기사' 관행이라 표현하고 '네이버'가 안정적인 조회수 유지를 위해 2010년 중반부터 시작한 방책임을 밝혔다.[17] 또한 드라마의 한 회차에 대한 인터넷기사가 수많은 인터넷 연예매체를 통해 작성된 것임에도 불구하고 내용적으로 매우 흡사하다. 예를 들어 〈장사의 신-객주〉에서 배우 김민정이 무당역할을 하며 춤을 춘 장면에 대해 다양한 연예매체에서 홍보기사를 작성하였는데, 내용이 다음의 〈표 4〉와 같다.

17 남재일(2014). 포털 연예뉴스 생산 관행에 대한 비판적 고찰. 『사회과학연구학회지』. p.99.

표 4. 인터넷기사의 주요내용 비교

연예매체	인터넷 기사의 주요내용
<스타엔>[18]	머리에 깃털을 꽂고 양쪽 손에 신칼을 드는 등 살기 어린 강렬한 눈빛과 위로 올라간 입 꼬리, 속을 꿰뚫어 보는 듯 섬뜩한 미소로 요염하고 섹시한 무녀 매월의 무한 매력을 유감없이 발휘한다.
<NEWS24>[19]	머리에는 깃털을 꽂고 양쪽 손에 신칼을 든 김민정이 온 몸을 흔들며 신기 어린 모습을 오롯이 드러내는 것. 더욱이 김민정은 살기 어린 강렬한 눈빛과 위로 올라간 입 꼬리, 속을 꿰뚫어 보는 듯 섬뜩한 미소로 요염하고 섹시한 무녀 매월의 무한 매력을 유감없이 발휘한다.
<티브이데일리>[20]	머리에는 깃털을 꽂고 양쪽 손에 신칼을 든 김민정이 온 몸을 흔들며 신기 어린 모습을 드러낸 것. 더욱이 김민정은 살기 어린 강렬한 눈빛과 위로 올라간 입 꼬리, 속을 꿰뚫어 보는 듯 섬뜩한 미소로 요염하고 섹시한 무녀 매월의 무한 매력을 유감없이 발휘한다.
<지밸리>[21]	머리에는 깃털을 꽂고 양쪽 손에 신칼을 든 김민정이 온 몸을 흔들며 신기 어린 모습을 오롯이 드러내는 것. 더욱이 김민정은 살기 어린 강렬한 눈빛과 위로 올라간 입 꼬리, 속을 꿰뚫어 보는 듯 섬뜩한 미소로 요염하고 섹시한 무녀 매월의 무한 매력을 유감없이 발휘한다.

서로 다른 매체의 기사 내용이 이처럼 닮은 까닭은 기사 주요내용의 출처가 포털사이트나 인터넷연예매체가 아닌 연예기획사이기 때문이다. 이에 관해 남재일은 인터넷 기사가 포털사이트, 인터넷연예매체, 연예기획사의 3자를 중심축으로 전개된다고 밝혔다. 포털 사이트가 클릭수를 높이기 위한 선정적인 기사를 요구하면 인터넷연예매체는 연예기획사로부터 받은 홍보자료

18 네이버, [검색일: 2017년 1월 8일], [기사게시일: 2015년 11월 11일], http://www.starnnews.com/news/index.html?no=417132

19 네이버, [검색일: 2017년 1월 8일], [기사게시일: 2015년 11월 11일], http://enews24.tving.com/news/article.asp?nsID=927418

20 네이버, [검색일: 2017년 1월 8일], [기사게시일: 2015년 11월 11일],http://tvdaily.asiae.co.kr/read.php3?aid=14472047881014388002

21 네이버, [검색일: 2017년 1월 8일], [기사게시일: 2015년 11월 11일],http://gvalley.etnews.com/news/articleView.html?idxno=514960

중 선정적인 가십을 선별하여 제공한다는 것이다.[22] 이에 따르면 전통춤 장면 관련 홍보기사 역시 드라마에 전통춤을 삽입한 제작자나 무용감독, 혹은 기사를 작성하는 책임기자의 의도와는 상관없이 드라마에서 춤을 춘 연기자의 소속 기획사가 연기자의 인기를 높이기 위한 수단으로써 춤 장면을 묘사한 것임을 알 수 있다. 유일하게 남성 연기자가 춤을 추는 역사드라마 〈장영실〉에서 황희정승이 술에 취한 채 즉흥춤을 춰 명나라 사신과의 위기를 모면한다는 내용의 장면은, 드라마 서사에서 춤이 꽤 중요한 역할을 함에도 불구하고 이에 대한 기사가 전혀 게시되어 있지 않았다. 연기자의 소속기획사가 제공하는 홍보자료가 없기 때문이다. 이러한 행태는 포털 사이트의 이윤 추구를 위한 조회수 늘리기 방책과 맞물리면서, 기사내용의 질적인 수준보다는 높은 조회수를 목적으로 한 선정적 기사 게시의 비율이 높아지는 결과를 초래할 수 있다. 전통춤 장면에 대한 인터넷 기사의 내용이 실제 전통춤 장면의 움직임 이미지보다 훨씬 선정적이고 자극적으로 나타나는 까닭이 여기에 있다.

4. 나오며

지금까지 TV 역사드라마 속 전통춤 장면과 그와 관련된 인터넷기사를 분석하여 전통춤 이미지를 생산하는 미디어 · 미디어담론의 내용과 특징을 알아보았다.

본 연구는 역사적 사실보다는 작가의 상상력을 기반으로 한 창작물이 점차 주를 이루고, 시청자에게 정서적 공감과 문제의식을 더욱 효과적으로 전달한다는 흐름을 감안하여 최근 2016년에 방송된 역사드라마 8편을 대상으로 연

22 남재일. 포털 연예뉴스 생산 관행에 대한 비판적 고찰. p.93.

구하였다. 〈달의 연인-보보경심려〉, 〈육룡이나르샤〉, 〈대박〉, 〈구르미 그린 달빛〉, 〈장영실〉, 〈장사의 신-객주〉, 〈옥중화〉, 〈마녀보감〉 속 전통춤 장면을 한 가지씩 선별하여 그에 나타나는 맥락, 연행자와 감상자, 춤의 종류, 강조되는 움직임과 에포트, 의상과 소품, 클로즈업 숏의 요소를 분석하였다.

또한 8편의 역사드라마 속 전통춤 장면과 관련된 인터넷기사의 내용에서 전통춤과 전통춤의 연행자를 어떻게 묘사하고 있는지 밝히기 위해, 반복 강조되는 표현어들을 도출하였으며 인터넷기사의 생산관행이 전통춤의 이미지 및 담론 생산과 어떠한 관련이 있는지 알아보았다.

연구 결과, 전통춤 장면에 나타나는 전통춤의 이미지는 전통춤 연행자의 이미지와 동일했으며, 감상자의 마음을 빼앗을 수 있는 유혹의 춤이되 그 방식에 있어 환상적인 신비에 빠지게 하거나 강렬하게 압도하는 두 가지 유형으로 나타나고 있었다. 대체로 젊고 아름다운 여성 연행자가 속이 비치거나 강렬한 색상의 의상을 입고, 긴 수건이나 칼을 활용하여 직접적이고 통제되는 움직임을 하며 카메라는 연행자의 얼굴과 소품을 클로즈업했는데, 이러한 요소들은 유혹의 춤을 극적으로 연출하기 위한 장치들이었다. 또한 드라마에 노출된 전통춤의 종류와 동작의 외형은 드라마의 시대적 배경이나 인물들의 신분과 같은 역사적 조건에는 합당하지 않았으나 연행자의 성별과 신분이 여성무희 · 여성무당에 국한된 점은 실제 역사적 사실에서 전혀 벗어나지 못했다.

인터넷기사의 내용 분석에서는 전통춤의 명칭이 전문적인 지식에 의거하지 않았다는 점, 그리고 전통춤 및 연행자를 묘사할 때 각 장면 속 춤의 종류나 서사적 상황이 서로 다른데도 불구하고 유사한 표현어들을 사용했다는 점이 특징적이었다. 이는 인터넷 기사 내용이 드라마의 제작자나 연예매체 기자의 의도보다는, 연행자를 연기한 여성연예인의 소속 기획사에서 제공하고 포털 사이트에서 여과한 자료라는 점과 관련 깊다. 결국 전통춤 장면을 홍보하는 인터넷기사는 해당 연예인의 인기를 높이기 위한 수단으로써 작성된 것이기에 이것이 전통춤 담론으로서 대중들에게 전파될 때 많은 문제점을 지니고 있다는 점을 기억해야 할 것이다.

이상의 연구결과는 전통춤의 이미지 생산에 일조하는 현대 미디어와 미디어담론을 밝히고 그 영향력을 논하는 데 의미 있었다. 안방에서 하루를 마무리하며 편안히 보는 역사드라마에 담겨있는 전통춤의 이미지는, 전통춤 본래의 의미에서 많은 부분 왜곡되어 있었다. 물론 복잡하게 얽혀있는 미디어제작환경 및 담론생산의 과정들을 하루아침에 풀어낼 수는 없을 것이다. 그러나 대중미디어물을 제작하거나 관여하는 기득권의 의도를 인식하는 것만으로도 억압되지 않는 문화소비를 지향할 수 있고, 이미지의 지나친 왜곡을 막을 수 있을 것이다. 지금 우리들의 마음속에 떠오르는 전통춤의 이미지는 어떤 경험으로부터 만들어진 것일지? 한번쯤 생각해 볼 문제다.

12장

한국 사교춤동호회의 인터넷 매체활용[1]

— 소통과 아카이빙 측면을 중심으로

윤지현

1. 들어가며

인터넷 보급과 스마트폰 사용의 증가, SNS 확대 등 사회적 의사소통의 기반이 되는 매체 환경의 변화는 사회 전 영역에 영향을 미친다. 통신네트워크와 전자기기의 보급 확산으로 실시간 쌍방향 의사소통이 확대되자 개인의 일상 영역인 취미 동호회의 활동내용과 그 범위에도 변화가 포착된다. 본 연구는 한국 사교춤동호회의 인터넷 매체 활용이 회원의 동호회활동 참여와 사교춤 향유양상에 미친 영향을 살펴볼 것이다. 사교춤동호회의 대내외적 소통과 사교춤문화의 아카이빙 측면을 중심으로, 뉴미디어 시대 매체 환경의 변화와

1 이 글은 이화여자대학교 무용학연구소 제1회 국내학술심포지엄에서 구두발표한 논문이며, 2017년 『대한무용학회논문집』. 75(3)에 게재한 것을 수정, 보완한 것이다.

대중춤문화의 관계를 관찰하려는 것이다. 이에 국내 사교춤동호회의 인터넷 카페 구성과 관리, 회원참여 방식의 특징을 살펴보고자 한다.

먼저 사교춤에 대한 정의 및 분류를 통해 현재 한국 사회에 향유되는 사교춤의 범주와 향유양상을 소개하고자 한다. 한국의 사교춤은, 향유층의 인구학적 특징인 연령대와 성비, 춤 자체의 특징인 춤의 구성과 동작, 춤의 훈련체계와 향유자의 숙련도, 향유공간 등이 다원화하여 하나의 춤으로 범주화하기 어렵다. 서양식 커플댄스, 곧 서양의 사교춤에 기원을 두고 있다는 점에서 하나의 춤이라 할 수 있다. 그러나 1백여 년의 국내 수용과정에서 각기 다른 변용을 겪으며 향유층과 향유목적, 향유양태 등에서 차이를 보이는 다른 춤들로 유통되고 있다. 사교춤이라는 포괄적 범주 안에 여러 하위범주의 춤들이 있다. 다음 세 범주의 사교춤이 대표적이다. 첫째 20세기 초기 서양에서 유입된 볼룸댄스와 한국전쟁 직후 확산된 미국식 사교춤이 한국사회의 맥락 속에서 변형, 혼종화(hybridization)한 '한국화된 사교춤(Koreanized social dance)', 둘째 전자에 비해 상대적으로 근래에 유입되었으며, 세계적 표준을 갖춰 정형화한 '댄스스포츠(dancesports)', 셋째 21세기 문화산업의 유통경로를 통해 글로벌문화로 향유되는, 더욱 상업적이고 대중적인 '라틴계 커플댄스' 등이다.

이 글에서는 사교춤의 향유양상의 차이에 따른 춤 현상의 구분이 필요함에 따라 '사교춤'과 '한국사교춤', '댄스스포츠' 등을 구분한 선행연구의 분류[2]와 정의를 수용하였다. 다만 '사교춤'은 이보다 조금 협소한 정의로 사용하고자 한다. 따라서 이 글에 사용되는 사교춤은, '사교의 기능이 있는 커플댄스 일반'을 총칭하기 보다는 한국사교춤과 댄스스포츠, 두 춤으로 범위를 제한한다. 우리 사회에서 한국사교춤과 댄스스포츠는 하나의 뿌리를 가진 다른 두 춤으로 각기 존재하며, 향유목적과 향유층의 구성도 다르다. 그럼에도 한국사교춤과

2 사교춤을 "사교의 기능이 있는 커플댄스 일반"으로, 한국사교춤은 "한국사회로 수용되는 기간 동안 한국화한 커플댄스"로, 댄스스포츠는 "국제경연을 위해 표준화된 경기 및 시범 공연 종목"으로 구분하고 정의했다. 윤지현(2017). 현대 도시민속으로서 한국사교춤에 대한 문화상호적 접근. 『대한무용학회논문집』. 75(1). p.176.

댄스스포츠를 '사교춤'으로 하나의 범주로 묶어 관찰하는 이유는, 사교춤동호회 활동의 현장에서 두 춤의 구분이 쉽지 않기 때문이다. 두 춤은 하나의 동호회 조직 내에 공존하기도 하고, 동호회원간 향유공간을 공유하거나 공동행사를 주관하는 등 공동으로 동호회 활동을 하는 사례가 적지 않았다. 또한 춤의 기법과 향유문화의 차이에도 불구하고 두 춤은 사회일반의 여가와 사교, 건강증진을 목적으로 향유된다는 점에서 접목지점이 넓기 때문이기도 하다.

한편 국내 사교춤동호회의 인터넷 매체 활용과 추이를 관찰하는 것은, 뉴미디어 시대 한국의 대중춤문화의 변화와 특징에 접근한다는 점에서 유의미하다. 2000년대 초반부터 무용학 분야에서는 인터넷 기반 매체환경의 변화와 관련한 연구들이 소개되었다. 이들 연구의 다수는 주로 예술로서의 무용과 무용공연의 제작 및 배급, 무용교육의 변화를 전망하고 진단했다. 안무가와 전문 인력의 무용 공연제작과 유통과정에서의 활용과 무용교육 분야의 매체활용에 대해서는 일정한 성과를 보이고 있다. 그러나 사회일반의 춤 향유 등 대중춤문화와 매체활용을 다룬 연구는 거의 없었다.[3] 사교춤이나 방송댄스를 위시한 대중춤의 향유양상은 동시대 일상의 춤문화라는 점에서 유의미한 주제지만 무용학계의 관심과 조명은 많지 않았다.

이 글은 사교춤동호회 활동을 중심으로 일상의 대중춤문화를 다룬다는 점과 뉴미디어 시대 인터넷 매체 활용의 확산과 대중춤문화의 변화 관계를 조명한다는 점에서 선행연구와 차별점이 있다. 쌍방향의 소통이 일상화되고, 무용생산과 소비, 제작과 향유, 무대와 객석의 경계가 모호해지는 뉴미디어 시대의 사회변화는, 춤문화에서 '수동적 감상자가 아닌 능동적 참여자'로서 춤의 향유자를 사고하게 한다. 사교춤동호회는 '보는 춤이 아닌 참여하는 춤'이 실재하는 사회적 공간이다. 사교춤동호회의 인터넷 매체활용에 대한 이

3 박효동(2014)의 연구가 예외적이다. 인터넷포털의 발레 카페와 <댄싱9>카페를 비교하며 대중적 춤 현상을 관찰하고, 무용분야의 인터넷 커뮤니티 활성화 방안을 모색한다.

글은, 뉴미디어 시대의 사회변화가 촉발한 대중춤문화의 변화를 이해하는데 도움을 줄 것이다. 춤의 감상과 참여 또는 공연예술과 일상문화라는 춤의 정체성 주변에 그어지는 불안정한 경계에 대한 이해를 도울 것이다.

사회변화 속 대중춤문화에 대한 이해라는 글의 목적은 필자의 미흡함으로 제한점을 노정한다. 우선 인터넷 기반 동호회 전체를 대상으로 하는 조사 및 분석이 아니라는 점이다. 사교춤문화에 참여하는 개인과 단체는 대체로 느슨하고 유동적인 결속관계를 보인다. 뿐만 아니라 여가 또는 취미활동의 특성상 생업이나 학업과 같은 정기적 참여보다는 비정기적 참여가 많다. 이런 점에서 동호회 현황과 관련하여 수집할 수 있는 자료의 성격 또한 유동적이고 정량화가 어려웠다. 이에 회원수가 많고, 활동이 활발한 동호회 일부만을 조사대상으로 선별했다. 연구결과는 사교춤동호회 일부에 해당되는 제한적 함의만을 도출하였다.

2. 한국의 사교춤문화와 매체환경

대중의 춤문화를 다룬 무용학 분야의 선행연구는 많지 않았다. 특히 인터넷 매체환경의 확산이라는 사회변화와 관련하여 사교춤문화를 다룬 연구는 거의 없었다. 국내 무용분야의 선행연구를 사교춤에 대한 연구와 무용 분야 인터넷매체 활용에 대한 연구, 두 주제로 구분하여 살펴보았다. 사교춤문화와 관련된 연구는 사교춤에 대한 한국사회의 부정적 인식과 태도를 다룬 담론 연구가 많았고, 인터넷매체 활용에 관한 연구는 무용교육에서의 매체 활용이나 무용공연의 홍보 및 소비 활성화와 관련된 경우가 많았다. 새로운 매체의 활용과 춤문화를 다룬 소수의 연구만이 직접적으로 연결되는 선행연구임을 확인했다.

1) 한국의 사교춤문화 연구

사교춤 관련 국내 선행연구의 다수는 신문기사나 영화 등 언론과 대중매체의 텍스트가 사교춤을 다루는 내용과 방식을 분석했다. 이들 연구는 사교춤에 대한 사회문화사적 접근과 담론분석 결과를 제시하고 있다.[4] 주창윤(2009)은 1950년대 중반 댄스열풍을 젠더와 전통의 재구성과의 관계 속에서 분석하며, 박윤회와 이현정(2013)은 볼룸댄스를 중심으로 1950년대부터 1980년대까지의 사교춤문화와 이에 대한 한국사회의 부정적인 시선을 고찰한다.

황희정(2013)은 대중춤을 '행위자가 스스로 즐길 목적으로 연행되는 현대 서구에서 유입된 춤'으로 보고, 예술춤에 대비되는 개념으로 정의했다. 이어 '댄스클럽'을 사교춤을 비롯한 대중춤이 이루어지는 공간으로 설정하고, 1920년대부터 2000년대 현재까지의 담론변화를 추적, 분석했다. 이 연구에서 그는 댄스클럽을 퇴폐로 보는 사회적 시선 속에서 전통과 기존 문화에 대한 도전을 배태하는, 곧 퇴폐와 도전의 경계에 놓인 춤문화공간으로 묘사한다. 이들에 앞서 윤선자(2005)는 문헌연구를 통해 사교춤문화를 1950년대 사교춤을 중심으로 전통적 가치관과 조화를 이루지 못하고, 향락과 이기적 문화로 이식된 것으로 규정한다. 사교춤은 당시 국가에 의해 전개된 충효를 중시하는 도의운동 과정에서 사회적 비난과 탄압의 대상이 되었다는 것이다.[5]

이들 연구는 뉴미디어 시대 사교춤동호회의 인터넷 매체 활용을 다루고자 하는 본 연구주제와는 직접적인 연관성은 없다. 그러나 사교춤동호회 활성화와 회원간 태도 및 관계와 관련하여 사회문화적 맥락을 파악하는데 유용한

---

4 관련 선행연구로, 강준만(2007). 한국 춤바람의 역사: '댄스 금지령'에서 '부킹 열풍'까지, 『인물과 사상』. 10. pp.148-193; 주창윤(2009). 1950년대 중반 댄스열풍: 젠더와 전통의 재구성. 『한국언론학보』. 53(2). pp.277-299; 박은혜(2012). 한국영화에 반영된 사교춤의 사회적 의미변화 - 영화 「바람의 전설」과 「댄서의 순정」을 중심으로. 『무용역사기록학』. 24. pp.39-57; 박윤회, 이현정(2013). 신문기사를 통해 본 한국볼룸댄스의 고찰: 1950~1980년대를 중심으로.『한국체육사학회지』. 18(1). pp.77-94; 황희정(2013). 댄스클럽 기사를 통해 본 한국의 대중춤: 도전과 퇴폐의 경계선. 『우리춤과 과학기술』. 23. pp.123-144. 등이 있다.

5 윤선자(2005). 1950년대(1953-1961) 사교댄스의 사회문화적 의미와 도의(道義)운동. 『 한국민족운동사연구』. 45. pp. 223-254.

정보와 관점을 제공한다. 한편 윤지현(2017)은 사교춤에 대해 100년이 넘은 한국 수용의 역사 속에서 다양한 혼종양상이 공존함은 물론 광범위한 사회저변을 확보했음을 근거로 현대 도시민속으로 접근할 것을 제안한다. 서구에서 유입된 세계화된 춤인 사교춤이 동시대 한국 사회에서 실질적 민속으로 향유되고 있음을 소개한다.

2) 매체환경의 변화와 춤 연구

다음은 인터넷 매체환경의 변화와 관련된 무용분야의 연구들이다. 인터넷 매체 환경의 변화는 사회 제 분야에 영향을 미치고, 무용에도 영향을 준다는 점에는 이론의 여지가 없다. 이에 매체환경의 변화와 무용의 관계에 대한 무용학계의 관심을 제고하는 연구들이 2000년대 중반 이후 지속적으로 생산되어 왔다. 무용공연 제작에서의 활용, 무용공연의 테크놀로지 활용과 무용미학, 무용교육에서의 활용, 공연홍보와 마케팅 활용, 디지털 콘텐츠 개발과 아카이빙 등 여러 영역에서 새로운 매체의 활용을 관찰하고 전망한다. 이들 연구의 특이점은, 무용계가 선호하는 주제로 연구관심이 한정된다는 점이다. 극장무용의 생산자로서 무용창작 및 배급 과정에 제한되거나 무용교육의 전문가 또는 배급자로서 무용교육의 콘텐츠 제작과 전달 과정에 대한 연구가 대중을 이룬다.

다음에서 이 글의 주제와 관련성이 높은 인터넷 매체 활용과 춤문화의 관계를 다룬 선행연구를 살펴보았다. 유희주와 안병주(2008)는 온라인 커뮤니케이션 환경은 공연의 수용주체인 관객과 공연생산자 사이에 직접적인 소통의 지속적인 순환관계를 형성하는 것으로 분석했다.[6] 이에 대중과의 소통에 적극적으로 참여하는 등 대등하고도 열린 자세로 임할 것을 무용가에게 제안한다. 최윤영(2011)은 공연마케팅과 SNS 활용을 연결하여 무용공연 활성화를 위

---

6 유희주·안병주(2008). 디지털시대의 무용관객 커뮤니케이션 양상에 관한 연구.『무용예술학연구』. 24. pp.113-135.

한 대안적인 마케팅 전략을 도출한다.[7] 소수의 제한된 관객만을 확보하고 있는 무용공연의 특성을 분석하고, 이에 맞춰 잠재 고객집단을 대상으로 SNS를 활용한 '입소문 마케팅' 전략을 구사하는 것이 비용대비 효과적인 전략이라고 제안한다. 김주희와 김화례(2015)는 국내 국 · 공립 무용단체의 SNS 활용현황을 유형별, 내용별, 단체별 등 3영역으로 구분해 분석했다.[8] 먼저 유형으로는 페이스북, 트위터, 블로그, 인스타그램 등으로, 내용별로는 공연홍보, 사진, 영상, 기사, 캐스팅, 공모, 수상 소식, 이벤트, 기타 등으로, 단체별로는 국 · 공립 단체 26곳을 중심으로 조사했다. 결론에서 SNS 전문 관리자 채용, 소비자(관객)와의 소통 활성화 전략, 수익창출로 이어지는 SNS마케팅 구축의 필요성을 제안했다. 권효인(2015)은 국립발레단과 국립현대무용단을 중심으로 페이스북의 실시간 사용지표를 분석하고, 국내 무용단체의 SNS 활용 향상을 위한 방안을 제시했다.[9] Esling(2013)은, 디지털 환경은 무용사의 보존에 충족적인 기회를 제공한다고 관찰한다.[10] 특히 창작자가 스스로 자신의 작업을 대상으로 아키비스트로서의 역할을 할 수 있는 풀뿌리 아카이빙의 가능성을 열었음을 주장한다.

무용교육 분야에서의 활용과 관련한 연구로 민경화(2015)의 연구가 있다.[11] 민경화는 21세기 교육환경에서 유튜브 활용의 중요성을 피력한다. 이어 무용분야의 유튜브 활용 가능성에 대해 디지털 아카이브로, 홍보수단으로, 교육자료로, 학술자료로 활용되고 있음을 살피고 있다. 여타의 디지털 매체 도입과 활용이 예산과 시설투자 및 전문인력 등 높은 비용 지불이 필요한데 반해 유튜브의 활용은 비용이 들지 않는다는 점에서 무용계가 적극적으로 수용해

7 최윤영(2011). 공연마케팅에서 SNS 활용에 대한 시사점.『 대한무용학회논문집』. 66. pp.183-215.

8 김주희, 김화례(2015). 국내 국공립무용단체의 SNS 활용현황 분석.『 대한무용학회논문집』. 73(3).

9 권혜인(2015). 국내 무용단체의 SNS 활용 실태 분석- 페이스북을 중심으로』. 무용역사기록학』. 38. pp.33-56.

10 Esling, N.(2013). Dance Archives in an Online Environment: The Impact of Digital Media on

11 민경화(2015). 무용에서 유튜브의 활용에 대한 연구』. 대한무용학회논문집』. 73(1).

볼 가치가 있다고 주장한다. 앞의 연구들은 인터넷 매체환경의 변화 속에 무용교육과 무용공연의 홍보 분야 등에서 유튜브와 소셜미디어를 적극 활용하는 등 능동적 대처를 제안한다.

해외 연구사례로 인터넷 매체 활용과 대중적인 춤음악문화의 관계를 다룬 연구들이 있다. Heuguet(2016)는 온라인매체로 매개되는 언더그라운드 클럽문화에 대해 분석했다.[12] 그는 보일러룸(Boiler Room)[13]을 언더그라운드 클럽문화와 온라인 기술이 대면하는 사례로 보고 매체환경의 변화가 대중춤음악문화에 미치는 영향을 관찰했다. 온라인상으로 스트리밍되는 클럽공연과 행사 영상은, 언더그라운드 문화의 참여가 유발하는 사회적 편견을 비롯한 여러 장애를 경감해주지만 동시에 클럽문화만의 고유한 정통성을 지켜주는 배타성이 훼손되는 것으로 분석했다. 그의 관찰은 한국 사교춤동호회의 활성화된 인터넷 카페 및 블로그 현상을 이해하는데 유용한 시사점을 준다.

앞서 살펴본 바와 같이 무용분야는 매체환경의 변화에 대해 공연제작에서의 활용과 정규 교육과정을 위시한 무용교육 활용 가능성에 관심을 보여 왔으며, 상당한 성과를 축적해왔다. 그러나 이들 연구는 무용공연의 제작자이자 배급자의 입장에서의 관심에 치중하고 있음을 보여준다. 공연예술로서의 무용에 편중되는 경향으로 인해 매체환경의 변화에 따른 일반의 춤 향유와 대중춤문화에 미친 영향을 다룬 연구는 거의 없었다. 공연예술로서의 극장무용과 무용교육에 집중되고, 대중춤과 일상의 춤문화에 대한 관심은 제한적이었다. 뉴미디어 시대 매체환경의 변화가 일상의 삶과 문화에 미치는 영향이 크고, 대중의 춤 향유 현상에 영향을 미쳐왔음을 떠올린다면 사교춤과 같은 대중춤문화와의 관계나 영향에 대한 관심과 연구가 필요해진다. 인터넷에 기

12 Heuguet, G(2016). When Club Culture Goes Online, Trans. by Garcia, L-M, Dancecult. 8(1). pp.73-87.

13 인터넷 음악TV로 전 세계 대규모 온라인동호회에게 언더그라운드뮤직을 전송하고 있다.(2017년 3월 20일) https://soundcloud.com/platform.

반을 둔 새로운 매체환경은, 문화와 예술 영역만이 아니라 일상의 영역에서 일방적 소통이 아닌 쌍방의 소통을 확대하고 있다. 이에 무용 분야에서도 공연의 생산과 소비, 제작과 향유, 전문가와 비전문가의 경계가 모호해지는 경향의 확대를 전망하기도 한다. 이런 점에서 사교춤동호회의 인터넷 매체 활용의 경향과 특징은 대중춤문화의 변화를 이해하는데 도움을 줄 것이다.

3. 한국 사교춤동호회의 현황

1) 사교춤동호회 현황

한국 사회에서 사교춤의 강습과 향유가 일어나는 공간은 무도장과 무도학원, 관광유흥업소 등이 대표적이다. 행정자치부가 운영하는 한국지역정보개발원 자료를 통해 이들 업소의 인허가 현황을 살펴보았다. 무도장과 무도학원에 대한 인허가 집계는 한국 사회의 사교춤 향유인구 등 사회적 저변을 가늠하는 근거로 활용할 수 있다. 한국지역정보개발원에 따르면, 무도장은 '춤(댄스)을 출 수 있게 마련해놓은 무도장'으로, 무도학원은 '춤(댄스) 등을 가르치는 것을 목적으로 운영되는 학원'으로, 관광극장유흥업은 '유흥주점영업의 허가를 받은 자가 관광객의 이용에 적합한 무도(舞蹈)시설을 갖추어 그 시설을 이용하는 자에게 음식을 제공하고 노래, 춤을 감상하게 하거나 춤 출수 있도록 공간을 제공하는 업소'로 규정된다. 2017년 4월 현재 국내 무도장업 71개소, 무도학원업 915개소, 관광극장유흥업 135개소가 인 허가된 업소로 운영되는 것으로 집계된다.[14]

14 『행복한 대한민국을 여는 정부 3.0』, 한국지역정보개발원, 행정자치부. http://www.localdata.kr/portal/data/dataView.do?menuNo=200001&menuFlag=03&clasCode=23_11_01(순서대로 무도장업, 무도학원업, 관광극장유흥업 인허가 현황, 2017. 4.10. 검색)

사교춤동호회 현황과 관련하여 〈표 1〉의 대한체육회 생활체육동호회 가입단체현황을 참고할 수 있다[15]. 〈표 1〉에 따르면 지역 및 직장단위 동호회로 대한체육회에 가입한 단체는 댄스스포츠 동호회가 2,307개 단체에 97,420명으로 여타의 춤동호회에 비해 단체수와 회원수가 가장 많은 것으로 집계된다. 이 범주 외에도 한국사교춤 동호회의 일부는 생활무용의 범주로도 가입하는 경우가 있다.[16] 대한체육회에 가입한 생활체육동호회 수와 향유인구를 집계한 수치는 생활체육동호회 전체의 수량적 집계이기보다는 가입동호회만을 집계한 자료이다. 따라서 집계된 수량의 의미는 제한적으로 생활체육동호회의 전반적 경향을 파악하는 정도로 이해할 수 있다. 그럼에도 사회일반의 춤 향유 현황을 개관하는 데는 유용하다.

표 1. 2015년 대한체육회 생활체육동호회 가입단체 현황
https://club.sportal.or.kr/statistics/item/index.jsp (2016. 12. 3.)

종목	가입 동호회수	회원수
댄스스포츠	2,307	97,420
생활무용	102	5,471
에어로빅	323	23,088
전통무용	402	15,157
밸리댄스	357	15,300
실용무용	35	997
k-pop 생활댄스	25	1,275

〈표 1〉은 한국사회에서 사교춤의 대중성, 곧 광범위한 향유층을 확보하고 있음을 보여준다. 대한체육회에 가입한 다른 댄스종목의 동호회 및 그 회원

15 동일 자료를 분석한 윤지현(2017, 184-185) 참고.

16 사교춤동호회의 가입건수 및 회원수를 분리해서 파악하기 어렵다. 다만 일부 사교춤동호회가 한국생활무용연합이나 생활무용협회에 가입해 활동한다는 점에서 사교춤동호회 일부가 이들 범주에도 포함되었을 것으로 보인다.

수와 비교하면 댄스스포츠와 사교춤의 향유층 규모가 크다는 사실을 확인할 수 있다. 자료에 의하면 에어로빅이 323개 단체에 23,088명, 전통무용이 403개 단체에 15,157명, k-pop 생활댄스가 25개 단체에 1,275명, 실용무용이 35개 단체에 997명, 밸리댄스가 357개 단체에 15,300명의 회원을 확보하는 것으로 집계한다. 생활체육으로 비교적 장기간 인기종목으로 인식되어온 에어로빅이나 밸리댄스보다 등록한 동호회수에서 7-8배, 가입되어 있는 회원수에서 4-5배 많은 것으로 나타났다. 비공식 활동이 많아 상당수의 향유층이 집계에서 누락된 이 자료에서도 댄스스포츠와 한국사교춤은 다른 댄스종목에 비해 압도적인 동호회수와 회원수를 확보하고 있다. 이는 현대 한국 사회에서 일반에 광범위하게 향유되는 춤의 대표 장르가 사교춤임을 보여준다.

한편 이 집계자료는 대한체육회에 가입한 단체만을 대상으로 수집한 것이기 때문에 댄스스포츠와 사교춤을 향유하는 전체 인구라고 할 수는 없다. 실제 한국사교춤의 경우는 향유인구의 상당부분은 이 집계에 포함되지 않았다. 이는 무도학원을 중심으로 양성화되는 댄스스포츠 단체와는 달리 한국사교춤 단체는 주로 사교춤 강사를 중심으로 소규모동호회를 결성해 활동하는 등 비공식화된 활동으로 이뤄지기 때문이다. 사교춤동호회 활동의 비공식성은 사교춤 향유에 대한 공식집계를 어렵게 한다.

한편 댄스스포츠를 포함한 사교춤에 대한 부정적 인식, 곧 퇴폐와 춤바람으로 연결하는 사회적 편견은 이들 동호회 활동의 공식화에 여전히 장애로 작용하고 있다. 이로 인해 동호회에 대한 정부의 정책지원 유인에도 불구하고 소규모 사교춤동호회의 상당수는 정부 또는 공공기관의 등록지표나 집계에서 누락된다. 사교춤동호회에 대한 공식집계가 어려운 또 다른 이유로는 댄스스포츠와 한국사교춤의 향유층과 향유현장이 완전히 분리되지 않고 겹쳐져있는 상황의 영향도 있다. 무도학원을 비롯한 국내의 사교춤 현장은, 보통 댄스스포츠나 한국사교춤 중 어느 한 종목을 대표종목으로 내세우지만 강습과 향유자 대상 행사는 두 종목을 병행하는 경향이 관찰되기 때문이다.

2) 인터넷카페 및 블로그 현황

사교춤동호회의 인터넷 매체활용 현황은, 국내 포털의 검색 기능을 이용해 기초자료를 수집하고 이들의 인터넷 카페와 블로그 활동을 조사했다. 국내 대표적인 포털인 다음과 네이버에서 '사교춤'과 '댄스스포츠'를 검색어로 사교춤동호회 카페와 블로그를 검색해 회원수, 설립연혁, 현재 활동의 활성화 정도, 활동의 성격과 빈도 등 현황을 조사했다. 이어 포털에서 수집한 사교춤동호회 카페와 블로그 중 회원수가 많고, 업데이트 빈도가 높은, '주요' 카페와 블로그를 사례로 정해 활동내용과 특성을 관찰했다. 또한 카페와 블로그 운영자와의 서면 면접을 통해 경험과 의견을 수집했다.

〈표 2〉와 〈표 3〉은 국내 주요 인터넷 포털에 가입한 사교춤 관련 카페 및 블로그 현황을 정리한 것이다. 다음과 네이버 등 두 개의 포털에서 '사교춤'과 '댄스스포츠'로 카페와 블로그를 검색했다. 검색결과 이들 카페 및 블로그의 수량적 특징 중 하나는, '사교춤'보다는 '댄스스포츠'의 검색결과가 많이 검색되었다. 이는 대한체육회가 집계한 생활체육동호회의 집계현황과 유사하다. 다른 특징으로는, 두 포털 중 네이버보다는 다음에서 카페와 블로그가 많이 검색되었다는 점이다. 사교춤 카페의 경우 다음에 316개, 네이버에 59개가, 댄스스포츠 카페의 경우 다음에 3,616개, 네이버에 1446개로 검색되었다. 사교춤 블로그는 다음에서 32100개, 네이버에 8,019개, 댄스스프츠 블로그는 다음에서 75,200개, 네이버에서 36,225개로 검색되었다. 사교춤이나 댄스스포츠와 관련한 카페나 블로그 글은 네이버보다는 다음에서 약 3배가량 많이 검색되었다.

표 2. 사교춤동호회 인터넷 카페 현황(2016년 12월 25일 검색)

카페	다음	네이버	계
사교춤	316	59	375
댄스스포츠	3,616	1,446	5,062
계	3,932	1,505	5,437

표 3. 사교춤동호회 블로그 현황(2016년 12월 25일 검색)

블로그글	다음	네이버	계
사교춤	32,100	8,019	40,119
댄스스포츠	75,200	36,225	111,425
계	107,300	44,244	151,544

두 포털의 사교춤 및 댄스스포츠 카페와 블로그의 현황 자료를 보면, 사교춤보다는 댄스스포츠 동호회의 인터넷카페와 블로그가 3-4배 이상 많이 검색되었다. 이는 대한체육회에 등록된 생활체육동호회 집계에서도 살펴보았듯이 댄스스포츠 동호회의 수량이 많은데다 활동의 공식화 경향이 높다는 점에서 당연한 결과이다. 댄스스포츠 동호회의 활동은 한국사교춤 동호회 활동에 비해 공식화 경향뿐만 아니라 매체활용 정도도 높음을 보여준다. 이는 두 장르 향유층의 인구학적 특성에서 댄스스포츠가 사교춤에 비해 상대적으로 젊은 세대로 구성되어 새로운 매체의 활용이 용이하고 활용에도 적극성을 띤 결과로 해석하게 된다.

주목할 점은, 댄스스포츠와 사교춤의 인터넷 포털 카페와 블로그 현황에 나타난 두 범주 사이의 차이는, 대한체육회에 등록한 동호회 단체와 회원수 현황이 보이는 차이보다는 작다는 점이다. 대한체육회 등록 동호회 현황에서 향유인구의 경우 두 범주 사이의 차이는 약 20배로 추정한다. 반면 인터넷 카페와 블로그 현황에서는 그 차이가 크게 감소한다. 인터넷 카페의 경우 댄스스포츠가 5,062개로 375개의 사교춤보다 13배이고, 블로그 글의 경우는 댄스스포츠가 111,425건으로 40,119건의 사교춤보다 2.7배이다. 동호회 현황에서 댄스스포츠의 가입 단체수와 회원수가 절대적으로 많기 때문에 인터넷 가입 카페와 블로그 활동에서도 우위를 차지하는 것은 당연하다. 인터넷 카페와 블로그 활동에서 그 차이가 줄어드는 것은 사교춤동호회 활동의 비공식적 성격과 관계가 있는 것으로 해석된다. 인터넷 카페나 블로그 활동은 대면이나 직접적인 회합 없이도 운영참여와 회원 활동이 가능하기 때문이다. 이로 인해 공식집계에서 누락이 많을 것으로 보이는 사교춤동호회 활동이 온라인 활동에서는 보다 잘 포착되는 것으로 풀이된다. 다음 절에서 그 수량적 현황과 특징을 정리했다.

3) 사교춤동호회의 주요 카페와 블로그(2017년 1월 현재)

국내 포털사이트에서 검색되는 사교춤 관련 카페 중 최대 규모의 카페는 사즐모이다. 2002년에 포털 다음에 개설된 사즐모(댄스스포츠 사교댄스모임, 카페지기 햄릿(ID))는 '회원수 1위, 검색수 1위의 댄스스포츠와 사교춤 동호회'를 표방한다. 사즐모는 "댄스가 건전한 생활체육으로 대중화되고 발전"하는 것을 개설 목표로 밝히고 있다. 수도권과 전국 주요 도시에서 매월 지부모임이 개최되고 있으며, 지역별 정기모임과는 별도로 리듬짝, 댄스스포츠, 산악회, 사회봉사 등 주제별 모임도 관리, 운영하고 있다. 또한 연례행사로 상반기에 전국모임, 하반기에 전국선수권대회를 주최한다. 카페지기인 햄릿은 한국생활댄스연합회 회장을 맡고 있다. 2017년 1월 현재 다음 포털의 사즐모 카페 회원은 약 7만 5천여 명에 달한다. 2016년 12월 30일부터 2017년 1월 3일까지 다음의 사즐모 카페에 공지된 집계자료에 의하면, 해당기간 1일 방문수는 3만3천에서 4만9천 건으로, 1일 게시글은 175건에서 235건, 1일 댓글은 1,395건에서 2,101건으로 나타난다. 다음포털 사즐모의 1일 약 4만의 방문수는 가입회원수의 절반을 넘는 수치로서 회원들의 참여빈도가 높고, 카페의 활성화 정도가 높음을 보여준다. 오프라인 행사를 함께 주관하고 참여하는 사즐모의 전체 회원수는, 네이버 사즐모에 가입한 2만 5천여 명과 세이클럽 사즐모에 가입한 994명을 더해 약 10만에 이른다.[17]

아사모(아름다운 사교댄스 모임, 카페지기 마돈나(ID))는 다음과 네이버에 개설된 카페이다. '사교댄스와 댄스스포츠, 리듬짝의 메카'를 표방하고 있으며, "회원들의 춤 실력 향상과 추억을 만드는 댄스카페"를 지향한다. 2008년 다음 포털에 개설되어 1만 3천여 명, 2006년 개설된 네이버에 1만 6천여 명의 회원이 가입되어 있다. 아사모는 한국사교댄스지도자협회와 연계되어 있으며, 아사모의 카페지기 마돈나는 협회에서 개설한 인터넷카페의 카페지기도 겸하고 있다. 한국사교댄스지도자협회는 사교댄스지도자자격증 1, 2급을 발급하는 교육연수원을 모집 및 관리한다.

사즐모와 아사모는 국제 스포츠로 표준화된 댄스스포츠와 한국화된 사교춤인 한국사교춤 종목을 함께 지도하고 향유하는 동호회이다. 댄스스포츠와 사교춤 동호인이 한 단체에서 활동하고 있다. 이들 카페와는 달리 한국사교춤만을 대상으로 하는 동호회카페로는 다음포털에 개설된 사랑모(에이스 사교댄스, 카페지기 에이스(ID))가 있다. 2004년에 개설되었으며, 회원수 8,800여 명이 가입했다. 개설 목적은 "한국인 대상 사교댄스의 우수성을 알리고 생활체육댄스로 건전하게 발전"시키는데 있다. 사랑모는 한국생활체육댄스협회와 연결되어 있으며, 사랑모 회장이 협회장을 맡고 있다.

사교춤 관련 블로그의 주요 사례는 다음과 같다. 먼저 2010년 개설된, 사랑모-사교댄스 글춤요리사(ID)의 댄스방은 한국사교춤만을 대상으로 하는 블로그이며, 블로거 글춤요리사의 '춤방 경험을 공유하고, 한국사교춤에 대한 연구를 위한 춤교실'을 목적으로 개설되었다. 누적 방문자수 19만 7천 4백여 건

17 이 수치는 인터넷카페의 가입회원수를 집계한 것으로 중복가입자와 가입은 했으나 활동참여가 없는 이들을 포함한다.

으로 사교춤 경력 16년차 블로거의 춤방 경험담과 사교춤에 대한 이론 및 의견을 나눈다. 두 번째로 기산(ID)의 블로그, 삶의 활력이 있다. 2006년 개설되었으며 한국사교춤과 건강증진 주제를 중심으로 각종 자료를 수집 및 공유하고 있다. 누적 방문자수 65만에 육박하는 블로그로 사교춤에 대한 단상부터 춤 현장에서 수집하거나 정리한 이론적 논의를 블로거의 입장에서 수록해놓았다. 최근 사교춤보다는 사회적, 정치적 주제로 스크랩된 내용으로 업데이트되고 있으나 이전에 수집 및 축적된 사교춤 관련 내용과 분량은 주목할 만하다.

사교춤동호회 카페는 교류와 친목도모라는 취미동호회의 일반적인 역할과 기능을 한다. 동시에 무도학원 관련 정보를 제공하는 온라인 학원의 성격을 띤다. 다수 카페는 지도자와 강습을 받는 자를 중심으로 결성되는 사례가 많고, 지역 무도학원 관계자에 의해 개설, 운영되고 있다. 이로 인해 사교춤동호회 카페 다수는 회원수 수십 명 단위의 소규모로 존재한다. 또한 그 기능도 주로 사교춤 강사나 무도학원의 강습일정과 행사안내, 회원 친목 및 관리를 목적으로 유지되고 있다.

앞에서 살펴봤던 사즐모와 아사모, 사랑모 등의 카페는 이들 소규모 동호회가 연합체 혹은 협회를 구성하고, 규모를 확대한 형태를 띠고 있음은 주목할 만하다. 규모가 커진 사교춤동호회 카페는 크게 세 가지 기능을 한다. 첫째 소규모 동호회 카페들과 마찬가지로 강습정보 제공과 행사 안내 공지 등 온라인상의 무도학원 기능을 한다. 둘째 회원간 친목과 교류의 장을 제공하는 기존 동호회의 기능을 지속적으로 담당한다. 이와 동시에 셋째 사즐모의 한국생활댄스연합회나 아사모의 한국사교댄스지도자협회, 사랑모의 한국생활체육댄스협회 등과 같이 연합조직을 결성함으로써 보다 확장된 네트워크 구성과 공적 기구로서의 권위와 역할을 모색한다.[18] 이들은 인터넷과 모바일 매

18 사교춤동호회가 결성한 연합체가 생활댄스나 생활체육댄스 등으로 명명되는 것은 이들 단체가 대한체육회

체에 기반을 두고 전국 단위의 행사를 용이하게 계획하고 집행하고 있다. 또한 협회나 연합회 결성으로 확보된 대표성을 바탕으로 사교춤 관련 공인자격증 과정을 마련하거나 대학을 포함한 공공 교육기관에 교육과정을 제안하는 등의 사업을 추진하고 있다. 사교춤동호회의 인터넷 매체 활용은 소규모 취미 동호회의 기능을 넘어 대표성을 띤 이익단체로서 공적 기능을 확장하고, 무도인의 권익 확보노력을 공동으로 모색하는 등의 가능을 자임하는 것으로 보인다.

4. 사교춤동호회의 인터넷 매체 활용

사교춤과 댄스스포츠 동호회의 단체수와 가입된 회원수, 인터넷 포털에 개설된 카페나 블로그 현황은 현재의 사교춤 인구와 활동의 규모를 가늠하게 한다. 한편 포털에 개설된 인터넷 카페와 블로그에서 사교춤 향유인구의 참여 및 활동내용은 현재의 활동과 동시에 향후 사교춤과 사교춤문화의 변화와 발전양상을 가늠하게 한다. 이 장에서는 인터넷 활용과 사교춤동호회 활동의 관계를 구체적으로 살펴보고자 한다.

사교춤동호회의 인터넷 매체활용 분석을 위해 이 글은 회원수와 활동성에서 대표적인 카페라고 할 수 있는 사즐모 카페[19]와 아사모 카페[20]를, 블로그로는 사교춤 경험과 연구를 공유하는 글춤요리사(ID)의 '사랑모 사교댄스' 블로그와 무도장 조명과 전자기기 기술자 출신의 블로거 기산(ID)의 '삶의 활력' 블

가 만든 무용의 하위범주 중에서 댄스스포츠보다는 생활무용과 연관성이 높음을 보여준다. 이는 한국사교춤이 국제적으로 표준화된 댄스스포츠와는 다른 춤과 춤문화를 만들고 있음을 시사한다.

19 2002년 개설된 다음의 '사즐모' 카페는 회원수 1위, 검색수 1위를 내세우는 카페이다. 사즐모 동호회는 2002년 개설된 세이클럽 사즐모 카페와 2003년 개설된 네이버 사즐모 카페도 운영한다. 사즐모는 한국생활댄스엽합회와 연계되어 있다.

20 '아사모' 카페는 다음과 네이버에 카페를 운영하고 있으며, 한국사교댄스지도자협회와 연계된다.

로그를 검색 및 선택했다. 이들 카페와 블로그는 다른 동호회 카페나 블로그보다 개설연도가 앞서고, 가입회원수와 방문자수, 업데이트의 양과 빈도는 물론 축적된 내용이 질과 양에서도 주목되기 때문이다. 이들 카페와 블로그의 활동특징을 소통과 아카이빙 측면을 중심으로 정리했다.

1) 소통

인터넷 카페와 블로그 활동 등 사교춤동호회의 인터넷매체 활용은 소통 측면에서 동호회 활동을 활성화한다. 사교춤동호회 카페와 블로그 활동이 촉발한 소통 측면의 변화는 다음과 같이 관찰된다.

먼저 동호회의 활동범위를 확장한다. 사교춤동호회의 뉴미디어 활용 활동은 무도학원이나 무도장 단위의 소규모 지역 활동만이 아니라 대도시 또는 전국 단위의 회합과 교류를 용이하게 한다. 지리적 범위의 확장만이 아니다. 댄스스포츠와 한국사교춤 향유자가 동호회를 조직하고, 인터넷카페를 공유하는 가운데 회원간 공동의 행사 주최나 교류 확대로 두 장르 혹은 종목 사이의 경계를 넘어서는 활동도 관찰된다. 인터넷을 통한 전국네트워크 구축과 이에 기반을 둔 전국 단위의 실시간 교류가 가능해짐에 따라 이와 같은 장르간 향유자간 교류 확대도 가능하게 한다.

그러나 댄스스포츠와 사교춤은 춤의 성격과 목적이 다를 뿐 아니라 향유층의 인구학적 구성이나 향유층으로의 유입과정도 다르다. 하나의 춤에 뿌리를 두고 우리 사회에 정착해왔음에도 댄스스포츠와 사교춤은 그 차이가 부각되며 분리되는 경향이다. 더욱이 댄스스포츠가 아시안게임과 전국체전의 정식 경기종목으로 채택됨에 따라 한국 사회에서 사회적 승인을 확보한 신체활동이 된 반면 한국사교춤은 여전히 도시 주변부 하위문화의 하나로 인식되고 있다. 이런 맥락에서 사즐모나 아사모 등에서 댄스스포츠와 사교춤 향유자가 하나의 동호회를 구성하고 공동의 인터넷 카페를 운영하는 것은 두 춤의 향유자간 교류와 동시에 견제의 통로를 형성하고 유지하는 것이라 할 수 있다.

둘째 인터넷 카페는 회원들의 게시글 게재와 댓글달기가 가능해 동호회원간 소통의 범위와 빈도를 보장할 뿐 아니라 소통의 질적 개선도 가능하게 해준다. 인터넷 기반 매체와 모바일 통신의 활용으로 회원간 소통은 시간적 공간적 제약성을 넘어서게 한다. 곧 구성원이 동일한 시간과 공간에 있지 않더라도 쌍방향의 다원적이고 지속적인 의사소통을 가능하게 해준다. 전체 회원이 동시간대 동등하게 접근하고 의견을 게시할 수 있는 소통이 가능하기 때문이다. 이와 같은 매체환경은 운영자 공지나 다른 회원의 게시글이 일방적으로 전달되는 것이 아니라 논의를 제안하는 의제로 제시되고, 모든 회원이 논의와 의사결정과정에 참여할 수 있게 한다. 또한 의사결정과정의 참여 여건이 개선됨에 따라 회원들의 동호회원으로서의 정체성과 자발성이 개선되었음을 인터넷카페의 1일 회원접속량과 빈도를 통해 확인하게 된다.

셋째 인터넷카페는 회원만이 아니라 비회원에게도 카페를 공개함으로써 대사회적 소통, 곧 일반인의 사교춤에 대한 접근 통로로 활용되고 있다. 인터넷 포털에서 간단한 인적 정보를 제공하면 누구나 사교춤동호회 회원가입이 가능하다. 다만 카페에서 제공하는 정보와 자료 중 일부는 회원등급에 따라 차별적으로 공개 또는 비공개된다. 강습 및 행사 일정이나 자유게시판 등은 모두에게 공개된다. 운영진의 회의공간을 제외한 대부분 자료방의 등급별 공개 제한도 규정된 카페활동참여를 했을 경우 접근과 참여가 가능해진다. 그런 점에서 모든 회원이 카페활동 참여는 물론 카페에서 제공하는 정보와 자료를 활용할 수 있다고 하겠다.

사교춤동호회의 오프라인 모임 안내는 행사장소와 시간, 회비, 행사내용 등의 정보를 제공할 뿐 아니라 환대의 분위기를 함께 전달한다. 또한 카페에 축적된 각종 자료들은 회원의 다양한 관심을 반영하여 구성된다. 만화나 영화 등 여가를 보낼 수 있는 자료와 사교춤의 각종 종목별 강습자료가 글과 영상 등으로 구비되어 동호회에도 쉽게 접근할 수 있고, 사교춤에 대한 각종 정보와 논의를 위한 방에도 참여할 수 있다. 오프라인 행사참여를 고려 중인 일반인의 경우도 사교춤문화에 대한 다양한 사전 정보를 얻고, 카페 회원과의 친밀감을 나눌 수 있다. 이런 맥락에서 사교춤동호회의 인터넷카페는 동호회 회원간 내부 소통만 아니라 일반인을 대상으로 하는 대사회적 소통도 확대한 것으로 보인다.

2) 아카이빙

아카이빙 측면에서 사교춤동호회가 개설한 인터넷 카페나 블로그는 그 자체로 관련 정보의 아카이브 기능을 함을 관찰할 수 있었다. 동호회원이 참여하는 각종 회합과 행사, 강습, 경연 등의 일정 등이, 공지나 참여의사 확인 및 후기 공유 등으로 기록된다. 또한 참여자가 작성한 이들 기록은 문서만이 아니라 이미지, 영상자료 등 멀티미디어 형태로 생산, 축적된다. 비단 행사에 대한 기록만이 아니라 회원들이 향유하는 춤 자체에 대한 논의도 활성화되는 것으로 확인된다. 사교춤의 스텝, 순서 등을 콘텐츠로 제작한 교습용 동영상 자료와 새로운 기법이나 스텝에 대한 다양한 의견과 논의가 축적되고 있다는 점에서 사교춤동호회의 인터넷카페나 블로그는 그 자체가 사교춤과 사교춤 문화의 아카이브가 된다.

사즐모의 경우 카페에는 주제별로 35개의 큰 방이 있다. 각 방은 2-3개 또는 8-9개의 하위주제를 다룬 방들로 구성된다. 그런데 이들 35개의 방은 크게 4개의 범주로 구분할 수 있다. 첫째는 공지 및 안내와 관련된 범주, 둘째는 회원 친목 및 여가활동에 관련된 범주, 셋째는 사교춤의 종목별 이미지 및 교습 영상에 관련된 범주, 넷째는 운영진의 활동에 관련된 범주이다. 공지 및 안내방의 경우 동호회 전체 공지와 지역별 주제별 모임 공지가 구분되어 게시되고, 강습 소식도 지역별, 주제별, 단체별로 구분되어 게시된다. 이와 같은 카페 내부의 범주 구성과 내용은 아사모 카페도 유사하게 나타난다.

첫 번째 범주인 행사공지와 강습 안내방은, 동호회의 각종 행사를 발생일자별로 기록한다. 회원친목과 여가를 위한 두 번째 범주에는 행사후기를 나누거나 동호회 활동에서 생산된 사진과 영상자료를 게시하고 공유하는 방과 회원간 소식을 주고받는 방, 영화와 만화, 유머 등을 수집, 게시하고 공유하는 여가를 위한 방들이 있다. 이들 자료들도 지역단위나 주제단위로 세분하여 게시되고 있다. 동호회 활동을 기록한 사진과 영상자료방의 경우는 행사 공지와 강습안내의 방과 함께 동호회의 행사내역을 일자별로 기록하는 기능을 한다.

세 번째 범주인 교습영상을 모은 방들에는 댄스스포츠 10종목과 한국사교춤인 지르박, 블루스, 트롯트, 리듬댄스, 잔발 등 종목별로 또는 유명 강사별로 교습자료와 영상을 수집해 게시하고 있다. 이들 종목별 영상방에서는 동호회원들이 춤의 기법과 경향에 대한 의견을 교류할 수 있다. 또한 춤에 대한 이론적 논의가 가능한 토론방이 열려있어서 춤의 기법에 대한 소개와 스텝의 변이형에 대한 정보를 축적한다.

네 번째 운영진 공간은 카페지기이자 동호회장 및 주요 운영자가 참여하는 회의나 동호회 활동 관련 의견을 나누는 방이다. 7만 5천 회원이 참여하는 사즐모 카페는 행사와 강습 등 활동이 많을 뿐 아니라 카페를 통해 교류하는 정보와 자료의 량도 방대하고 관리가 필요한 게시물과 방도 많아 운영진의 참여와 손길이 필수적이다. 카페의 지역별, 주제별 게시방들은 운영담당자들이 관리한다.

카페와 블로그의 방 구성과 축적된 자료의 구성방식은 유사하다. 사교춤동호회의 카페는 학술적 조명을 받기 어려웠던 대중춤문화의 실체를 가늠할 수 있는 자료와 근거를 생산할 뿐 아니라 축적하고 있다. 사교춤과 사교춤문화의 양상이 무엇인지, 그 실체를 동호회가 개설해 운영하는 카페와 블로그가 생산 및 축적하는 자료를 통해 살펴볼 수 있다. 흔히 춤과 춤문화에 대한 학술적 접근이 어려웠던 이유로 지목되는, 춤의 일시성과 무형성은 대중이 향유하는 춤과 춤문화의 연구에서도 장애로 작용했다. 그러나 동시대 한국의 사교춤과 사교춤문화가 아카이빙되는 사교춤동호회의 인터넷카페와 블로그는 대중의 춤향유의 흔적과 근거를 생산함으로써 대중춤과 춤문화가 학술연구의 대상이 되게 한다.

5. 나오며

한국사회에서 한국사교춤과 댄스스포츠는 각기 다른 춤 장르로 인식된다. 춤의 구성과 기법, 향유공간, 후속세대 양성체계 등 여러 면에서 하나의 범주로 묶기도 어렵다. 그러나 일반 대중이 향유하는, 한국사교춤과 댄스스포츠의 향유양태에는 상당한 유사점이 존재한다. 댄스스포츠의 경우 선수나 전공자로서 전문적인 훈련을 받는 경우를 제외하면 일반 향유층은 건강증진과 사교, 취미를 목적으로 향유하는 사례가 많다. 중장년의 하위문화로 카바레나 콜라텍 등 무도장에서 향유되는 한국사교춤의 경우도, 과거의 '춤바람'이나 '불륜'의 부정적 담론에서 벗어나 최근 고령화 사회를 맞아 노년층의 여가와 건강증진을 위한 신체활동으로 부각되고 있다. 여가와 사교, 건강증진을 목적으로 하는 사회일반의 춤 향유양태라는 점에서 동시대 춤문화의 하나로서 유사성을 관찰하게 된다. 한국사교춤과 댄스스포츠에 대한 일반의 관심 증가와 향유 확산은, 한국사교춤에 대한 뿌리 깊은 부정적 인식과 태도의 변화를 감지하는 근거가 된다.

본 연구는 퇴폐적인 유흥문화이자 중년의 하위문화로 여겨져 왔던 한국사교춤에 참여하는 일반 향유층이 확대되는 현상은 인터넷에 기반을 둔 매체환경의 변화와 관계가 있다고 관찰한다. 이에 한국사교춤에 대한 사회적 인식 변화에 영향을 준 요인의 하나로, 사교춤동호회의 인터넷 대체 활용을 주목했다. 사교춤동호회의 인터넷 카페와 블로그의 활용은, 사교춤을 동시대 춤

문화의 하나로 일반의 관심을 확대하고, 사회적 학술적 논의의 대상이 될 수 있게 했다. 또한 향유하는 동시에 사라지는 사교춤과 대중춤문화의 기록을 가능하게 했다. 인터넷 기반 매체 활용으로 사교춤은 향유와 함께 사라지는 것이 아니라 우리 사회에 실재하는 춤이자 춤문화로 구체화되고, 학술연구의 대상이 될 현장자료를 생산 및 축적하고 있다.

인터넷과 모바일통신 기술의 발달은 쌍방향 커뮤니케이션 매체의 보급과 확산을 가능하게 해왔다. 이 글은 인터넷 네트워크의 보급 등 미디어 환경의 변화와 사교춤동호회의 활동 특성을 위시한 대중춤 향유현상의 상관관계에 주목했다. 새로운 소통매체의 등장과 대중적 활용은, 동시대 한국 사회에서 사교춤의 향유와 동호회활동의 대내외적 확산에 일조하고 있다. 먼저 소통 기능과 관련하여 회원간, 단체간 연결망과 조직화를 용이하게 했다. 인터넷매체는 동호회원간 소통의 범위를 확대하고, 단체활동의 빈도를 높이는 등 사교춤동호회 활동의 활성화에 영향을 주는 것으로 관찰되었다. 또한 이들 매체는 사교춤동호회의 인터넷 카페나 홈페이지의 정보에 대한 일반의 접근을 용이하게 함으로써 대사회적 소통의 확대에도 순기능을 한다.

다음으로 아카이브 기능과 관련하여 사교춤동호회가 개설한 인터넷 카페나 홈페이지는, 회원의 참여로 운영 및 유지된다. 인터넷 카페에 참여하는 사교춤동호회 회원은 사교춤의 향유자인 동시에 기록자가 된다. 회원간 소통과정을 통해 동호회 활동은 기록되고 있다. 사교춤 동호회 회원의 온라인 활동 참여로 사교춤 관련 자료가 축적된다는 점에서 인터넷 카페와 블로그는 그 자체로 관련 정보의 아카이브로 기능한다.

사교춤동호회의 인터넷카페와 블로그는 사교춤문화가 동시대 한국 사회의 대중춤 향유현상을 이해하고, 사교춤과 사교춤문화의 미래를 가늠하는 데에도 유익한 단서를 제공해준다. 인터넷카페와 블로그에 축적되는 사교춤동호회 활동내용과 회원간 공유되는 사교춤 관련 정보와 의견들은, 무형의 활동으로 향유됨으로써 사라지는 춤의 본래적 특성을 넘어서게 한다. 사교춤동호회 활동과 관련한 동호회 내외부 소통의 기록을 축적함으로써 사교춤과 사교춤문화의 역사를 남기고, 한국사교춤의 변형과 발전을 논의하고 추적할 근거를 만들고 있다.

참고문헌

[국내문헌]

강상구(2015). 한국 TV역사드라마의 배경음악을 통해 본 음악의 정체성 연구. 『한국엔터테인먼트산업학회논문지』. 9(3).

강상구(2016). 한중일 TV역사드라마 배경음악 비교분석 연구: 〈추노〉, 〈무미랑전기〉, 〈다이라노 기요모리〉를 중심으로. 중앙대학교 박사학위 논문.

강옥희(2013). 대중문화 콘텐츠로서 정비석의 『자유부인』 연구. 『반교어문연구』, 34, 319-347.

강준만(2007). 한국 춤바람의 역사: '댄스 금지령'에서 '부킹 열풍'까지. 『인물과 사상』. 10. 148-193.

강진호(2000). 전후 세태와 소설의 존재방식: 정비석의 『자유부인』을 중심으로. 『현대문학이론연구』, 13, 5-23.

강찬모(2007). 부인명(夫人名) 소설에 나타난 여주인공의 성(性)의 자각 과정 연구: 정비석의 『자유부인』과 로렌스의 『채털리 부인의 사랑』을 중심으로. 『한국문학이론과 비평』, 35, 263-279.

고은빈(2011). 프로젝션 맵핑을 활용한 공연콘텐츠 연구. 국민대학교 석사학위논문.

고재창(2014). 키워드 네트워크 분석을 통한 기술경영연구 동향 분석. 성균관대학교 대학원 박사학위논문.

구자성(2016). 『마돈나-나의 인생, 나의 춤 이야기』. 서울: 렛츠 북.

권혜인(2015). 국내 무용단체의 SNS 활용 실태 분석- 페이스북을 중심으로. 『무용역사기록학』. 38. 33-56.

김강원(2014). TV역사드라마의 장르 전유방식 연구: 〈다모〉, 〈추노〉를 중심으로. 중앙대학교 박사학위논문.

김동래(2016). 키워드 네트워크 분석을 통한 경영학 연구의 지식구조 분석. 경일대학교 대학원 박사학위논문.

김민지(2014). 프로젝션 스크린의 역사화 도시 스크린으로서의 프로젝션 파사드. 『조명미디어학』. 17(3). 35-46.

김복순(2004). 반공주의 젠더 전유양상과 '젠더화된 읽기': 『자유부인』을 중심으로. 『문학과 영상』, 5, 27-54.

김수현(2004). 장이모우(張藝謀)의 〈秋菊打官司〉 연구: '象'을 중심으로. 연세대학교 대학원 석사학위논문.

김양은(2001). 매체 발달에 따른 리터러시 개념의 변화. 『언론연구』. 10(1). 61-86.
김영훈(1997). 영상인류학: 민족지 영화란 무엇인가. 『현상과 인식』. 20(4). 47-61.
김영훈(2000). 전통문화의 시각원리 연구: 영상인류학적 모색. 『민족과 문화』. 9. 369-385.
김우주(2015). 『네트워크 중심성 이론』. 카오스북.
김운미, 이미희(2010). IT 기술을 활용한 한국의 춤 교육 방안. 『우리춤과 과학기술』. 11. 239-259.
김유진(2011). 미디어 교육과 무용이미지 리터러시의 관계연구. 『모드니 예술』. 5. 103-123.
김은수(2013). 프로젝션 맵핑(Projection Mapping)이 적용된 이벤트 공간 경향 분석. 『한국실내디자인학회 학술대회논문집』. 11. 143-147.
김은정(2016). 무용작품의 인터랙티브 아트 활용에 대한 연구. 『공연예술연구』 3. 110-126.
김일영(203). 정비석의 신문소설 『자유부인』에 나타난 풍속의 양상. 『인문과학연구』, 4, 35-50.
김재리(2011). 루돌프 라반(Rudolf Laban)의 '움직임 공간' 특성에 근거한 안무학적 분석모형 개발. 이화여자대학교 대학원 무용과 박사학위 논문.
김재준, 김성언(2009). 1990년대 이후 중국 민족주의가 중국영화산업에 미친 영향. 『국제학연구소』 18(1). 37-65.
김주희(2010). 발레 〈홍등(Raise the Red Lantern)〉에서 보여지는 젠더화된 몸. 『무용예술학연구』. 30.
김주희, 김화례(2015). 국내 국공립무용단체의 SNS 활용현황 분석. 『대한무용학회논문집』. 73(3).
김지수(2011). 무용을 활용한 TV매체의 사례분석: 이미지를 중심으로. 수원대학교 석사학위 논문.
김지훈(2014). 차원적 이미지의 미디어 고고학- 전-영화적 테크놀로지, 비디오, 디지털. 『현대미술사연구』. 36. 125-152.
김태희(2016). 윌리엄 포사이드(William Forsythe)작품에 활용된 오브제(Object)의 표현 특성 연구. 성균관대학교 석사학위논문.
김향란(2006). 영화의 내러티브 요소로서 색채의 상징성에 관한 연구 -장이모 감독의 〈연인〉을 중심으로. 『한국색채디자인학 연구』. 2. 29-40.
김형주, 유경(2007). 장이모 영화 속에 보여지는 '중화주의(中華主義)'의 시대적 의미에 관한 고찰. 『영화연구』. 34. 159-185.
김혜란(2015). 라반 움직임 이론에 기반 한 애니메이션 생성기법 연구: 무용기보법의 해석과 시각화 방법론을 중심으로. 서강대학교 영상대학원 박사학위논문.
김혜란, 이상욱(2017). 라반의 공간조화이론 "코레우틱스(Choreutics)"를 활용한 움직임의 추상적 시각화 연구. 『예술인문사회융합멀티미디어 논문지』. 7(3). 371-382.
김효진(2015). 미디어 퍼포먼스의 연출 방법론 연구. 이화여자대학교 석사학위논문.
남재일(2014). 포털 연예뉴스 생산 관행에 대한 비판적 고찰. 『사회과학연구』. 25(3).
노선, 이재중, 박진완(2013). 라이브 프로젝션 매핑 공연을 위한 실시간 Vjing 시스템 구현, 『한국콘텐츠학회논문지』. 13(6).
노지승(2009). 『자유부인』을 통해 본 1950년대 문화 수용과 젠더 그리고 계층. 『한국현대문학연구』, 27, 305-338.
라경업(2011). 상호작용성을 통한 프로젝션 맵핑 연구-작품 〈View of Us〉 제작과 전시를 중심으로. 국민대 석사학위논문.
라반, R.(1971). 『동작분석과 표현』. 신상미 역(2013). 고양: 금광.
램, W., 왓슨, E.(1979). 『몸코드』. 신상미 · 전유오 역(2017). 궁미디어.
루트번스타인, R., 루트번스타인, M.(1999). 『생각의 탄생: 다빈치에서 파인먼까지 창조성을 빛낸 사람들의 13가지 생각도구』. 박종성 역(2008). 에코의 서재.
맥루헌, M.(1964). 『미디어의 이해(인간의 확장)』. 박정규 역(1999). 서울: 커뮤니케이션북스.
문영(2012). 미디어를 활용한 무용교육 콘텐츠 사례 연구. 『대한무용학회논문집』. 70(5). 57-76.
미토마, J., 짐머, E., 스티에베르, A. D. 외.(2002). 『미디어 시대의 춤: 현장에서 들려주는 이야기』. 김수인, 김현정, 정옥희, 한석진 역(2016). 궁미디어.
민경화(2015). 무용에서 유튜브의 활용에 대한 연구. 『대한무용학회논문집』. 73(1).
민병록(2001). 『세계 영화영상기술 발달사』. 서울: 문지사.
바이사(2012). 미디어파사드의 인터렉티브 3D 프로젝션 맵핑의 활용에 대한 연구. 숭실대학교 석사학위논문.
박남용(2016). 옌거링(嚴歌苓)의 죄수 루옌스(陸犯焉識)에 나타난 역사적 트라우마와 기억의 서사. 『세계문학비교연구』. 54. 107-133.
박명숙, 태혜신, 오하영(2014). 감성논리 관점에서 본 국내 최근 융복합 무용작품분석. 『한국체육학회』. 53(5). 393~409

박성호(2008). 현행 전통춤 분류 문제에 관한 연구. 『한국무용사학』. 9호.

박숙영(2016). 『디지털미디어와 예술』. 서울: 이화여자대학교출판부.

박영욱(2011). 『미디어아트는 X예술이다』. 서울: 향연.

박윤희, 이현정(2013). 신문기사를 통해 본 한국볼룸댄스의 고찰: 1950~1980년대를 중심으로. 『한국체육사학회지』. 18(1). 77-94.

박은혜(2012). 한국영화에 반영된 사교춤의 사회적 의미변화 — 영화 〈바람의 전설〉과 〈댄서의 순정〉을 중심으로. 『무용역사기록학』. 24. 39-57.

박진영, 김운미(2014). 프로젝션 맵핑을 활용한 한국 전통춤의 활성화 방안. 『우리춤과 과학기술』. 25. 103-126.

박진형(2014). 관객의 몰입도와 스토리텔링 전달 향상을 위한 트랜스미디어 활용에 대한 연구 – 3D프로젝션 맵핑을 이용한 팝업 북 퍼포먼스 연구 작품 〈History of Cyber Space〉를 중심으로. 홍익대학교 석사학위논문.

박효동(2014). 인터넷 춤 커뮤니티 현상분석- 발레 카페와 〈댄싱 9〉 카페를 중심으로. 한국예술종합학교 학위논문.

발레리, P. 외.(1997). 『신체의 미학』. 심우성 편역. 현대 미학사.

백선기(2015). 『미디어 기호학』. 서울: 커뮤니케이션북스.

백선기(2015). 『미디어 담론』. 서울: 커뮤니케이션북스.

백승철(2009). 공공디자인을 위한 미디어 파사드 평가방법 연구. 연세대학교 석사학위 논문.

백현순(2013). 영상매체를 활용한 융복합 무용교육. 『한국무용연구』. 31(3), 173-192.

벨쉬, W.(2014). 포스트모더니즘-포스트휴머니즘-진화인류학. 『트렌스, 포스트휴머니즘 담론의 지형』. 이화 HK 국제학술대회. 이화인문과학원 · 한국문화연구원.

변재란(2000). 한국 영화사에서 여성 관객의 영화 관람 경험 연구 : 1950년대 중반에서 1960년대 초반을 중심으로. 중앙대학교 박사학위 논문.

변혁, 정의숙(2009). 영화 〈자유부인〉에 표현된 춤의 사회적 인식에 관한 고찰: 1950년대 서울을 중심으로. 『무용예술학연구』, 28, 59-83.

성지희(2011). 한국 사극영화에 나타난 한국음악의 특성과 의미. 이화여자대학교 석사학위 논문.

신상규(2014). 『호모사피엔스의 미래: 포스트 휴먼과 트랜스휴머니즘』. 아카넷.

신상미(2013). 『인간은 왜 춤을 추는가』. 서울: 이화여자대학교출판부.

신상미(2014). 무용영화의 연대기적 흐름 및 특징 연구. 『우리춤과 과학기술』. 27. 39-92.

신상미(2015). 디지털 댄스 리터러시의 교육인류학적 패러다임. 『우리춤과 과학기술』. 28. 25-52.

신상미(2017). 멀티미디어 댄스 리터러시 개발의 영상인류학적 접근- 문화기술지적 무용 영화 분석을 중심으로. 『대한무용학회집』. 75(2). 161-182.

신상미(2017). 무용과 인공지능 융합예술 연구. 『한국예술연구』. 16, 53-75.

신상미, 김재리(2009). 『몸과 움직임 읽기』. 서울: 이화여자대학교출판부.

안정임(2002). 디지털 커뮤니케이션과 미디어 리터러시: 의미와 연구 방향 모색. 『교육정보미디어연구』. 8(3). 5-23.

애스콧, R.(2000).『테크노에틱 아트』. 이원권 역 (2002). 서울: 연세대학교 출판부.

양윤희(2008). 장이머우(張藝謨) 감독의 2기 과도기적 영화에 대한 고찰. 강릉대학교 교육대학원 석사학위논문.

양현승(2013). 첨단과학기술과 예술의 융합 및 상호작용: 창조를 위한 21세기적 만남. 2013 학술심포지엄. 『한국무용사학회』. 95-108.

유경철(2011). 「책상 서랍 속의 동화」와 중국 영화산업의 시장화, 그리고 장이머우(張藝謀) 정치신분의 변화. 『중국현대문학』. 57. 231-268.

유안기(2017). 장이머우 감독 영화의 색채 미학 연구. 한양대학교 석사학위논문.

유인희(1958). 한국신무용사. 이화여자대학교 석사학위논문.

유지현, 전승규(2010). 미디어 퍼포먼스를 활용한 전통 공연 콘텐츠 연구. 『한국디자인학회 국제학술대회 논문집』. 5. 278-279.

유희주, 안병주(2008). 디지털시대의 무용관객 커뮤니케이션 양상에 관한 연구. 『무용예술학연구』. 24. 113-135.

윤나라, 심은주(2007). 장이모우 영화에서 나타나는 공간의 상징성에 관한 연구. 『한국실내디자인학회 학술대회논문집』. 9(3). 84-88.

윤선자(2005). 1950년대(1953-1961) 사교댄스의 사회문화적 의미와 도의(道義)운동. 『한국민족운동사연구』. 45. 223-254.

윤지현(2017). 현대 도시민속으로서 한국사교춤에 대한 문화상호적 접근. 『대한무용학회논문집』. 75(1). 175-195.

이길성(2011). 정비석 소설의 영화화와 그 시대성. 『대중서사연구』, 26, 173-204.

이세기(2011). 『죽기 전에 꼭 봐야할 한국영화 1001』. 서울: 마로니에북스.

이수상(2012). 『네트워크 분석 방법론』. 논형.

이영미(2015). '자유부인'만 춤을 춘 건 아니다. 『인물과 사상』, 202, 154-168.

이원철(2014). 움직이는 조형물을 활용한 프로젝션 맵핑의 조형요소의 인지적 특성에 관한 연구. 중앙대학교 석사학위논문.

이윤선, 박선경(2002). 19세기말 프랑스 의상에 관한 연구.『한국패션디자인학회지』2. 21-47.

이인정(2016). 맨스를 허하라, 초창기 댄스스포츠 전개과정.『한국체육사학회지』. 20(1). 103-121.

이정모(2010). 인지과학이 인문사회과학, 자연과학, 공학융합에 주는 시사.『지식의 지평』. 9. 154-166.

이정민(2017). 무용학의 지적 구조 분석 연구: 텍스트 마이닝 기반의 빅데이터 분석을 중심으로. 성균관대학교 박사학위논문.

이정민, 전은자, 채정민(2016). 텍스트 마이닝을 기반으로 한 무용학 자료의 빅데이터 분석.『무용역사기록학』. 42. 191-212.

이종철(2008).『중국영화의 거장들』. 서울: 학고방.

이지선(2013). 총체정보예술로서의 무용에 관한 고찰 – 윌리엄 포사이드의 〈Synchronous Objects for One Flat Thing, Reproduced〉를 중심으로.『한국무용기록학회지』. 31. 121-141.

임대근 외(2008).『중국영화의 이해』. 서울: 동녘.

임선애(2005). 한국사상(문학) : 전후 여성지식인, 자유부인의 결혼과 일탈 - 정비석의『자유부인』을 중심으로.『한국사상과 문화』, 31, 61-89.

임춘성(2013).『중국 근현대문학사 담론과 타자화』. 파주: 문학동네.

장기오(2010).『장기오의 TV 드라마론』. 서울: 커뮤니케이션북스.

장승은, 김상욱(2012). 프로젝션 맵핑에 의한 미디어 파사드.『한국HCI학회 학술대회』. 2012(1). 849-853.

장정호(2010). 건물의 유래와 역사를 기반으로 한 스토리텔링 / 프로젝션 맵핑 연구. 국민대학교 석사학위논문.

정병호(1987).『한국춤』. 서울: 열화당.

정병호(1999).『韓國의 傳統춤』. 서울: 집문당.

정비석(1985).『자유부인』. 서울: 고려원.

정비석(2010).『자유부인』. 서울: 지식을 만드는 지식.

정영근(2003). 디지털문화시대의 영화와 교육.『교육인류학연구』. 6(2). 205-224.

정옥희(2008). 무용민족지법에서의 시각매체 활용에 대한 연구: 안무법 수업을 대상으로 한 사례연구. 『무용예술학연구』. 24. 181-215.
정충모(2012). 인터렉티브 미디어의 미래 융합과 혁신에 관한 연구. 한양대학교 박사학위논문.
정태섭(2007). 장이모우의 영화 영웅에서 나타나는 색채의 의미에 관한 분석연구. 『미디어와 공연예술연구』. 2. 1-17.
정태수(2010). 『세계 영화예술의 역사』. 서울: 이화여자대학교출판부.
조선대학교 인문학 연구원 이미지 연구소(2012). 『폭력 이미지 재난』. 앨피.
조종학(2015). 첨단 미디어 기법을 활용한 공연 콘텐츠에 관한 연구. 『한국디자인문화학회지』. 21(2). 637-645.
존스, S.(2005). 『멀티미디어 백과사전』. 이재현 역(2006). 서울: 커뮤니케이션북스.
존스톤, M. S.(1966).『무용의 현상학』. 김말복 역(1994). 서울: 예전사.
주창윤(2009). 1950년대 중반 댄스열풍: 젠더와 전통의 재구성. 『한국언론학보』. 53(2). 277-299.
진선영(2008). 대중소설의 이데올로기와 미학: 정비석의 『자유부인』을 중심으르, 『구보학보』, 4, 263-293.
천주은, 박종일(2016). 3D 프로젝션 맵핑에 의한 무대 공간의 확장과 변형. 『방송과 미디어』. 21(2). 80-89.
최순주(2008). 장이모 감독 영화에 내재된 국가 알레고리에 대한 구조주의적 연구. 서강대학교 언론대학원 석사학위논문.
최윤영(2011). 공연마케팅에서 SNS 활용에 대한 시사점. 『대한무용학회논문집』. 66. 183-215.
최은영(2012). 자유부인 연구 : 대중문화 반영 양상을 중심으로. 전북대학교 석사학위 논문.
최재화(2009). 『지식경영: 이론과 실제』. 비앤엠북스.
최효민(2006). 디지털 매개 공연예술에서의 '몸'의 재해석과 감성적 소비코드 연구. 연세대학교 언론정보대학원 석사학위논문.
태혜신, 박명숙(2012). 디지털시대 무용학 연구패러다임과 미래전망. 『한국체육학회지』. 51(1). 411-427.
토사나오코, 나카츠 료헤이, 팡 유난, 와타나베 케이스(2016). 제네시스: 유체역학의 시각화로 창조된 뉴미디어 아트. 2016 한양대학교 제10회 우리춤연구소 국제학술대회 〈융복합 교육시리즈 I 〉 Art & Technology 융복합 교육과 실천을 위한 미래담론. 63-

75. 한양대학교 올림픽체육관 302호.
퍼니스, M.(1998).『움직임의 미학』. 한창완 외(역). (2001). 서울: 도서출판 한울.
퐁티, M.『현상학과 예술』. 오병남 역(1983). 서울: 서광사.
한국문학평론가협회(2005).『문학비평용어사전』. 서울: 새미.
한국영상자료원(2004).『신문기사로 본 한국영화 1948-1957』. 서울: 공간과 사람들.
한국정보화진흥원(2012).『IT & Future Strategy』. 3. 한국정보화진흥원 정책본부.
한국현상학회 편(2001).『예술과 현상학』. 서울: 철학과 현실사.
한상호(2016). 한국 댄스스포츠의 성장과 발전에 관한 역사적 고찰.『디지털융복합연구』. 한국디지털정책학회. 14(3). 45-54.
해크니, P.(2000).『몸 움직임 세상 연결하기』. 신상미 · 김재리 역(2015). 대경북스.
허은(2005). 1950년대 미국의 대한 교육교환 계획과 한국사회 엘리트의 친미화.『한국민족운동사연구』, 44, 229-265.
홍윤희(2008). 秦始皇, 신화와 역사의 경계에서-張藝謀의 〈英雄〉을 통해 본 중국.『중국어문학논집』. 53. 381-400.
홍정희(1958). 교육무용에 관한 소고. 이화여자대학교 대학원 석사학위논문.
황갑환, 이현진(2010). 물리 공간과 프로젝션 매핑을 활용한 깊이감 표현에 관한 연구.『디지털디자인학연구』. 10(4). 253-262.
황동열, 문신정, 황고은(2016). 무용연구의 빅데이터를 활용한 사회연결망분석.『한국체육학회지』. 55(1). 611-621.
황인주(2006). 디지털 무용환경 하에서의 무용교육과정 개발 연구.『무용역사기록학』. 10. 329-353.
황희정(2013). 댄스클럽 기사를 통해 본 한국의 대중춤: 도전과 퇴폐의 경계선.『우리춤과 과학기술』. 23. 123-144.

[외국문헌]

Ascott, R.(2003). *Telematic Embrace: Visionary Theories of Art, Technology, and Consciousness*. Berkeley: University of California Press.
Auslander, P.(2002). Live from Cyberspace: or, I was sitting at my computer this guy appeared he thought I was a bot. *PAJ: A Journal of Performance and Art,* 24(1), 16-21.

Auslander, P.(2008). *Liveness: Performance in a Mediated Culture*. 2nd edn. London and New York: Routledge.

Badmington, N.(ed.). (2000). *Posthumanism*. New York: Palgrave.

Baudrillard, J.(1994 [1981]). *Simulacra and Simulation*. (S. F. Glaser, trans.). Ann Arbor: University of Michigan.

Broadhurst, S.(2004). The Jeremiah Project: Interaction, Reaction, and Performance. *TDR: The Drama Review*, 48(4), 47-57.

Cunningham, K.(1998). Jacob's Pillow. In *International Encyclopedia of Dance*. Vol. III. 571-572. Oxford: Oxford University Press.

Deren, M.(1953). *The Divine Horsemen: The Voodoo Gods of Haiti*. (New York: Vanguard Press, original edition of Deren's book.

Didur, J.(2003). Re-Embodying Technoscientific Fantasies: Psthumanism, Genetically Modified Foods, and the Colonization of Life. *Cultural Critique*, 53, Winter, 98-115.

Dixon, S.(2007). *Digital Performance: A History of New Media in Theatre, Dance, Performance Art, and Installaion*. London, England and Cambridge, Mass: The MIT Press.

Esling, N.(2013). Dance Archives in an Online Environment: The Impact of Digital Media on the Preservation of Dance History. *Canadian Theatre Review*. 156. 30-34.

Ferrando, F.(2012). Towards A Posthumanist Methodology. A Statement. *Narrating Posthuman. Frame*, 25(1), May, 9-18.

Ferrando, F.(2013). Posthumanism, Transhumanism, Antihumanism, Metahumanism, and New Materialisms Differences and Relations. *An International Journal in Philosophy, Religion, Politics, and the Arts*, 8(2), Fall, 26-32.

Fukuyama, F.(2002). *Our Posthuman Future: Consequences of the Biotechnology Revolution*. New York: Farrar, Straus and Giroux.

Gallagher, S. & Cole, J.(1995). Body Image and Body Schema in a Deafferented Subject. *The Journal of Mind and Behavior*, 16(4), 369-390.

Gallagher, S.(2005). *How the Body Shapes the Mind*. New York: Oxford University Press.

Gallasch, K.(2007). *After Glow*. Realtime Arts. 81.

Giannachi, G. and Kaye, N.(2006). Presence. *Performance Research*, 11(3), 103-105.

Graham, E. L.(2002). *Representations of the post/human: Monsters, Aliens and Others in*

Popular Culture. Manchester: Manchester University Press.

Halberstam, J. and Livingston, I.(eds.) (1995). *Posthuman Bodies*. Bloomington: Indiana University Press.

Hanna, J. L.(1979). Movement Towards Understanding Humans through the Anthropological Study of Dance. *Current Anthropology* 20. 2. pp. 313~338.

Hansen, M.(2006). *Bodies in Code: Interfaces with Digital Media.* New York: Routledge.

Haraway, D.(1991). A Cyborg Manifesto: Science, Technology, and Socialist-Feminism in the Late Twentieth Century. In *Simians, Cyborgs and Women: The Reinvention of Nature* (pp.149-181). New York: Routledge.

Hassan, I.(1977). Prometheus as Performer: Toward a Posthumanist Culture? A University Masque in Five Scenes. *The Georgia Review,* 31(4), 830-850.

Hayles, N. K.(1999). *How We Became Posthuman: Virtual Bodies in Cybernetics, Literature and Informatics*. Chicago: University of Chicago Press.

Heidegger, M.(1962 [1927]). *Being and Time*. (J. MacQuarrie and E. Robinson, Trans.). New York: Harper & Row.

Heuguet, G(2016). When Club Culture Goes Online, Trans. by Garcia, L-M, *Dancecult*. 8(1). 73-87.

Horst, L. & Russell, C.(1987). *Modern Dance Forms*. Princeton Book Company, Publishers.

Ihde, D.(1990). *Technology and the Life World: from Garden to Earth.* Bloomington: Indiana University Press.

Kurzweil, R.(1999). *The Age of Spiritual Machines. When Computers Exceed Human Intelligence.* New York: Penguin.

Laban, R.(2011). *Choreutics*. annotated and edited by Lisa Ullmann. Alton: Dance Books.

Laban. R.(1971). *The Mastery of Movement*. revised& enlarged by Lisa Ulmann. London: Macdonald & Evans.

Leder, D.(1990). *The Absent Body.* Chicago and London: The University of Chicago Press.

Lemke, J. L.(1997). Metamedia literacy: Transforming meanings and media. In D. Reinking, M. McKennna, L. Labbo, & R. D. Kieffer (Eds.), *Literacy for the 21st Century: Technological Transformation in a Post-typographic World.* Hillsdale, NJ: Erlbaum.

Lomax, A.(1968). *Folk Song Style and Culture*. (ed.) Washington, D. C.: American Association for the Advancement of Science.

Merleau-Ponty, M.(1962[1945]). Phenomenology of Perception. (C. Smith, Trans.). New York and London: Routledge.

Merleau-Ponty, M.(1993[1964]). 'Eye and Mind', (M. B. Smith, Trans.). In G. A. Johnson (Ed.). The Merleau-Ponty Aesthetics Reader: Philosophy and Painting. (pp. 121-149). Evanston, IL: Northwestern University Press.

Merleau-Ponty, M.(Ed.)(1968[1964]). The Visible and the Invisible. (A. Lingis, Trans.). Evanston, IL: Northwestern University Press.

Minsky, M. L.(1982). Why People think Computers can't. *AI Magazine,* 3(4), 3-15.

Minsky, M. L.(1988). *Society of Mind.* New York: Simon & Schuster.

Minsky, M. L.(1994). Will Robots Inherit the Earth? *Scientific American,* 271(10), 108-113.

Moravec, H.(1988). *Mind Children. The Future of Robot and Human Intelligence.* Cambridge: Harvard University Press.

Morphy, H. & Banks, M.(1997). Introduction In Morphy, H. & Banks, M. (eds), *Rethinking Visual Anthropology.* New Haven and London: Yale University Press. 1-35.

Morse, M.(1998). *Virtualities: Television, Media Art and Cyberculture.* Bloomington and Indianapolis: Indiana University Press.

Phelan, P.(1993). *Unmarked: The Politics of Performance.* London and New York: Routledge.

Remshardt, R.(2008). Beyond Performance Studies: Mediated Performance and the Posthuman. *Culture, Language and Representation,* 6, 47-64.

Remshardt, R.(2010). Posthumanism. In S. Bay-cheng, C. Kattenbelt, A. Lavender and R. Nelson (eds.), *Mapping Intermediality in Performance* (pp.135-139). Amsterdam: Amsterdam University Press.

Roberts, R, (2008). Performing Gender in Maoist Ballet: Mutual Subversions of Genre and Ideology in The Red Detachment of Women. *Gender and Sexuality in Asia and the Pacific.* 16, (http://intersections.anu.edu.au/issue16/roberts.htm).

Royce, A. P.(1980). *The Anthropology of Dance.* Indiana University Press. Bloomington and London.

Ruby, J.(1996). Visual Anthropology. In *Encyclopedia of Cultural Anthropology.* D. Levinson & M. Ember (eds.). New York: Henry Holt and Company, vol. 4, 1345–1351,

Saltz, D. Z.(2001). Live Media: Interactive Technology and Theatre. *Theatre Topics,* 11(2), 107-130.

Schwartz, N. B.(1998). Choreography for the Camera. In I*nternational Encyclopedia of Dance*. Vol. Ⅱ. 603-612. Oxford: Oxford University Press.

Sutton, J.(2005). *Moving and Thinking Together in Dance*. In R. Grove, C. Stevens and S. McKechnie (Eds.), Thinking in Four Dimensions: Creativity and Cognition in Contemporary Dance (pp. 50-56). Melbourne: Melbourne University Press.

Sydner, A. F.(1998). Ethnographic Studies. In *International Encyclopedia of Dance*. Vol. Ⅱ (pp. 600-603). Oxford: Oxford University Press.

Tipler, F. J.(1995). *The Physics of Immortality. Modern Cosmology, God and the Resurrection of the Dead*. New York: Anchor.

Tscherteu, G. (2008). Media Facades Festival. Media Facades Exhibition Berlin 2008. 1-59. (http://www.mediaarchitecture.org/mediafacades2008/exhibition/basicseng/).

Verbeek, P.(2011). Moralizing Technology: Understanding and Designing the Morality of Things. Chicago and London: The University of Chicago Press.

Weinstone, A.(2004). *Avatar Bodies: A Tantra for Posthumanism*. Minneapolis, MN: University of Minnesota Press.

[전자문헌 및 기타]

가을 경복궁, 시간의 다리를 건너다[공연팸플릿]. (2016년 10월 08일).

강일중(2013). 인물자료 김효진. 공연과 인물 끼. (http://blog.naver.com/ringcycle/40199872569)

그냥그냥, 의식의 연결다리 - 로이 에스콧 강의 중에서.
(http://blog.naver.com/PostView.nhn? blogId=xenamc21&logNo=70006480113).

김다인(2008년 9월 26일), 황산덕 교수와 작가 정비석의 '자유부인' 논쟁. 인터뷰 365. (http://interview365.mk.co.kr/news/1615)

김현수 인터뷰-공연정보, 미디어 기법, 영상 등 제공. 이메일. (2016년 11월 16일).

김형수, 김효진(2016년 2월 6일 18시). 〈마담 프리덤〉[공연실황녹화 DVD]. 서울: YMAP.

김호연(2016). 융복합 공연에서 무용은 어떠한 존재인가? DancePost.Korea. (http://www.dancepostkorea.com/nr/?r=dpk&c=9&sort=year+desc%2Cmonth+desc%2Copendate+desc%2Cgid&uid=458)

김효진과의 온라인 인터뷰. (2016년 5월 11일).
김효진과의 전화 인터뷰. (2016년 4월 11일).
뉴스와이어. 샤막스크린 용어. (http://www.newswire.co.kr/newsRead.php?no=681833). (2017년 1월 3일).
뉴스핌. 장이머우 “문화대혁명 통해 보편적 감정 담았다.” (http://www.newspim.com/news/view/20141004000139)(2014년 10월 5일).
다음백과. (http://100.daum.net/encyclopedia/view/b18a0972a). (2017년 5월 21일) (2017년 1월 10일).
대한체육회 생활체육동호회 가입현황. (https://club.sportal.or.kr/statistics/item/index.jsp). (2016년 12월 3일).
동기 오브제. (https://www.youtube.com/watch?v=v2REtWg6-bo). (2016년 12월 1일)
랭키닷컴. (http://rankey.com). (2017년 1월 30일).
로이 에스콧, 인간은 이제 나비처럼 살아야 한다. (http://namwiya.blog. me/14020296653 2). (2016년 12월 1일).
류운. VR 호접지몽: 인문학에서 본 VR(1). (http://blog.naver.com/ PostView.nhn?blogId=jinguk2016&logNo=220873540198). (2017년 1월 10일).
리뷰팩토리 알쏭닷넷, 네이버 블로그-영제교 및 경회루 사진. (http//rsong.net/220829758886₩?Redirect=Log&from=postView). (2017년 6월 4일).
문화창조 벤처단지 cel 스테이지 기념공연. 〈마담 프리덤〉[공연팸플릿]. 2016년 2월 3-6일 서울: cel스테이지.
문화체육관광부(2016). 『2016 공연예술실태조사』. 서울: 문화체육관광브.
문화체육관광부(2016). 『2016 문화향수실태조사』. 서울: 문화체육관광브.
미국여행자카페. 예술의 테크놀로지화... 생명으로 진화. (http://cafe.daum.net/WehGukBang/ JOw6/ 156?q=%B7%CE% C0% CC%20%BF%A1%BD%BA%C4%E0). (2017년 1월 10일).
보일러룸. (https://soundcloud.com/platform). (2017년 3월 20일).
사교춤카페와 블로그. (http://www.daum.net/). (2016년 12월 20일).
사교춤카페와 블로그. (https://www.naver.com/). (2016년 12월 20일).
사랑모 다음 카페, 에이스 사교댄스. (http://cafe.daum.net/sagyodance). (2017년 1월 5일).
사랑모 사교댄스, 글 춤 요리사의 댄스방. (http://blog.daum.net/kkqq0320). (2017년 1월 5일).

사운드 오브 코리아: 한국의 소리, 기술을 부리다[공연팸플릿]. 서울: cel스테이지. (2016년 10월 28일).

사즐모 네이버 카페. (http://cafe.naver.com/leeju9009.cafe). (2017년 1월 5일).

사즐모 다음 카페, 행복과 건강을 위한 댄스스포츠 사교댄스 모임. (http://cafe.daum.net/leeju9009/). (2017년 1월 3일).

사즐모 세이클럽 카페. (cafe.sayclub.com/@leeju9009). (2017년 1월 5일).

서경원 인터뷰-미디어 기법 정보제공. 메신저 및 이메일. (2016년 12월 24일).

서지영(2010). 현대인의 불온한(?) 낮꿈 - 미디어 퍼포먼스 〈자유부인〉. DancePost.Korea. (http://blog.naver.com/chumnuri2010/100207411316)

신성한 홀스맨: 아이티의 살아 있는 신들. (https://en.wikipedia.org/wiki/Divine_Horsemen:_The_ Living_Gods_of_Haiti). (2016년 12월 20일)

신성한 홀스맨: 아이티의 살아 있는 신들 사진. (http://www.imdb.com/title/tt0123802/)

신성한 홀스맨: 아이티의 살아 있는 신들 동영상. (https://www.youtube.com/watch?v=7Ba KwRE 심광현. 사이버 시대의 문화와 예술향방.(http://blog.naver.com/PostView.nhn?blogId= joyslee77&logNo=140034007327). (2017년 1월 7일). (2016년 12월 15일).

심소미. Works.music.columbia.edu/organism_webreview. (http://aliceon.tistory.com/14). (2016년 12월 1일).

아사모 네이버 카페. (http://cafe.naver.com/madonna50navercom). (2017년 1월 5일).

아사모 다음 카페, 아름다운 사교댄스 모임. (http://cafe.daum.net/kooja1950/). (2017년 1월 5일).

아이티의 문화. (https://en.wikipedia.org/wiki/Culture_of_Haiti#Music_and_dance). (2016년 12월 5일).

아트센터나비.(http://nabi.or.kr/archive/creator_db_read.nab?idx=17&pg_page=12&category= &keyword). (2016년 12월 1일).

안진석. 로이에스콧의 모이스트미디어 그리고 의식. (http://ironyfunny.tistory.com/161). (2016년 12월 1일).

앨런 로맥스의 문화기술지적 무용영화. (https://www.youtube.com/watch?v=MOsZhZIQ-6Q). (2016년 12월 5일)

『연합뉴스』. 중국 없이 영화 못 만든다…투자자도 관객도 중국이 압도. (http://www.yonhapnews.co.kr/bulletin/2017/04/19/0200000000AKR20170419116200

009.HTML?input =1195m). (2017년 4월 19일).
움직임 주제들과 즉흥동작 기록 및 타예술과의 디자인 상호작용 (http://synchronousobjects. osu.edu). (2017년 3월 2일).
유니버설 발레단: 호두까기 인형 [공연팸플릿]. 경기: 군포문화예술회관. (2016년 12월 09일).
이지현(2015). 표지인물 인터뷰 - 안무가 김효진: 가상과 현실, 한국춤이 미디어 융합을 가능하게 했다. 춤웹진. (http://blog.naver.com/dancewebzine/220350736247)
이진영. 올댓차이나-폭풍성장 찰리우드② 中, 영화산업에 친 3단 만리장벽. (http://www.newsis .com/ar_detail/view.html/?ar_id=NISX20160829_0014353076&cID=10401&pID=10400). (2016년 12월 28일).
위키백과, 인공지능. (https://ko.wikipedia.org/wiki/%EC%9D%B8%EA%B3%B5%EC%A7%80%EB%8A%A5). (2017년 5월 21일)
위키백과, 프로젝션 맵핑 용어.(https://ko.wikipedia.org/wiki/ %ED %94%84%EB%A1%9C%EC%A0%9D%EC%85%98_%EB%A7B5%ED%95%9). (2016년 11월 26일).
윌리엄 포사이드의《Synchronous Objects for One Flat Thing, Reproduced》. (http://synchronousobjects.osu.edu/content.html). (2017년 5월 21일).
장지원(2013). 미디어 퍼포먼스를 통한 끝없는 도전, 안무가 김효진. DancePost .Korea. (http://blog.naver.com/PostView.nhn?blogId=chumnuri2010&logNo=100195202458)
제이콥스 필로우 웹진 (http://danceinteractive.jacobspillow.org/). (2017년 3월 5일).
중년부터는 사교춤으로 삶의 활력을 만들자. (http://blog.daum.net/sainhs-51/17045832). (2017년 1월 3일).
트위터 한국어 처리기. https://github.com/twitter/twitter-korean-text
〈피나〉의 장면 (https://www.youtube.com/watch?v=Ys5xfdn5rlo). (2016년 12월 20일).
학술연구정보서비스. http://www.riss.kr (2017년 5월 22일).
『한국경제』. 중국 영화시장 올 9조원… 스크린 5만개 돌파. (http://news. hankyung.com/article/2017103127891). (2017년 10월 31일).
행복한 대한민국을 여는 정부 3.0, 한국지역정보개발원, 행정자치부-무도장업, 무도학원업, 관광극장유흥업 인허가 현황. (http://www.localdata.kr/portal/main.do?menuNo=200001). (2017년 4월 10일).
허서정. 예술과 과학기술 그리고 사람의 만남. (http:// www.nabi.or.kr). (2017년 1월 10일).

Bryant, L. R.(2012, November 10). Thoughts on Posthuman. http://larvalsubjects.wordpress.com/2012/11/10/thoughts-on-posthumanism/ (2017년 12월 5일)

Chicago Canvas & Supply, 검정색 샤막 스크린 사진. (http://www.chicagocanvas.com/product/sharkstooth-scrim/). (2017년 11월 28일).

Clark, L.(2012). Industrial Algorithms Inspire Interactive Contemporary Dance. wired.co.uk

ImageMagick 프로그램. http://www.imagemagick.org

iWeiss Theatrical Solutions, 무대 위 샤막 효과 사진 (https://www.iweiss.com/stage/scrim-gauze.html?KEY=scrim#sharkstooth-scrim). (2017년 11월 28일).

KBS.「KBS 미래기획 2030: 4차 산업혁명, 경계를 무너뜨리다 [2부] 인간의 뇌에 접속하라」. (http://www.kbs.co.kr/1tv/sisa/future2030/view/preview/2508285_ 123159.html). (2016년 11월 27일).

Obarzanek, G.(2012). A Note from Gideon Obarzanek. Chunky Move. www.chunkymove.com

PDFtoText 프로그램. http://www.foolabs.com/xpdf

『ScienceTimes』. "몸의 변화를 직접 보고 들을 수 있다? 남영호무용단 융합무용 〈S.U.N〉", 대학로 예술극장에서 공연. 김연희 객원기자(2011년 10월 28일).

Tesseract 프로그램. https://github.com/tesseract-ocr/tesseract

찾아보기

저자약력

김주희

한국연구재단의 지원을 받아 성균관대학교 하이브리드미래문화연구소에서 학술연구교수로 재직하고 있다. '신체'가 배치되는 다양한 '공간'과 '미디어'에 대한 관심을 갖고 꾸준히 연구하고 있다.

김현정

김현정은 충남대학교 무용학과 조교수로서 무용이론 과목들을 가르치고 있다. 이화여자대학교와 같은 학교 대학원 무용과를 졸업한 뒤, 미국 University of California, Riverside에서 Ph.D. in Dance History & Theory를 취득했다. 그녀의 연구들은 『Dance Chronicle』 『Danses et identities de Bombay Tokyo』 『Discourses in Dance』 『대한무용학회논문집』 『무용예술학연구』등에 실려 있다. 또한 샐리 베인즈의 『춤추는 여성』 제인 데스몬드 외의 『문화연구, 춤의 새로운 이해』 주디 미토마 외의 『미디어 시대의 춤』을 공동 번역했다.

김혜란

세종대학교 엔터테인먼트 소프트웨어(Entertainment Software) 융합연계전공 초빙교수이며 티앤엘 미디어(Tee&EL media) 대표이자 미디어 아티스트이다. 서울대학교 서양화과를 졸업하고 네덜란드 위트레흐트 예술대학(University of the Arts Utrecht, the Netherlands)에서 석사학위(MA)를, 서강대학교 영상대학원에서 예술 공학 전공으로 공학박사(Ph.D) 학위를 취득하였다.

신상미

이화여자대학교 무용과 교수, 무용학연구소장, 한국연구재단 학술지 발전위원회 전문평가단 위원이다. 이화여자대학교 무용문학사, 일리노이주립대학교 무용학석사(MA), 단국대학교 무용학박사이며, 국제라반무용기록법 자격자, 라반/바르테니에프 움직임 연구소의 공인움직임분석가이다. 한국무용기록학회 초대회장을 역임했고, 저서는 세종도서 학술부문에 선정된 『인간은 왜 춤을 추는가: 인류의 춤 문화 코드 읽기』 『몸과 움직임 읽기: 라반움직임분석의 이론과 실제』 『몸짓과 문화: 춤 이야기』가 있으며, 무용학연구소편저 『사라지지 않는 예술: 무용이론을 말하다』 외 다수의 역서와 논문이 있다.

유화정

이화여자대학교 무용과를 졸업하고 동대학원 석사 및 박사학위과정을 수료했다. 과거부터 현대에 이르는 한국의 춤 문화를 인류학적으로 해석하는 데 관심이 있으며, 외국인들을 대상으로 한 전통춤의 실저와 이론 수업을 진행하고 있다.

윤지현

이화여대 무용학 박사이며, 한국예술종합학교 강사이다. 한국문화예술위원회의 예술인 구술채록연구와 한국문화관광연구원의 예술기록관리 현황분석 및 발전방안 연구에 참여했다. 세계화와 춤, 한국사회와 무용계, 대중춤문화에 관심이 있다. 한국연구재단의 지원으로 '한국사교춤의 한국화' 연구를 진형하고 있다.

이정민

이화여자대학교에서 무용학 학사·석사학위, 성균관대학교에서 예술학 박사학위를 받았다. 2006~2011년 한국학중앙연구원의 연구원으로 『한국향토문화전자대전』 편찬 사업에 참여하면서, 디지털 대체와 무용학의 접목에 관심을 가지기 시작했다. 현재 수원대학교 무용학과 객원교수로 재직 중이며, 중요무형문화재 제92호 태평무 이수자로서 전통춤 실기와 연구 활동을 병행하고 있다.

태혜신

한양대 무용학박사이며 경희대 교수를 역임했다. 현재 태혜신카르마프리무용단 대표로 활동 중이며, 경희대후마니타스칼리지에서 가르치고 있다. 문화체육관광부 문화예술분과 자체평가위원, 문화재청 전통예능분과 전문위원이기도 하다. 그동안 무용사회학자로서 30여 편의 논문을 연구발표했으며, 공동연구한 "올림픽개막식 문화공연에 표상된 예술양식과 국가정체성: 2008 베이징올림픽과 2012 런던올림픽 비교분석(Arts Style and National Identity Reflected in the Olympics Opening Ceremonies: A Comparison of the 2008 Beijing Olympics and the 2012 London Olympics. 2016. 박명숙, 태혜신)"이 한국마케팅과학회 '2014 최우수학술상(Best Conferce Paper Award)' 수상 및 미국 SSCI 극제학술지 『Quest』에 게제되었다.

한석진
한국예술종합학교 무용원에서 무용이론 전공으로 학부(B.A.)과정을 마치고 영국 서리대학교에서 무용학으로 석사학위(M.A.)와 박사학위(Ph.D.)를 받았다. 그녀의 박사학위 연구는 디지털 퍼포먼스에서 드러나는 포스트휴먼(posthuman)의 몸을 현상학과 포스트휴머니즘(posthumanism)의 관점에서 분석하였다. 현재 무용 장르에 국한되지 않고 인간의 몸과 몸의 감각, 지각 작용을 다루는 다원예술, 융합예술로 연구 분야를 확장하여 몸철학, 매체미학, 퍼포먼스연구 관점에서 탐구하고 있다. 국내외 학술지 『대한무용학회논문집』, 『무용예술학연구』, 『한국예술연구』, 『무용교육연구(Research in Dance Education)』에 논문을 게재하였으며 현재 한국예술종합학교에 출강하고 있다.

허가영
이화여자대학교 무용학사, 뉴욕대학교 무용교육석사(MA), 이화여자대학교 무용이론박사 과정을 수료하였다. 현재 글로벌미래평생교육원 교양교육과정 강사, 이화여자대학교 무용학연구소 연구원으로 활동하고 있다.

댄스&미디어연구소

댄스&미디어연구소는 춤과 미디어에 대한 연구, 교육, 가치 재창출, 무용 영상미디어의 공공성 확대, 무용 영상문화의 향유 증대, 무용(학) 발전에 기여하고자 2017년 3월 비영리연구단체로 설립되었다. 현재 신상미 소장과 김현정, 윤지현 공동 부소장, 30여 명의 국내외 연구자들이 참여하고 있다. 이 연구소는 춤과 미디어에 대한 연구, 학술대회와 워크숍 개최, 도서 발행, 자료 수집 제작 보급 및 아카이브 구축, 관련 자문 및 사회봉사, 국내외 관계기관과 관계자 교류 및 네트워크 구축을 추진하고 있다.